난사람,
든사람보다
된사람

스펙을 넘어서는 경쟁력, 성품
난 사람, 든 사람보다 된 사람

지은이 | 김중근
펴낸곳 | 북포스
펴낸이 | 방현철

편집자 | 공순례
디자인 | 엔드디자인

1판 1쇄 찍은날 | 2015년 1월 23일
1판 1쇄 펴낸날 | 2015년 1월 30일

출판등록 | 2004년 02월 03일 제313-00026호
주소 | 서울시 영등포구 양평동5가 18 우림라이온스밸리 B동 512호
전화 | (02)337-9888
팩스 | (02)337-6665
전자우편 | bhcbang@hanmail.net

이 도서의 국립중앙도서관 출판시도서목록(CIP)은 e—CIP 홈페이지(http://www.nl.go.kr/ecip)와
국가자료공동목록시스템(http://www.nl.go.kr/kolisnet)에서 이용하실 수 있습니다.
(CIP제어번호: 2015000543)

ISBN 978-89-91120-84-6 03190
값 15,000원

스펙을 넘어서는 경쟁력, 성품 —

난 사람,
든 사람보다
된 사람

김중근 지음

북포스

서당에서 길을 찾다

　조선 시대 화가 단원 김홍도(1745~1806)의 풍속화 〈서당〉에는 훈장님 앞에서 등을 돌리고 앉아 훌쩍거리는 한 아이가 있다. 어제 배운 내용을 외우지 못해 야단을 맞은 것이다. 아이의 등 뒤에 책이 놓여 있다. 당시에는 전날 배운 것을 다음 날 선생님 앞에서 외워야 했다. 전날 배운 내용을 펼쳐놓고 뒤로 돌아앉아 다 외우는 방식이었다. 등을 돌리고 앉아 외운다고 해서 '등 돌릴 배(背)', '외울 송(誦)' 자를 써 배송(背誦)이라고 하였다.

　아이의 한 손은 왼쪽 발목의 대님을 풀고 있다. 종아리 맞을 채비를 하고 있는 것이다. 주위 친구들은 키득거리며 웃고 있다. 볼수록 정감이 가는 풍경이다.

　지금의 우리 교육 현실에서는 있을 수 없는 풍경이다. 훈육한답시고 회초리를 들었다간 학교가 발칵 뒤집어진다. 휴대전화로 동영상

난 사람, 든 사람보다 된 사람

이 찍히고 학부모가 찾아오고 상당히 난감한 상황이 벌어진다. '내 귀한 자식을 어디 감히'라는 논리 앞에 선생님은 항변할 길이 없다. '죄송합니다' 연발하며 유구무언일 수밖에.

세 살 버릇 여든까지 간다고 했다. 회초리를 들 수 없으니 나쁜 습관을 교정할 도리가 없다. 집에서도 '오냐, 내 새끼' 일색이니 인성교육은 크게 보아 물 건너간 셈이다. 지식으로 머리는 커졌는데 성품은 결핍이다. 영양실조는 사라졌지만 성품실조는 심각한 상태다. 성품실조의 부작용은 심각한 사회문제로 대두됐다. 정부가 척결 대상으로 꼽은 4대 사회악, 즉 성폭력, 학교폭력, 가정폭력, 불량식품의 근본적인 원인도 성품실조다.

회초리가 당연시되던 전통 교육에서는 인간의 심성인 인·의·예·지·신의 오상(五常)을 기본 덕목으로 삼았다. 어진 마음(仁)과 의로움(義), 예의(禮), 지혜(智), 믿음(信)이 그것이다. 흔히 말하는 전인교육은 오상처럼 인간이 지닌 모든 자질을 조화롭게 발달시키는 교육이었다.

현대 교육에서는 이 다섯 가지 성품의 덕목 자리에 스펙, 등급, 간판, 경쟁, 대학이라는 단어들이 자리하고 있다. 곡선(曲線)의 단어 자리에 직선(直線)의 단어들이 꿰차고 앉은 것이다. 용케 대학에 들어가고, 또 힘들게 취업을 한 후에도 직선의 단어들은 곡선의 단어들로 좀처럼 바뀌지 않는다. 대신에 승진, 자기계발, 부자, 인맥, 성공이라는 이름으로 불리는 다른 직선의 단어들로 옷을 갈아입는다.

'난 사람'과 '든 사람'은 많은데 '된 사람'을 찾아보기 힘든 이유가 바로 여기에 있다.

'남'은 없고 '나'만 있다. 실력은 있는데 호기심은 없고, 도전이 있어야 할 자리엔 처세가 행세를 한다. 성공은 있는데 성품이 없다. 어느 개그맨의 '1등만 기억하는 더러운 세상'이라는 유행어가 많은 사람의 공감을 산 것도 이런 안타까운 세태에 대한 동조가 아니고 무엇이랴.

성공해야 한다는 강박관념과 더 높아진 성취욕에 따른 심리적 불안감은 앞만 보게 하고 경쟁의식만 키운다. 조급증이 생기고, 불현듯 뒤지고 있다는 생각이 들면서 절망감에 휩싸인다. 내면의 기반이 취약하고 내공이 부족하면 정상궤도로 재진입하는 데 애를 먹게 된다. 앞만 봐왔기에 '2보 전진을 위한 1보 후퇴'의 여유와 느긋함을 갖지 못하는 것이다.

성품의 기초가 부실하니 소란스럽고 다툼이 있고 참사가 발생한다. 오래 참지 못하고, 무례히 행하고, 교만해지고, 인색하고, 고집부리고, 배신하고, 부패하게 되는 것도 성품실조, 성품결핍의 결과다. '땅콩 부사장', '라면 상무'가 대표적인 예다. 인간의 심성인 인·의·예·지·신에 대한 교육만 제대로 받았어도 우리 사회는 훨씬 살기 좋은 곳, 천상병(1930~1993) 시인의 말을 빌리면 '소풍하기 좋은 곳'이 되었을 것이다.

지금 온 사회가 성품결핍의 부작용으로 신음하며 고통스러워하고 있다. 남의 일이 언제 나의 일이 될지 모르는 상황이다. 더 늦기

난 사람, 든 사람보다 된 사람

전에, 상황이 더 심각해지기 전에 조치를 취해야 한다. 그래서 무서워진 밤길을 산책하기 좋은 곳으로 돌려놓아야 하고, 소송 건수가 줄어들게 해야 한다. 앞차의 출발이 늦어져도 조금 더 기다릴 줄 알아야 하고, 둥글고 윤이 나는 자갈의 모습에서 인내와 섭리라는 단어를 길어 올릴 수 있어야 한다.

성품의 사람은 나 아닌 남도 있음을 아는 사람이다. 성품의 사람이 있는 자리에는 조화가 있고, 화합이 있고, 웃음소리가 넘쳐난다. 진정 행복해지고 싶다면 성품의 사람이 돼야 한다. 성품의 사람을 우리는 고수라고 부른다. 하수와는 격이 다르다. 나는 이런 사람을 'C-타입 인간'이라고 부른다. 'C'는 성품 또는 인성을 뜻하는 영어 단어 'Character'의 첫 글자에서 따왔다. C-타입 인간은 곧 성품의 사람, '된 사람'이다. 지금 우리 사회에서는 이런 이들이 인기 상한가를 누리며 사람들의 마음을 사로잡고 있다. 그런데 중요한 것은 이들의 숫자가 그렇게 많아 보이지 않는다는 점이다. 성품의 사람을 늘리는 것, 우리 사회가 당면한 과제다. 쉽지 않은 일이지만 성숙한 사회로 가기 위한 필수조건이라는 데 토를 달 사람은 없을 것이다.

부족한 성품의 사람이 쓴 미흡한 이 책이 옛날 서당의 회초리 역할을 조금이라도 담당할 수 있기를 소망한다.

2015년 1월

김종근

· 차 례 ·

시작하는 글 | 서당에서 길을 찾다 · 4

 1장 성품결핍
|재앙을 부르는 전주곡|

성품결핍 사회 · 14
사람은 하루아침에 괴물이 되지 않는다 · 22
제노비스 신드롬은 아직 끝나지 않았다 · 29
천재들의 이유 있는 몰락 · 36
가치관, 성인과 악당을 가르다 · 46
다양성 사회와 움직이는 폭탄들 · 55
그레셤 법칙을 거부하라 · 63

:: C-타입 인간 1. 성품을 가르친 시인 _ 함석헌 · 72
:: 성품으로 리드하는 액션 플랜 I · 74

 2장 성품의 마력
|운명을 가르다|

나는 괜찮은 사람인가? · 78
우리는 모두 관계 파괴자들이다 · 86
사람이 따르는 자, 사람이 피하는 자 · 97

당신도 가십을 좋아하나요? · **106**

쓴 뿌리, 성품을 왜곡하다 · **114**

디딤돌 성품과 걸림돌 성품 · **121**

앵그리 사회로부터의 탈출 · **130**

:: **C-타입 인간 2.** 성품의 삶을 산 성인_마하트마 간디 · **138**

:: **성품으로 리드하는 액션 플랜 II** · **139**

3장 된 사람
|세상의 중심에 우뚝 서다|

성품형 인간, 세상을 사로잡다 · **142**

행복과 성공의 필수조건 CQ를 높여라 · **150**

성공 지향형 인간, 성품 지향형 인간 · **157**

일 잘하는 사람? 성품 좋은 사람! · **167**

어머니는 나를 낳고 성품은 나를 만든다 · **174**

성품이 밥 먹여준다 · **182**

성품 항목에 영재는 없다 · **189**

:: **C-타입 인간 3.** 성품을 유언으로 남긴 영화배우_오드리 헵번 · **195**

:: **성품으로 리드하는 액션 플랜 III** · **197**

4장 성품 리셋
|열광하는 팬을 만드는 법|

성품도 습관이다 · 200

성품의 정석 · 208

마음속에 증오가 있나요? · 214

성품은 곡선이다 · 222

인생의 황금률 · 230

빨리 가기보다 바른길을 가라 · 238

성품은 말보다 더 크게 말한다 · 246

성품의 멘토는 천리마를 얻는 것보다 낫다 · 254

::C-타입 인간 4. 성품의 삶으로 세상을 밝힌 목사_손양원 · 263

::성품으로 리드하는 액션 플랜 IV · 265

5장 성품의 매력
|행복의 날개를 달다|

C-타입 인간의 시크릿 코드 · 268

성품은 결함을 뛰어넘는다 · 276

겨자씨와 누룩 · **284**

성품은 위기일수록 빛을 발한다 · **291**

죽어도 성품 좋은 사람이 돼야 하는 이유 · **299**

성품의 사람이 세상을 이긴다 · **307**

성품이야말로 진정한 경쟁력이다 · **313**

:: **C-타입 인간 5.** 성품으로 회사를 일군 기업가 _송창근 KMK 회장 · **320**

:: **성품으로 리드하는 액션 플랜 V** · **321**

부록

1. 삶을 풍요롭게 하는 45가지 성품 덕목 · **324**

2. 동물과 곤충에게서 배우는 성품 · **330**

1장

성품결핍

| 재앙을 부르는 전주곡 |

우리는 다른 사람들 속에서 정직함, 의리, 자제력, 신실함, 인내, 친절 같은 덕목을 보기를 원한다. 나 자신은 그런 데 힘쓸 마음이 없을지라도.

- 앤디 스탠리

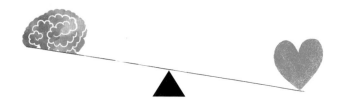

성품결핍 사회

지방의 한 도시에서 20대 여성이 대낮에 실오라기 하나 걸치지 않은 채 대로를 활보한 일이 있었다. 정신이상 증세가 있는 여성이었다. 중요한 건 경찰이 출동해 보호에 나설 때까지 누구도 이 여성의 치부를 가려주지 않았다는 사실이다. 그뿐 아니라 뒤쫓아 다니며 휴대전화로 동영상을 찍은 사람들도 있었다. 그 사진과 동영상은 인터넷과 모바일 메신저를 통해 순식간에 퍼져 나갔다. 남의 안타까운 사정을 외면하는 차원에서 한 술 더 떠 눈요깃감으로 삼은 것이다.

학생이 선생을 '물' 먹인 사례도 있다. 서울 강북의 한 초등학교 5학년 담임이었던 20대 여교사는 평소 예의 바르고 학업도 충실한 A

난 사람, 든 사람보다 된 사람

양에게 종종 마실 물을 떠다 줄 것을 부탁했다. A양은 늘 밝은 표정으로 물을 떠왔고 여교사는 그 물로 목을 축여가며 수업을 했다.

그러나 8개월이 지날 무렵, 여교사는 A양이 떠오는 물이 정수기 물이 아니라 화장실 양변기 물이라는 충격적인 사실을 알게 됐다. A양은 여교사가 심부름을 시킬 때마다 양변기 물을 떠온 뒤 이 사실을 친구들에게 알리고는 물을 마시는 모습을 보며 즐거워했던 것이다. 여교사는 그 충격으로 정신과 치료를 받다가 휴직했다.

이런 사례들은 헤아릴 수 없이 많다. 우리 사회가 어쩌다 이 지경에 이르렀을까. 남의 아픈 사정에 대한 헤아림도 없고, 스승에 대한 존경심도 없는 사회가 됐다. 온통 비정함과 패륜, 갈등, 분노, 불륜, 폭력, 가족 해체, 묻지 마 범죄, 부정부패투성이다.

사회 구석구석 성한 곳이 없을 정도다. 공동체 의식은 찾아보기 힘들다. '나'만 있고 '우리'는 실종됐다. 과도한 경쟁에 노출되면서 극도의 이기심이 판을 치고, 남의 불행에 공감하지 못하는 극단의 불감증이 사회를 먹구름처럼 뒤덮고 있다. 바야흐로 성품결핍 사회가 됐다.

오죽했으면 세계에서 처음으로 인성교육을 의무화하는 나라가 됐을까. 대한민국 국회는 2014년 12월 29일 인성교육진흥법을 제정했다.

독주 아닌 협주

온갖 무거운 소식이 우리 사회를 짓누르고 있다. 하루가 멀다고 굵직하고 충격적인 사건·사고가 일어난다. 신문을 펼치기가 두렵고 텔레비전 뉴스 보기가 겁난다. 왜 이렇게 된 걸까? 무엇이 우리 사회를 이렇게 병들게 했을까?

모든 것이 개인주의의 극대화와 공동체 의식의 부재에서 비롯됐다고 해도 과언이 아니다. 개인주의 팽배와 공동체 의식 부재는 곧 유대감 약화와 관계의 단절을 의미한다. 대화가 단절되면서 먼저 가족이 무너져 내렸다. 모처럼 외식을 가서도 각자의 스마트폰을 들여다보느라 제대로 된 대화 한마디 없다. 식당에서 이런 풍경을 보기는 어렵지 않다. 침대에 누운 부부마저 등을 돌린 채 문자메시지로 대화하는 것이 더 익숙하다는 말까지 나올 정도다. 이러다가 정말 말은 소멸되고 문자만 살아남는 날이 올지도 모르겠다.

소통의 단절은 이웃과의 관계도 무너뜨렸다. 엘리베이터 안에서는 비록 시선 둘 곳이 불편할지언정 무언의 침묵이 더 익숙하다. 앞집에 누가 사는지도 별 관심이 없다. 하물며 아래윗집은 두말할 나위가 없다. 아파트 층간 소음 때문에 살인 사건이 벌어지기까지 했다. 이사 왔을 때 '이사 떡'을 돌리며 미리 가벼운 인사만 나누었더라면 이런 극단적인 일까지는 벌어지지 않았을 것이다. 우리 사회는 이렇게 소리 없이 무너져 내리고 있다.

난 사람, 든 사람보다 된 사람

사회가 병들었다. 환자로 치면 산소 호흡기를 달고 있는 중환자다. 우리는 지금 이렇게 심각하게 병든 생태계 안에서 살고 있다. 모두 지치고 고단하다. 지금 우리에게 절실히 필요한 것은 살아 펄떡이는 물고기 같은 건강한 관계의 회복이다. 개인의 정서도 회복돼야 하고 공동체 의식도 회복돼야 한다. 가족과 이웃, 지역사회, 나아가 국가라는 공동체가 회복돼야 비로소 건강한 생태계를 회복할 수 있다.

그렇다면 건강한 생태계 회복을 위해 우리가 해야 할 일은 무엇인가? 먼저 '나'를 회복해야 한다. 힘든 부분이 있으면 보듬어주고 아픈 부분이 있으면 감싸줘야 한다. 나의 회복 없는 우리의 회복은 있을 수 없는 일이다. 그렇게 회복된 이후에는 '주인과 늘 동행하는 책임감'으로 나를 무장시키고, 과욕과 지나침이 없도록 경계해야 한다. 모자라도 그렇지만 지나쳐도 얻을 게 없다. 오히려 잃는다. 치우치지 않는 중용의 미덕이 요구된다.

그다음에 다른 사람과의 대화를 회복해야 한다. 대화가 이루어져야 서로 무슨 생각을 하는지 알 것 아닌가. 대화를 통해 서로의 다름을 이해해야 한다. 나아가 협업을 통한 협동심과 서로 끌어주고 밀어주는 함께함의 가치를 배워야 한다. 이런 과정들을 거치면 공감지수와 공존지수가 높아질 것이다. 결국 '나'의 회복을 토대로 '나'를 넘어선 '우리', '독주'가 아닌 '협주'를 통해 조화를 이루는 법을 배워야 한다. 건강한 생태계는 그때에야 비로소 회복된다.

우리는 다양성의 시대에 살고 있다. 서로 다른 목소리와 생각들이 곳곳에서 분출된다. 생각이 다르고 지향하는 바가 다르니, 갈등이 생기고 마찰이 생기는 건 어떻게 보면 당연한 일이다. 그럼에도 우리가 놓치지 말아야 할 것은 그 다름 속에서 어떻게 조화롭게 균형점을 찾을 것인가 하는 것이다. 균형점 찾기에 필요한 두 가지 요소는 '나의 주장에 대한 절제'와 '타인의 다름에 대한 포용'이다.

다름에 대한 포용력 부족으로 나타나는 현상이 '왕따'다. 왕따를 당해본 사람은 그 아픔과 쓰라림을 안다. 소외된 느낌은 사람을 병들게 한다. 밥을 함께 먹지 않는 행위조차도 당사자에게는 큰 상처가 될 수 있다.

왕따는 학생들 사이에서만 생기는 게 아니다. 어른들 사이에도 직따(직장 내 따돌림), 은따(은근한 따돌림)가 있다. 성인의 따돌림은 겉으로 잘 드러나지 않는 것이 특징이다. 직따를 당하는 사람의 비율은 얼마나 될까? 평균적으로 직장인의 13퍼센트가 직장에서 따돌림을 당하고 있는 것으로 여긴다고 한다. 열 명 중 한 명이 조금 넘는 꼴이다. 그런데 그 직따의 폐해가 만만치 않다. 산업재해로 인정될 정도다.

직장 내 따돌림은 가끔 극단적인 사건으로 이어진다. 따돌림을 당했다고 믿는 사람들이 동료에게 공격적인 성향을 보이는 것이다.

얼마 전에는 경남 창원의 한 생산업체 직원이 자신을 따돌린다는 이유로 직장 동료를 살해하는 일까지 벌어졌다. 분노 조절에 실패한 우리 사회의 단면을 보여주는 사례다.

왕따든 직따든, 따돌림을 하는 사람이든 당하는 사람이든, 거기에는 성품결핍의 문제가 있을 가능성이 크다. 성품결핍이 만들어내는 상황은 실로 다양하다. 왕따와 직따, 양변기 물을 먹이는 것 같은 개인적 차원에 그치지 않는다. 공동체에 큰 파문을 몰고 오는 다양한 상황을 만들어낸다. 성 상납을 받은 검사와 막말하는 판사, 지하철의 개똥녀와 소변남, 정직과 원칙 덕목의 결여로 인한 삼풍백화점과 성수대교 붕괴, 기업의 탈세와 회사 직원의 자금 횡령, 공공시설물 등에 대한 방화, 직계 존속에 대한 살인, 스승에 대한 폭력 등이 그것이다.

절제의 미덕을 알았더라면

우리를 특별히 슬프게 하는 것은 국가 지도층과 현대판 영웅들의 도덕성 상실이다. 믿었던 사람에 대한 배신감만큼 마음을 아프게 하는 것은 없다.

정권이 바뀔 때마다 어김없이 지난 정권의 핵심 인물들이 줄줄이 검찰의 포토라인 앞에 선다. 부정부패에 연루된 혐의로 플래시 세례를 받는다. 그런 후 얼마 지나지 않아 그들은 우리 눈앞에서 포승줄과 함께 사라진다. 5년도 채 되지 않는 그 짧은 기간에 '좋은 사람'이 '나쁜 시민'이 되어 사라지는 것이다. 지난 20여 년간 계속 같은 장면이 반복되는 걸 보면 역사가 되풀이되는 것 같은 착각에 빠지기까지 한다.

사람은 자기에게 가장 부족하다고 느끼는 것을 추구하는 경향이 있다. 돈을 추구하는 사람은 대부분 돈의 결핍을 느끼는 사람이다. 권력을 추구하는 사람은 대체로 권력의 결핍을 느끼는 사람이고, 명예를 추구하는 사람은 명예에 대한 결핍을 느끼는 사람일 가능성이 크다. 사실 결핍만큼 사람을 움직이게 하는 강력한 힘은 없다. 그런데 아이러니하게도, 돈이든 권력이든 명예든 그 결핍을 메워주는 온갖 혜택 때문에 패망의 길을 걷게 된다.

다행인 것은 그 권력의 무상함을 통해 탐욕과 부정과 부패라는 나쁜 성품의 결과를 뚜렷이 볼 수 있다는 점이다. 과거의 잘못을 통해 배우게 되는 것이다. 이보다 더 훌륭한 학습 효과가 어디 있겠는가? 5년마다 되풀이되는 별로 보고 싶지 않은 '정치 방정식'이 사라질 날도 머지 않으리라 기대한다.

현대판 영웅들의 경우도 마찬가지다. 국민의 인기를 한몸에 받던 운동선수들의 승부조작을 비롯해 MC와 가수, 탤런트 등 연예인들의 각종 불미스러운 행태는 국민을 좌절하게 하고 분노케 한다. 행동하기 전에 공인으로서 지켜야 할 최소한의 미덕인 절제를 한 번

난 사람, 든 사람보다 된 사람

만 더 생각했더라면 하는 아쉬움이 남는다. 한순간의 선택이 평생을 좌우하는 법이다.

국가 지도층이든 현대판 영웅들이든 간에 인간은 사회적 동물이다. 조화로운 공동체를 만들기 위해서는 개인의 사사로운 이기심에서 벗어나 공동체 전체의 이익에 초점을 맞춰야 한다. 그럴 때 공동체는 발전한다. 공동체에는 강자와 약자가 있기 마련이다. 강자는 약자를 배려해야 하고 약자는 강자를 인정해야 한다. 강약의 조화와 어울림이 있을 때 구성원들은 상생하게 되고 공동체는 번성하게 된다.

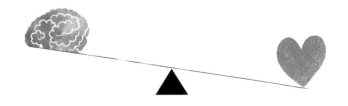

사람은 하루아침에
괴물이 되지 않는다

로마는 하루아침에 만들어지지 않았다. 사람의 성품도 마찬가지다. 좋은 쪽이든 나쁜 쪽이든 한순간에 되는 일은 없다. 씨앗이 뿌려진 후 오랜 세월이 흘러야 그 결과가 나타난다. 위대한 인물도 하루아침에 생겨나지 않는다.

오랜 세월 갈고닦아야 가능한 일이다. 숱한 시행착오와 적지 않은 땀방울이 있어야 하고, 인내와 불면과 고뇌의 흔적이 담겨 있어야만 가능하다.

혹시 위대한 인물에 거부감이 있다면 주변에서 칭송받는 사람, 평판 좋은 사람을 떠올려도 좋다. 그들에 대한 칭송과 좋은 평판도 결코 하루아침에 형성되지 않았다. 그들이 오랫동안 보여준 성실함과

난 사람, 든 사람보다 된 사람

진실성, 책임감의 결실이다. 봉사와 헌신의 씨앗들이 자라 맺힌 열매다.

사람이 괴물로 변하는 것도 마찬가지다. 하루아침에 그렇게 된 것이 아니다. 바늘도둑이 소도둑 되는 것과 같은 이치다. 상처가 되는 말로 인한 오랫동안의 상처받음, 외로움에 치를 떨었던 오랜 시간, 장기간 방치된 소외감, 부당한 대우를 받으면서 켜켜이 쌓인 분노, 오래전에 심어진 질투와 시기의 감정, 어릴 때부터 받아온 주위 사람들의 턱없이 높은 기대감, 공포와 두려움으로 인한 불안정한 정신이 사람을 괴물로 만드는 것이다. 분노와 우울 등 억압된 감정이 원인인 셈이다.

사람이 괴물로 변해가는 과정을 적절하게 묘사한 영화 대사가 있다. 2001년 개봉된 〈친구〉라는 영화에 등장하는 한 대목이다. 조직폭력의 세계를 다루는 이 영화에서 조직폭력배 준석 역을 맡았던 배우 유오성이 모범생 친구 상택에게 지금의 자신이 된 걸 후회하며 이렇게 말한다.

"어릴 때 우리 집에 삼촌들이 많아서 참 좋았거든. 우리 엄마 입원하고, 내가 중학교 때 한 번 가출하고 돌아오니까, (중략) 그때 한 놈이라도 나를 패주기라도 했으면 혹시 내가 그때 정신 차렸을지도 모르는데…."

괴물의 씨앗

준석의 말대로 그때 삼촌 중에서 한 사람이라도 준석을 따끔하게 혼내주었더라면 조직폭력배가 되지 않았을지도 모른다. '타이밍의 법칙'은 혼나야 할 때도 적용된다. 혼나야 할 때 타이밍을 놓쳐 제대로 혼나지 않으면, 그 순간 '괴물의 씨앗'이 심어진다. 그러나 그 괴물의 씨앗이 자라 진짜 괴물로 모습을 드러낼 때까지는 꽤 오랜 시간이 걸린다.

사람은 하루아침에 달라지지 않는다. 서서히, 조금씩 달라진다. 심지어는 예전과 완전히 다른 사람이 된 뒤에도 본인은 그걸 깨닫지 못한다. 그러다 다른 사람이 자신의 변한 모습을 보고 깜짝 놀랄 때 그제야 자신의 변화를 깨닫게 된다. 나 아닌 괴물이 된 나의 모습을 발견하는 것이다. 그러고는 영화의 주인공처럼 후회의 한숨을 길게 내쉰다.

아마 주위에 이런 사람이 한두 명은 있을 것이다. 분명 따뜻하고 선하며 부드러운 눈빛을 가진 사람이었는데 세월이 흐른 후에 보니 차갑고 날카롭고 냉소적이며 사납게 이글거리는 눈빛으로 변한 사람 말이다. 냉소적으로 변한 눈을 가진 사람은 이렇게 말한다. "언제부턴가 다들 내 눈을 피해요. 나는 하나도 변한 게 없는데. 도대체 왜 그런지 모르겠어요." 마음이 사나워진 결과 눈빛이 냉소적으로 변한 것을 안타깝게도 본인만 모르는 것이다.

모 신문에서 중학교 2학년의 심리상태를 조사한 기사를 게재했다. 북한이 남침을 못 하는 이유 중 하나가 '중2가 무서워서'라는 우스갯소리를 빗대며 한국 사회에서 중2는 누구도 다루기 힘든 존재라고 설명했다. 청소년 폭력의 10건 중 7건은 중학생이 가해자라는 사실을 포함하여 중2를 맡은 일선 교사들의 애로사항과 하소연도 담았다. '지랄 총량의 법칙'이라는 것도 언급했다. 인간에게는 누구나 평생 소비해야 하는 '방황의 양'이 있는데, 사춘기 시절인 중2 때 이를 쓰지 않으면 나중에 엉뚱한 방향으로 분출될 수 있다는 논리다.

여기서 중요한 것은 괴물의 씨앗이 가장 심어지기 좋은 시기가 중학생과 고등학생 시절이라는 사실이다. 질풍노도의 시기라고 불리는 이 시기에 부모나 교사가 제대로 대응하지 못하면 씨앗이 진짜 괴물로 성장할 환경을 만들지도 모른다. 중·고교 시절은 '제2의 준석'이 탄생하는 걸 막기에 가장 좋은 시기다.

아이들은 어느 날 갑자기 '짠' 하고 괴물로 변신하는 것이 아니다. 무한한 사랑과 따뜻한 관심을 받지 못할 때, 부모가 아이의 감정을 충분히 수용하지 못하고 상처 주는 말을 할 때, 아이가 보내오는 SOS 사인들을 알아채지 못할 때, 스스로 잘해나가겠지 하며 방치할 때, 더 잘하지 못한다고 다그치며 윽박지를 때, 다른 아이들과 비교하며 자존감을 훼손할 때, 혹은 대리만족을 위해 아이들의 가능성을 지나치게 높게 설정할 때, 그러는 사이 아이는 점점 괴물이 되어가고 있는지도 모른다.

괴물의 재구성

우리가 지금 이야기하는 괴물은 어떤 의미인가? 우리는 어떤 사람을 괴물이라고 부르는가? 머리에 뿔이라도 달렸는가? 킹콩처럼 온몸이 털로 덮여 있는가? 그들은 어떤 과정을 거쳐 괴물이 되었을까? 영화 〈범죄의 재구성〉처럼 '괴물의 재구성'을 시도해보자.

괴물의 초창기 단계는 문제나 비행 청소년의 모습을 하고 있을 가능성이 크다. 성품이 나쁜 아이가 적당한 시기에 옳고 그름에 대한 훈육을 제대로 받지 못해 충동 조절 능력을 키우지 못하면 문제나 비행 청소년이 되기 쉽다. 의학계에서는 청소년 비행을 '막을 수 있는 질환'이라고 부른다. 말썽을 피우기 시작할 무렵에 조기 치료를 하면 정상적인 청소년으로 성장하지만, 방치할 경우 비행 청소년으로 굳어져 가정과 사회의 짐이 된다는 것이다.

방치한다는 건 어떤 의미인가? 예를 들어보자. 무단결석이 잦고 학우를 괴롭히는 친구가 있다. 초등학교 때부터 남의 물건을 훔치는 버릇도 있었다. 그걸 알면서도 어머니는 "내가 충분히 용돈을 못 줘서 그렇다"며 가난을 탓할 뿐 나무라지 않는다.

아이의 나쁜 행동은 중학생이 된 후에도 계속된다. 술과 담배를 하는 것은 물론 급우 폭행을 일삼는다. 물건도 훔친다. 하지만 어머니는 여전히 "사내아이는 말썽부리고 싸워가며 자라기 마련"이라는 말을 되풀이할 뿐 종아리 한 대 때리지를 않는다. 우리는 이런 상

난 사람, 든 사람보다 된 사람

태에 대해 '방치'라는 단어를 사용한다. 영화 〈친구〉에 나온 준석의 경우도 이 방치 상태에 해당한다.

물론 사춘기 때는 누구나 일시적으로 반항이나 일탈 행동을 보일 수 있다. 하지만 6개월 이상 계속해서 문제 행동을 보이면 치료가 필요한 '행실장애(conduct disorder)'로 간주된다. 행실장애는 서서히 나타나며 거짓말, 가출, 싸움, 도벽, 방화, 동물 학대, 죄의식 없이 규칙 어기기 등의 형태로 나타난다.

누가 괴물인가

지금 우리 사회의 괴물은 누구인가? 괴물 하면 누가 먼저 떠오르는가? 부자와 여성에 대한 적개심으로 미쳐버린 희대의 살인마 유영철, 사이코패스 연쇄살인범 강호순이 먼저 생각난다. 전국을 공포의 도가니로 몰아넣었던 주인공들이다.

이뿐만이 아니다. 아직 붙잡히지 않은(이미 죽었을지도 모르지만) 화성 연쇄살인 사건의 살인마, 전국 방방곡곡에서 불특정 다수를 향하여 자행하는 묻지 마 범죄자들, 강도와 강간을 일삼는 수많은 발바리들, 숭례문과 대구지하철 방화범, 마음의 화를 내려놓지 못해 버스 38대를 연기로 날려 보낸 외발산동 방화범도 있다. 빚의 수렁에 빠져 허우적대다 카드사의 문자 한 통에 죽음을 떠올렸고, 둔기로 아내를 내리친 어느 가장의 안타까운 사연도 있다.

중요한 건 괴물의 실체가 사회적으로 물의를 일으키고 끔찍한 일을 저지른 사람에게만 국한되지 않는다는 사실이다. 사랑과 관심 부족으로 세상을 증오하다 잘못을 저질러 소년원에 갇힌 아이들, 교사에게 양변기 물을 떠다 준 초등학교 5학년생도 '잠재적 괴물'에 해당한다. 교화와 훈육이 없으면 아직 '아기 괴물'인 이들이 먼 훗날 정말 끔찍한 괴물이 될지도 모른다. 그렇게 되기 전에 따뜻한 가슴으로 그들의 응어리진 마음을 풀어줘야 한다.

평범하고 선량한 사람들도 예외는 아니다. 그들은 20대 정신이상 여성이 실오라기 하나 걸치지 않고 대로를 활보하는 상황을 방관한 이들이다. 눈요깃거리로 사진을 찍고 동영상을 찍어 유포한 이들이다. 직장 동료를 따돌리는 것, 남의 불행을 방관하는 것, 힘들어하는 사람을 돕지 않는 것도 그들이다. 그들에게는 '잠재적 괴물'이라는 이름이 어울린다.

사람은 하루아침에 괴물로 변하지 않는다. 가랑비에 옷 젖듯이 서서히 변한다. 그 모세혈관과도 같은 복잡 미묘한 변화의 길목을 차단해야 한다. 사랑과 관심의 이름으로. 포용과 용서의 이름으로.

난 사람, 든 사람보다 된 사람

제노비스 신드롬은
아직 끝나지 않았다

1964년 3월 13일 금요일 새벽 3시 15분. 뉴욕 주 퀸스에서 바텐더로 일하던 스물여덟 살의 키티 제노비스라는 여성이 귀가하는 길에 집 근처에서 칼을 든 한 남자에게 습격을 당했다. 키티는 큰 소리로 도와달라고 외쳤고, 그녀의 비명 소리에 아파트 주민들이 잠에서 깨어났다. 집집마다 불이 켜졌고, 그들 중 누군가는 창밖으로 고개를 내밀어 "그 여자를 내버려둬!"라고 소리를 질렀다.

그러자 범인은 바로 도망을 쳤고, 키티는 난자당한 몸으로 기다시피 집으로 향했다. 그러는 동안 아무도 내려와 보거나 경찰을 부르지 않았다. 주변이 조용해지자 다시 돌아온 범인은 아파트 건물 복도까지 이동한 그녀의 온몸을 재차 난자한 후 그녀를 강간했다.

이 사건은 새벽 3시 15분에서 50분까지 약 35분 동안 일어났다. 집에서 불을 켜고 제노비스가 살해당하는 장면을 목격한 사람은 총 38명. 그러나 그들 중 직접 사건 현장으로 내려가 제노비스를 구출한 사람은 아무도 없었다. 다른 사람들도 현장을 지켜보고 있었으므로 누군가는 경찰에 신고할 것이라 생각했기 때문이다. 사건이 끝나고 한 사람이 경찰에 신고했으나 그땐 이미 너무 늦었다. 제노비스는 구급차 안에서 출혈 과다로 사망했다.

이 사건은 처음엔 〈뉴욕타임스〉에 네 줄짜리 기사로 실렸다. 그러나 이후 〈뉴욕타임스〉는 이웃들의 무관심과 방관에 초점을 맞춘 기사를 실었고, 미국 전역에서 이들 38명의 도덕성에 대한 논란에 불이 붙었다. 많은 심리학자가 이 현상을 연구했으며, 이 사건은 '제노비스 신드롬(Genovese syndrome)', '방관자 효과(bystander effect)' 등의 심리학 용어로 정리되었다. 주위에 사람이 많을수록 책임감이 분산돼 어려움에 처한 사람을 도와주는 걸 주저하게 되는 심리 현상으로 정의된다.

그리고 50년의 세월이 흘렀다

젊고 아름다운 아가씨가 이유 없이 끔찍하게 살해당한 이 사건에 대해서 당신은 어떻게 생각하는가? 물론 범인은 냉혹한 괴물임이 틀림없다. 그렇다면 집 안에서 그녀의 죽음을 수수방관한 38명의 이웃은 어떤가? 그들에게는 죄가 없을까? 그들은 또 다른 괴물이 아닐까? 만약에 당신이 그 아파트의 주민이었다면 당신은 내려가 봤을까? 이런 사건이 우리나라에서 발생했다면 어떻게 됐을까? 미국 아파트 주민들처럼 수수방관했을까? 아니면 다들 몽둥이를 들고 내려왔을까?

사람에게는 사건에 말려들고 싶지 않다는 자기보호 본능이 있다. 지극히 자연스러운 심리다. 그래서 사람들은 스스로 나서려고 하지 않는다. 혹시 나섰다가 잘못되면 어쩌나 하는 두려움과 자신의 삶을 방해받고 싶지 않다는 심리가 바탕에 깔려 있기 때문이다. 그러면서도 정의감과 이타심으로 충만한 누군가가 영웅처럼 나서서 해결해주기를 바란다. 여기에는 '당신이 나선다면 나도 조금은 도울 수 있다'는 죄책감 덜기 심리도 작용한다.

키티 사건이 발생한 지 50년의 세월이 흘렀다. 세상은 나아졌을까? 안타깝게도 더 각박해진 것 같다. 2012년 8월 제노비스 신드롬을 방불케 하는 사건이 또 벌어졌다. 장소는 미국 뉴저지 주 최대 도시인 뉴어크. 길거리에서 스물한 살의 흑인 청년이 발가벗긴 채 무차별 구타를 당했다. 폭력배는 허리띠로 쉬지 않고 매질을 해댔다. 또 다른 폭력배는 물세례까지 퍼부었다. 폭력배가 매질을 한 이유는 피해자의 아버지가 이들에게 20달러를 빚졌기 때문이었다.

중요한 건 지금부터다. 수많은 행인이 이 장면을 지켜봤지만 아무도 신고하지 않았다. 폭력배의 보복이 두려워서였다. 그러다 6개월이 지난 2013년 2월 누군가 유튜브에 이 동영상을 올렸다. 미국 사회가 발칵 뒤집혔다. 범죄 현장을 지켜보고도 방관하는 제노비스 신드롬의 악몽을 떠올려서다. "악마의 승리에 필요한 유일한 조건은 선한 사람들의 수수방관이다." 2분 30초짜리 유튜브 동영상을 본 뉴어크의 코리 부커 시장은 영국 웅변가 에드먼드 버크의 명언을 인용하며 격분해서 단상을 내리쳤다.

왜 손을 내밀지 않을까?

2012년 12월에는 뉴욕 시 지하철에서 한인 동포 한기석 씨가 흑인 남성에게 떠밀려 선로에 떨어져 열차에 치여 숨지는 사고가 벌어졌다. 당시 역내에는 많은 승객이 있었지만 아무도 한 씨에게 손을 내밀지 않았다.

심지어 타블로이드판 〈뉴욕포스트〉의 사진기자는 한 씨를 구할 수 있었음에도 49차례나 플래시를 터트리며 사진만 찍었다. 그러고는 한 씨가 열차에 치이기 직전 순간을 담은 사진을 1면에 게재한 뒤 '이 남자 곧 죽는다'는 자극적인 제목을 달아 논란을 불러일으키기도 했다. 이 사진기자를 직업정신이 투철한 프로로 봐야 할까? 아니면 사람의 생명을 한낱 취재 대상으로만 본 인간성 상실의 표본

난 사람, 든 사람보다 된 사람

으로 봐야 할까?

제노비스 신드롬을 연상케 하는 이런 사례는 비일비재하다. 몇 년 전 중국에서는 두 살짜리 아이가 차에 치여 죽은 일이 있었다. 그러고도 많은 차가 그 도로를 달렸다. 그들 중 한 명은 트럭으로 그 아이 위를 한 번 더 지나갔다. 사고가 난 곳은 사람이 많이 다니는 시장의 길목이었다. 수많은 사람이 오가면서도 그냥 스쳐 지나갔다. 어떻게 이런 일이 있을 수 있을까?

일본에서는 오래전에 사상 최악의 사기 사건으로 불리는 도요타 상사 다단계 사기 사건이 있었다. 5만 명이 넘는 노인이 200억 원의 큰 피해를 입었다. 1985년 6월 18일, 이 사건의 주모자였던 도요타 상사 회장 나가노 카즈오가 연행되는 장면이 전국으로 생방송되고 있었다. 당시 오사카의 회장 자택 맨션 앞에는 30여 명의 기자가 연행되는 장면을 찍기 위해 모여 있었다.

그때 두 명의 사나이가 "도요타상사 회장을 죽이러 왔다"고 말하며 창문을 깨고 회장의 집으로 들어갔다. 그러나 기자들을 포함하여 30여 명의 목격자는 범행을 지켜보기만 하였다. 그들이 회장을 살해한 후 시체를 끌고 나왔다. 기자들은 일제히 시체를 향해 플래시를 터트리기 시작했다. 이 모든 장면이 TV로 생중계되었다. 이후 사건에 개입하지 않고 보도에만 열을 올린 취재진에게 엄청난 비난이 쏟아졌다. 회장을 살해한 두 명은 8년형의 징역을 선고받았다.

역지사지에서 답을 찾다

　우리는 이 '방관자 효과'로부터 얼마나 자유로울 수 있을까? 어려운 상황에 처한 사람을 보면 한 걸음 앞으로 나아가 손을 내밀 수 있을까? 우리도 빠듯한 살림살이에 먹고살기 힘든 상황이긴 하지만, 어떻게 하면 황폐한 사회에 한 줄기 희망의 빛을 비출 수 있을까? 남 눈치 보지 않고 '내가 먼저' 행동으로 옮길 수는 없을까?

　이 질문들을 구체화하는 가상 사례 두 가지.

　첫 번째. 전철 안에 사지를 제대로 가누지 못하는 남루한 옷차림의 장애인이 도움을 청하는 안내문을 돌리고 있다. 때마침 내린 눈때문에 바닥이 진흙으로 질퍽거리는 상황이었는데, 그 장애인이 순간적으로 미끄러져 바닥에 엎어지고 말았다. 그는 일어나지 못한 채 한동안 죽은 듯이 미동조차 없다. 그때 나는 선뜻 나서서 일으켜 줄 수 있을까?

　두 번째. 어느 추운 봄날이 배경이다. 겨울에 내린 눈이 녹지 않아 곳곳에 잔설이 있다. 아파트 동과 동 사이 그늘진 곳에 할머니가 쪼그리고 앉아 있다. 할머니는 조그만 바구니에 대여섯 가지 채소를 담아놓고 판다. 그때 나는 따뜻한 말 한마디 건네며 비록 먹지는 않을지언정 몇천 원 하는 채소 한 봉지라도 사줄 수는 없을까? 할머니가 "3,000원입니다"라고 말할 때 이왕이면 만 원 지폐 한 장 살며시 건네며 "맛있는 된장국 끓여 드세요"라고 말할 수는 없을까?

우리 인간이란 게 남의 눈의 티끌은 잘 보면서도 제 눈의 들보는 제대로 보지 못한다. 뉴욕 지하철에서 있었던 사진기자의 행동에는 분노하면서도 우리 역시 똑같은 행동을 하고 있지는 않은가 돌아볼 일이다. 보다 안전한 사회, 보다 건강한 환경을 만들기 위해 필요한 건 역지사지(易地思之)다. 상대편의 입장에서 생각해보면 쉽게 손을 내밀 수 있을 것이다. 역지사지는 방관자가 아니라 당사자가 된다는 의미다. 상대방을 있는 그대로 인정하는 차원을 넘어서서 아예 상대방의 입장이 되어보는 것이다.

사회가 오늘날처럼 흉포해진 원인은 어디에 있을까? 여러 가지 이유가 있을 수 있지만 핵심은 인간성 상실이다. 그리고 인간성 상실의 배경에는 급격한 경제 성장에 따른 가치관의 변화와 물질만능주의, 빈부격차와 양극화에 따른 사회적 불만, 폭력적이고 자극적인 인터넷 문화 등이 자리 잡고 있다.

상실된 인간성을 어떻게 하면 회복할 수 있을까? 밤거리를 안전하게 다닐 수 있도록 성폭력 특별수사대를 만드는 것도 좋고, 학교폭력 예방을 위해 전담경찰관을 두는 것도 좋다. 그렇지만 근본적인 문제해결을 위해서는 인성과 공동체 의식의 교육을 우선순위에 두어야 한다. 이것은 삼척동자도 다 아는 사실이다.

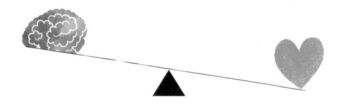

천재들의
이유 있는 몰락

    사람에게는 '정서적 탱크(emotional tank)'라는 게 있다. 이 탱크는 오직 사랑과 인정을 받음으로써만 채워진다. 정서적 탱크가 가득 찬 사람만이 다른 사람을 사랑하고 인정해줄 수 있다. 탱크가 반쯤 차 있거나 거의 비어 있는 사람에게서는 불평과 불만의 거칠고 투박한 소리가 난다. 나의 정서적 탱크 상태는 어떤지 살펴볼 일이다. 나의 입에서는 사랑과 축복의 단어들이 나오는가? 분노와 저주의 소리가 나오는가? 후자라면 빨리 탱크를 사랑과 인정으로 가득 채워야 한다.

    사랑과 인정이 얼마나 중요한지를 알려주는 기적 같은 일이 어느 병원에서 있었다고 한다. 태어난 지 얼마 안 된 쌍둥이가 있는데,

                                  난 사람, 든 사람보다 된 사람

두 아이 중 너무 약하게 태어난 한 아이는 인큐베이터 안에서 혼자 죽음을 맞이할 수밖에 없었다. 이 아이를 불쌍히 여긴 한 간호사는 병원의 수칙을 어겨가면서까지 두 아이를 한 인큐베이터에 함께 있게 했다.

잠시 후 건강한 아이가 자신의 팔을 뻗어 약한 아이를 포옹하는 일이 벌어졌다. 그러자 놀랍게도 왼쪽 아이는 심장 박동과 체온이 모두 정상으로 돌아와 건강을 되찾게 되었다. 사랑을 받는 느낌, 혼자가 아니라는 느낌, 힘내라는 격려가 약한 아이를 살린 것이다. 소설 같은 이야기다.

사랑을 주려면 이렇게 건강한 아이가 약한 아이를 안아주듯이 확실하게 주어야 한다. 어설픈 사랑, 어설픈 관심은 오히려 독이 된다. 도와준답시고 부화하려 몸부림치는 번데기에 입김을 불어넣으면 어떻게 될까. 일단 부화는 한다. 그렇지만 혼자 힘으로 부화한 게 아니어서 자생력이 떨어지고, 결국 나비는 날개가 꺾이며 죽는다.

조장(助長)이라는 단어도 어설픈 관심에 대한 경계의 의미를 담고 있다. 바람직하지 않은 일을 더 심해지도록 부추긴다는 뜻이다. 이 단어의 유래는 이렇다. 중국 송나라 때 어리석은 한 농부가 있었다. 벼가 빨리 자라기를 바랐던 농부는 모를 잡아 뺐다. 그러고는 가족들에게 "열심히 일했더니 피곤하다. 곡식이 빨리 자라도록 돕고 왔다"며 자랑하듯이 말했다. 이 말에 놀란 아들이 논으로 달려가서 보니 모는 이미 모두 말라버린 상태였다.

우리는 가끔 자신만의 방식으로 사랑을 실천한다. 자식에 대한 사랑이 대표적인 경우다. 온갖 정성을 쏟고 극진히 보살핀다. 그러나 어떤 경우는 '실패한 사랑'으로 결판난다. 보살핌은 사랑의 전부가 아니라 한 요소일 뿐이라는 것을 모르는 탓이다. 부모들 중에 사랑을 주는 법과 받는 법을 제대로 알지 못하는 이들이 수두룩하다.

어설픈 사랑과 잘못된 보살핌이 얼마나 참혹한 결과로 이어지는지를 말해주는 사례는 그리 어렵지 않게 찾아볼 수 있다. 다음은 2008년에 우리 사회에 큰 반향을 일으켰던 유소프라는 천재 소녀의 몰락에 관한 이야기다.

파키스탄인 아버지와 말레이시아인 어머니 사이에서 태어난 유소프는 생후 14개월 만에 알파벳을 깨치고 세 살 때 영어를 읽고 쓸 줄 알았던 천재였다. 천재 소녀 유소프는 1997년 옥스퍼드 대학교 수학과에 입학했다. 나이 불과 열세 살 때의 일이었다. 그러나 10년의 세월이 흘러 스물세 살이 된 유소프는 남성들에게 몸을 파는 거리의 여인이 됐다. 어떻게 이런 일이 벌어졌을까?

유소프의 언니와 남동생도 모두 천재성을 보였다. 언니는 열여섯 살에, 남동생은 열두 살에 영국의 워릭 대학교에 입학했다. 그러나 이들 형제자매의 천재성은 타고난 것이기보다는 과학 교사였던 아버지의 독특한 교육방법에 의한 것이었다. 유소프의 아버지는 자신이 개발한 '학습가속화기법'이라는 방법으로 자식들을 훈련했다. 정신이 맑아진다는 이유로 차가운 방에서 공부하게 했고 주기적으로 명상을 하도록 했다. 공부 시간 이외에는 지칠 때까지 테니스를 하도록 강요했다.

이 학습방법은 효과를 보았다. 유소프가 1997년 스물한 살 이하 응시생 중 8등의 성적으로 옥스퍼드대에 입학한 것이다. 그러나 3년 후인 열다섯 살에 가출했다. 경찰이 12일간 영국 전역에서 '천재 소녀 찾기' 소동을 벌인 끝에 그녀를 발견했는데, 발견 당시 그녀는 인터넷 카페에서 일하고 있었다. 그러나 그녀는 집으로 돌아가기를 거부했다. "아버지로부터 정신적, 육체적 학대를 받는 생지옥 같은 생활을 했다"고 고백해 충격을 주었다.

이후 사회복지시설을 거쳐 다른 가정에 입양되어 성장했고, 2004년에는 옥스퍼드대에 같이 다닌 인연으로 수습변호사로 일하던 남자와 결혼을 했다. 그러나 13개월 후에는 이혼의 아픔을 겪었다. 그러고는 거리의 여자가 됐다. 유소프는 자신의 타락을 아버지 탓으로 돌리고 있다. 결국 학습가속화기법은 실패로 결판났다.

부모들은 자식이 천재성을 발휘하기만 하면, 공부를 잘하기만 하면 행복한 인생을 살게 되는 줄 안다. 그러나 유소프는 천재적인 재능이나 뛰어난 지식이 삶을 건강하게 해주지 못한다는 사실을 보여준다. 자녀를 천재로 만들려고 했던 부모의 강압적인 교육방식과 자식에 대한 높은 기대감, 사랑이라는 이름으로 포장된 학대가 불행을 야기한 것이다.

신동을 망친 어머니의 치맛바람

영국의 천재 소녀 유소프 이야기에는 '안타까운'이라는 형용사가 잘 어울린다. 중국에도 유소프에 버금가는 이야기가 있다. 그러나 이 이야기에는 '어처구니없는'이라는 수식어를 붙여야 할 것 같다.

시간은 2005년 10월로 돌아간다. 홍콩 〈문회보(文匯報)〉는 '물리학 신동'으로 중국을 떠들썩하게 했던 젊은 유망주가 정상적인 독립생활에 실패, 대학을 자퇴하는 등 인생 유전을 겪고 있다고 보도했다. 주인공은 중국 남동부에 있는 후난 성 화룽 현 출신의 웨이용캉 씨로 나이는 스물두 살이다.

그는 두 살 때 1,000자가 넘는 한자를 깨치고 140가지 물건의 이름을 썼다. 네 살 때 초등학교에 들어가 3년 만에 6년 과정을 마쳤다. 여덟 살에 중학생이 됐고 열세 살에는 중국 중점대학인 샹탄대 물리학과에 입학한 뒤, 열일곱 살이던 2000년에 베이징의 중국과학원 석·박사 과정에서 물리학을 공부하기 시작했다. 중국 물리학계를 이끌 '차세대 대들보'로 꼽히기도 했다.

그러나 중국 물리학의 희망이었던 그의 인생에 먹구름이 몰려왔다. 2003년 8월, 그는 학교 당국으로부터 퇴교 통지서를 받고 울며 겨자 먹기로 서명을 해야 했다. 혼자서는 아무 일도 처리할 수 없는 속수무책의 청년이라는 판정을 받았기 때문이다. 이 왕년의 신동이 어떻게 스물두 살짜리 대책 없는 청년으로 바뀌었을까?

문제는 그의 어머니에게서 비롯됐다. 아들의 비범한 재능을 알게 된 어머니는 뒷바라지에 매달리기 시작했다. 열세 살에 대학에 입학하자 어머니는 대학 안에까지 따라갔고, 대학 당국은 모자가 사용하도록 대학 안의 방을 무상 제공했다. 그리고 이 소년 대학생은 4학년 때 기숙사로 들어갔다. 어머니는 아들에게 빨래 따위는 시키지 않았다. "너는 그런 일은 할 필요가 없다"고 말했다. 박사 과정을 마치고 학위를 받으면 돈이 생기고, 그러면 세탁쯤은 가정부를 시키면 된다는 논리였다.

대학 1학년 겨울방학 때 담당 교수는 그에게 두 가지 숙제를 내주었다. 하나는 글씨 연습을 하라는 것이었다. 그의 글씨가 초등학생 수준밖에 안 됐기 때문이다. 둘째는 중국의 4대 명저를 읽으라는 것이었다. 방학이 끝나고 교수가 물었더니 그는 숙제를 하지 않은 상태였다. 이유는 어머니가 못 하게 했다는 것이다.

열일곱 살에 대학원 석·박사 과정에 들어가면서 문제가 커지기 시작했다. 기숙사 생활을 시작했는데 치약을 눈에 띄는 대로 가져다 쓰고는 아무 데나 놓았고, 신발도 네 것 내 것 구별 않고 신고 다녔다. 방 청소를 하지 않아서 문을 열어두면 냄새가 진동할 지경이었다. 옷 입고 식사하는 것조차 교수가 챙겨줘야 할 정도였다. 심지어는 석사 졸업논문 제출 시한을 잊어버리기도 했다.

어린 시절부터 공부에만 몰두하도록 매일 아침 그의 어머니가 세수까지 시켜준 탓에 자력으로 실생활을 해나갈 수 없었던 것이다. 나라를 위해 큰일을 할 수 있었던 아들은 혼자서는 아무것도 할 수 없는 마마보이가 됐다. 어머니의 극성스러운 치맛바람이 유망주를 망쳐놓은 것이다. 〈문회보〉는 어머니가 때늦은 후회를 하고 있다고 전했다. 이 물리학 신동의 몰락에 '어처구니없는'이라는 수식어보다 더 적절한 표현이 있을까.

성품 없는 지식, 그 불안한 사상누각

'100-1=0'이다. 내가 섬기는 교회 액자에 담긴 내용인데 모든 것을 갖추어도 1, 즉 예수님이 없으면 아무것도 없는 것과 같다는 의미다. 그 1의 자리에 성품을 대입해본다. 모든 것을 갖추어도 성품이 없으면 아무것도 없는 것과 같다.

유소프와 웨이용캉의 사례처럼 성품을 가르치지 않고 지식만 가르친 교육의 결과는 이처럼 재앙으로 나타난다. 성품은 '깊이'다. 성품은 해야 할 것을 하고 하지 말아야 할 것을 하지 않는 분별력이다. 역경을 이겨내는 힘이요, 아름다운 인간관계를 만들어내는 지혜다. 반면에 지식은 '빨리'다. 경쟁이고 인정사정 없음이며 성과중심주의, 결과중심주의다. '깊이'의 끝에는 여유와 통찰과 행복이 있지만, '빨리'의 끝자락에는 조급함과 시행착오와 불행이 있다. 성품 없는 지식은 언제 무너질지 모르는 사상누각에 불과할 뿐이다.

성품을 가르치지 않고 지식만 가르친 교육의 열매가 재앙이라는 것을 우리는 지금까지 신물 나게 봐왔다. 기분 나쁘다고 차를 몰아 전혀 상관없는 사람들에게 돌진하고, 물 달라는 선생님에게 초등학생 제자가 양변기 물을 떠다 주고, 시험 성적 떨어졌다고 몸까지 내던진다. 길 가다 어깨 부딪혔다고 사람을 해치고 나보다 잘산다고 기분 나빠 해코지한다. 지각 있는 인사들의 몰염치도 마찬가지다.

재앙은 '길'을 벗어날 때 발생하는 당연한 결과다. 고속도로에서 '길'을 벗어나면 치명적인 사고로 이어지는 것처럼. 인생의 길도 마찬가지다. 그런데 왜 사람들은 치명적이라는 걸 알면서도 길을 벗어나는 걸까? 무엇이 그들을 정도(正道)에서 멀어지게 하고 가지 말아야 할 길을 가게 하는 걸까?

여러 가지 단어가 떠오른다. 분노, 탐욕, 무책임, 불성실, 황금만능주의…. 그리고 뒤이어 떠오르는 생각. 그들이 깨닫지 못했다는 사실이다. 치욕을 넘는 자가 불멸을 얻는다는 섭리를, 냉혹한 승부 이전에 동반자로서 서로를 존중하고 이해해야 한다는 사실을, 빨리 달리기보다 주위를 돌아볼 줄 아는 깊이 달리기가 진짜 승부수임을, 진정으로 행복한 성공이 직선보다 곡선에 있다는 사실을….

자식이 공부를 잘하는 것은 모든 부모의 소망이다. 못하는 것보다는 훨씬 나으니까. 행복이 성적순이 아니라는 것을 잘 알면서도 그렇다. 은근히 자랑할 수도 있고. 그래서 부모는 맞벌이를 해서라도 자식을 학원에 보내고 과외를 시킨다. 오늘도 골목을 누비는 수많은 학원차 속에는 그런 부모들의 간절한 마음을 어깨에 짊어진 자식들이 타고 있다.

영어 단어 하나라도 더 외우고 수학 문제 하나라도 더 풀어야 좋은 대학 갈 수 있다는 고정관념에 사로잡혀 있는 것이다. 부모도 마찬가지고 아이도 마찬가지다. 성품교육과 인성교육은 그래서 늘 뒷전이다. 성품교육 이야기를 꺼내면 좋은 것도 알고 필요하다는 것도 잘 안다고 말한다. 그러나 그들의 표정에서는 자식들과 같이 오붓하게 밥 먹을 시간조차 없는데, 아이들 수면 시간도 부족한데 무슨 뚱딴짓소리냐는 뉘앙스가 느껴진다.

'지식 먹는 하마'가 돼버린 아이들의 실상이 어떤지 알려주는 이야기가 있다. 어느 교사가 대입 논술시험을 준비하는 학생에게 '나의 인생에서 가장 슬펐던 순간'이라는 주제를 제시했다. 그 학생은 '학교 성적이 떨어져서 부모님한테 혼났을 때'라고 썼다. 이 글을 읽는 학부모들은 본인의 자녀는 그렇지 않을 것이라고 생각할지 모른다. 그러나 실제로 80퍼센트 이상의 학생이 이와 유사한 대답을 한다고 한다. 자신의 인생에 대한 성찰이나 미래에 대한 꿈, 인간관계 등에 대해서는 언급할 엄두조차 내지 못한다. 이것이 우리 아이들의 실상이다.

부모는 늘 자식이 더 잘되라고 자극한다. 자극의 정도와 표현방식에 차이가 있을 뿐, 방향은 늘 '좋은 대학'이다. 혈기왕성한 사춘기 아이들을 하루 열 시간씩 교실에 가둬놓고 공부하라고 닦달하면 아이들은 어쩔 수 없이 걸어 다니는 폭탄이 돼버린다. 아이가 폭발 직전까지 가면 '나 위해서가 아니고 너 자신을 위해서'라고 애써 진정시키며 합리화한다. 그러나 아이들에게는 부담이다. 부모의 기대를 충족시키지 못하는 아이들은 매 순간 실패와 좌절을 겪을 수밖에 없다.

부모의 기대가 크면 클수록 아이가 공부의 실패자가 될 가능성이 높은 이유가 여기에 있다. 어린 나이에 경험하는 거듭된 실패감과 좌절감은 아이의 인생에 치명적인 결과를 가져올 수도 있다. 돌이킬 수 없는 패배의식에 사로잡히게 되는 것이다. 그리고 이 패배의식은 발전과 변화를 시도하는 데 족쇄로 작용한다.

자녀의 성적에 과도하게 집착하고 있다면 한 번쯤 되돌아보자. 과연 그 집착의 발로가 자녀에 대한 사랑인지, 아니면 '자식 교육에 성공한 부모'라는 이름으로 칭송받고 싶은 자신의 성취욕인지를 말이다. 어설픈 사랑과 어설픈 관심이 아니라 진정한 사랑과 관심을 표현하고 싶다면 이렇게 말해보자.

"아들아 딸아, 사랑한다. 힘들지? 걱정 마. 아빠 엄마가 있으니까. 실수해도 괜찮아. 성적 좀 떨어지면 어때? 다음에 잘하면 되지. 너희에겐 우리가 있잖아. 힘내자. 파이팅!"

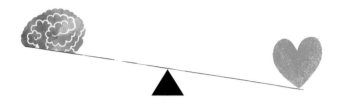

가치관,
성인과 악당을 가르다

나는 운명을 믿지 않는다. 태어날 때부터 무엇이 되기로 미리 정해진 사람은 없다. 운명이 이미 정해져 있다면 굳이 힘들여 고생할 필요가 무엇이 있겠는가? 힘들여 공부하지 않아도, 시간을 아껴가며 발전하려고 노력하지 않아도 이미 결정돼 있을 테니 말이다.

운명이 있다고 한다면 결코 피할 수 없는 죽음뿐이다. 인생이라는 것이 보이지 않는 손이 예비해둔 길을 무기력하게 수동적으로 따라가는 것이라면 얼마나 허망하겠는가? 하늘은 스스로 돕는 자를 돕는다고 했다. 이는 곧, 하늘은 스스로 돕지 않는 자는 돕지 않는다는 말이다. 삶을 경영하는 권한은 전적으로 저마다의 손에 맡겨져 있다. 선택권이 전적으로 각 개인에게 주어져 있다는 말이다. 선택이

난 사람, 든 사람보다 된 사람

잘되고 못되고는 각자의 몫이다.

선택을 하는 과정에는 가치관이 작용한다. 가치관은 인생이나 어떤 대상에 대해서 좋은지 나쁜지, 옳은지 그른지, 바람직한지 바람직하지 않은지를 판단하는 관점이다. 중요한 것은 방향성이다. 그리고 그 방향은 가치관에 따라 달라진다. 어떤 길을 걸을 것인지, 목표를 어디에 둘 것인지, 어떤 사람이 될 것인지를 결정하는 것이 가치관이다.

인간의 운명을 결정짓는 것은 바로 이 가치관이다. 모한다스 간디(1869~1948)와 같은 삶을 살 수도 있고, 제인 구달의 삶을 살 수도 있다. 간디는 비폭력 무저항 운동을 외쳤기에 산스크리트어로 '위대한 영혼'을 뜻하는 마하트마로 더 잘 알려져 있다. 구달은 모험심과 상상력, 호기심으로 무장한 세계적인 침팬지 연구가다. 그녀는 탄자니아에서 1960년부터 50년이 넘는 기간을 침팬지와 함께 생활하며 침팬지의 육식 행위와 도구 사용 능력을 발견했다.

또 남아프리카공화국의 인종차별주의 정책에 대항해 목숨을 걸고 투쟁한 영적 지도자 넬슨 만델라(1918~2013)의 삶을 선택할 수도 있고, 흑인의 자유와 권리를 위해 투쟁하다 16발의 총탄을 맞고 세상을 떠난 미국의 흑인해방 운동가 맬컴 엑스(1925~1965)의 삶을 살기로 할 수도 있다. 평생을 가난하고 병든 사람을 보호하며 성인으로 존경받았던 테레사(1910~1997) 수녀의 길을 따를 수도 있다.

선택권을 쥐고 있는 우리는 쉽고 평탄하고 넓은 길을 선택할 수도 있고, 힘들고 좁은 고난의 길을 선택할 수도 있다. 그 선택을 가르는 것은 가치관이다. 가치관은 인격이요, 성품이다. 나는 운명을 믿지 않는다. 다만 가치관을 믿을 뿐이다.

촛불이 되는 가치관, 재앙이 되는 가치관

앞에서 거론한 인물들은 위대한 사람들이다. 국가를 위해, 인류를 위해, 인간의 존엄성을 지켜내기 위해, 그리고 자신의 신념을 고수하기 위해 헌신하고 희생하며 값진 가르침을 남긴 사람들이다. 신념을 가장 중요한 자산으로 여겼던 사람들이고, 상황이 아무리 힘들어도 굴복하거나 타협하지 않은 사람들이며, 자기 자신은 물론 다른 사람에게도 진실하려고 노력했던 사람들이다. 우리가 그들을 존경하는 이유다.

인생에는 굴곡이 있게 마련이다. 위인들의 삶도 마찬가지다. 누구 할 것 없이 좌절을 맛보게 된다. 배고픔과 아픔도 겪게 된다. 이 같은 굴곡과 좌절의 시기에 빛을 발하는 것이 가치관이다. 가치관에는 건강하고 올바른 가치관이 있고, 나쁘고 사악한 가치관이 있다. 건강한 가치관은 세상을 밝히는 촛불이 되지만 사악한 가치관은 인류에 재앙을 가져온다.

사악한 가치관을 가진 대표적인 인물은 20세기 인종학살의 대명

난 사람, 든 사람보다 된 사람

사로 불리는 아돌프 히틀러(1889~1945)다. 그의 레알슐레(실업계 중등학교) 학적부에는 '이 학생은 자제력이 부족하고 오만하여 성격이 나쁘다. 충고나 잔소리를 들으면 적의를 드러낸다. 또한 자신을 지도자로 상상하여 동료 학생들에게 쓸데없는 아첨을 요구한다'라고 기록되어 있다.

친구가 없어서 늘 외롭게 지냈고, 증오와 복수를 외쳤으며, 마음속에는 늘 거대한 야망을 품고 있었다. 총통이 된 후에는 제2차 세계대전을 일으키면서 600만 명의 유대인을 학살하는 만행을 저질렀다. 결말은 초라했다. 전세가 기울자 지하 방공호에서 연인 에바를 쏜 후에 자살했다.

히틀러에 대비되는 건강한 가치관을 지녔던 오스카 쉰들러(1908~1974)라는 사람도 있다. 그는 독일 점령하의 폴란드에서 아우슈비츠 수용소로 갈 뻔했던 1,200명의 유대인을 전 재산을 들여 구해냈다. 쉰들러를 주인공으로 한 스티븐 스필버그의 영화 〈쉰들러 리스트〉의 마지막에는 다음과 같은 자막이 나온다.

'오늘날 폴란드에 살아남은 유대인은 4,000명이 안 된다. 반면 쉰들러의 유대인들 후손은 6,000명 이상이다.'

인류역사상 사악한 가치관을 가졌던 인물은 헤아릴 수도 없이 많다. 자신의 어머니를 연인으로 삼고 어머니와 아내를 살해하는 등 기이하고 방탕한 행동을 일삼은 로마제국의 네로 황제(37~68), 헝가리 왕국 출신의 귀족으로 자신의 젊음과 아름다움을 유지하기 위해 수많은 사람을 살해하며 '피의 백작부인'이라는 별명을 얻은 역사상 가장 유명한 잔혹 살인범 에르제베트 바토리(1560~1614), 4년도 채 되지 않는 기간에 200만 명으로 추산되는 사람을 인종청소라는 이름으로 학살하며 캄보디아 전역을 지구촌 최대의 킬링필드(killing field)로 만든 크메르 루주의 폴 포트(1925~1998)도 그중 일부다.

네로 황제는 자살했다. 바토리는 사형은 면했지만 성 안의 독방에 감금돼 죽었다. 폴 포트는 엄청난 반인륜적인 행위를 자행했음에도 어떤 처벌도 받지 않았다. 어떤 징계도 하지 않겠다는 조건을 제시한 항복조건 때문이다.

선과 악이 공존하는 사회

성인들은 어떻게 그 숭고한 길을 걸을 수 있었을까? 역경을 극복하는 힘은 어디서 나왔으며, 어떤 에너지가 있어 불꽃보다 뜨거운 삶을 살 수 있었을까? 무엇이 그들을 어둠을 비추는 촛불이 되게 했으며, 그들에게 흔들리지 않는 철의 심장을 갖게 했을까? 사람이 꽃보다 아름다운 이유를 온몸으로 노래할 수 있었던 이유는 또 무엇일까?

반면에 세기의 악당들은 어떻게 잔혹한 살인마의 길을 걷게 되었

난 사람, 든 사람보다 된 사람

을까? 무엇이 그들로 하여금 잔혹하고 비인간적인 그 길을 걷게 했을까? 그들에겐 죄의식이라는 게 존재하기는 할까? 수많은 사람을 죽이고도 두 발 뻗고 잠을 잘 수 있었을까? 인생을 마무리 지을 때 후회는 했을까?

100년도 안 되는 한평생을 살면서 인간이 이렇게 선과 악이라는 극단의 삶을 살 수 있다는 게 신기할 따름이다. 삶의 방향성을 결정하는 가치관은 이처럼 중요하다. 개인의 운명을 가르고 인류의 역사를 바꾼다. 마음속에 깊게 뿌리내려진 가치관이 어떠냐에 따라서 아름답고 숭고한 이야기가 쓰일 수도 있고, 너무나 잔혹한 이야기가 만들어질 수도 있다. 우리에게 어떤 길을 선택할지 권한이 주어져 있다는 것이 그저 감사할 따름이다.

멀리 바라볼 필요도 없다. 지금 우리가 살아가는 이 시대 우리 주변에도 늘 이 두 부류의 사람들, 즉 선행을 하는 사람들과 악행을 저지르는 사람들로 넘쳐난다. 버스나 전철에서 노인이나 임산부에게 자리를 양보하는 사람도 있고, 숭고한 정신으로 고아를 입양하는 사람도 있다. 평생 힘들게 번 돈을 사회에 기탁하는 사람도 있고, 산에서 등산객들이 버린 쓰레기를 줍는 사람도 있다. 일면식도 없는 사람에게 장기를 기증하는 사람도 있다.

반면에 달리는 차 안에서 불씨가 남아 있는 담배꽁초를 그대로 창문 밖으로 내던지는 사람도 있고, 회사 공금을 횡령하는 사람, 사기를 치는 사람, 잔혹한 범죄를 저지르는 사람도 있다.

성인과 세기의 악당, 선과 악을 가르는 차이가 바로 가치관이다.
이 가치관이 우리 인생에 차이를 만들고, 삶의 방향을 가르고, 결국
에는 운명을 결정짓는다. 이처럼 중요하니 우리가 어떻게 가치관의
형성과 성숙 과정에 신경을 쓰지 않을 수 있겠는가.

바른 가치관을 심는 방법

건전하고 건강한 가치관을 형성하는 것이 중요한 이유는 개인적
행복과 공동체의 번영을 동시에 실현할 수 있기 때문이다. 나의 행
복과 공동체의 번영이 일직선상에 있는 것보다 더 바람직한 일은
없을 것이다.

그렇다면 어떤 사람이 건전하고 건강한 가치관을 가진 사람일까?
자기 자신을 반성하고 성찰할 줄 아는 사람이다. 타인을 배려하고,
진선미를 지향하며, 내면의 성숙을 추구하는 사람이다. 그리고 정
직과 끈기, 용기와 절제의 덕목을 추구하는 사람이다.

정반대 개념의 사람도 있다. 욕심 채우기에 급급하고, 시기와 질
투를 일삼으며, 까닭 없이 남을 미워하고, 목적 달성을 위해서라면
수단과 방법을 가리지 않고, 악행을 서슴지 않는 사람이다. 오로지
돈과 권력, 명예, 겉모습의 아름다움을 추구하는 사람이다. 일차
원적 삶에 속하는 사람들이다. 이런 사람들에게 적합한 단어는 교

만과 무례함, 탐심, 불순함, 방종, 부패, 위선, 증오, 분노 같은 것들이다.

가치관이 제대로 서 있지 못하면 히틀러와 폴 포트처럼 인간성을 상실하게 되고 짐승보다도 못한 존재로 전락하게 된다. 욕망의 화신이 되는 것이다. '콩 심은 데 콩 나고 팥 심은 데 팥 난다'는 속담이 있다. 모든 일은 원인에 따라서 결과가 생긴다는 말이다.

건강한 가치관을 가지기 위해서는 어떻게 해야 하는가? 당연히 좋은 씨앗을 심어야 한다. 좋은 씨앗은 무엇을 말하는가? 올바른 세계관과 인생관이다. 세계관과 인생관은 가치관을 형성하는 전 단계들이다.

세계관은 세계를 어떻게 이해하는가에 따라 결정된다. 신은 있는가, 없는가? 세계의 질서는 일원(一元)인가, 이원(二元)인가? 모든 역사 과정이 어떤 하나의 원인에 의해 결정된다는 결정론이 옳은가, 아니면 상대론이 옳은가? 지구가 태양을 중심으로 도는가, 아니면 태양이 지구를 중심으로 도는가? 이러한 질문에 대한 시각이 세계관이다.

이에 비해 인생관은 자신의 현재 위치를 어떻게 받아들이느냐에 따라 달라진다. 나는 부자인가 가난한가? 미남인가 아닌가? 주류인가 비주류인가? 행복한가 불행한가? 이러한 질문에 대한 입장이 인생관이다.

가치관은 이 세계관과 인생관을 토대로 어떤 삶을 살 것인지에 대한 시각이다. 적당히 시류에 타협하며 살 것인가, 아니면 어떤 가치를 절대적인 기준으로 삼아 세상과 맞서면서 살 것인가? 남들이 가는 길을 따라갈 것인가, 아니면 나만의 길을 만들어갈 것인가? 이러한 질문들에 대답을 해주는 인생의 좌표이자 무게중심이 가치관이다. 정체성은 이 가치관에 의해서 결정된다.

한번 결정된 가치관은 인생을 어떤 방향으로 나아갈지, 어떻게 살아갈지를 제시하는 방향키와 같기 때문에 쉽게 바뀌지 않는다. 처음에 바른 가치관을 형성하는 것이 중요한 이유가 여기에 있다.

바른 가치관을 형성하는 방법은 간단하다. 좋은 것과 옳은 것을 많이 보고 많이 듣고 많이 체험하고 많이 생각하면 된다. 그러면 자연스럽게 바람직한 인생관이 생기고 합리적인 세계관을 갖게 된다. 이렇게 되면 당연히 바른 가치관을 갖게 된다. 바른 가치관을 갖게 되면 어느 한쪽으로 편향되거나 왜곡되는 것을 막고 균형감각을 유지할 수 있는 능력도 갖추게 된다. 넘치면 기운다는 것도 깨닫게 된다.

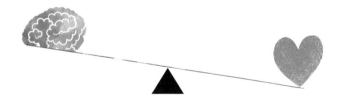

다양성 사회와
움직이는 폭탄들

갈등은 '칡 갈(葛)' 자에 '등나무 등(藤)' 자로 되어 있다. 칡과 등나무라는 뜻이다. 줄기가 서로 얽히고 꼬여서 풀기 어려운 모양을 말한다. 일이나 사정이 서로 복잡하게 뒤얽혀 화합하지 못하는 것을 비유한다.

우리 사회에는 항상 갈등이 존재한다. 늘 시끌벅적하다. 한편에서는 피켓이 난무하고 다른 한편에서는 전경이 대열을 맞춘다. 갈등이 없으면 오히려 이상할 정도다.

계층 간, 지역 간, 세대 간, 이념 간, 노사 간 갈등이 우리 사회의 뜨거운 감자가 된 지는 이미 오래다. 가장 시급한 문제가 계층 갈등이다. 세계 열두 번째 경제대국, 유례 없이 빠른 경제 성장을 이룬 우리나라는 지금 소득 격차로 인한 계층 갈등으로 속이 곪아가고 있다. 계층 갈등은 갈수록 복잡한 양상으로 진화되고 있어 국가 시스템을 위협하는 주요 요인으로 부상했다.

지역 갈등은 영남과 호남, 도시와 농촌, 수도권과 비수도권 간의 갈등을 말한다. 오래전에 고착되어 골이 깊고도 넓다. 요즘 들어 부쩍 심각해진 것이 세대 갈등이다.

학생들은 지하철에 노인이 타도 자리를 양보하지 않는다. '어른들이 싫다'는 무언의 항의다. 캐나다에서는 이미 20년 전에 노인을 위한 세금 거부 운동이 일어났다고 한다. 이제 우리의 현실이 됐다. 이 밖에도 부부 갈등, 고부 갈등, 종교 갈등, 검경(검찰과 경찰) 갈등, 의약(의사와 약사) 갈등도 있다.

갈등은 생각의 차이, 이념의 차이에서 온다. 그런데 그 갈등이라는 것이 사실은 그렇게 큰 것이 아니다. 대부분이 기질과 취향, 행동 양식의 차이다. 때로는 밥그릇 싸움일 수도 있다. 그런데 이 차이가 어떤 경우에는 우리 사회를 큰 혼돈 속으로 몰아넣는다.

갈등은 순기능으로 작용하면 사회 발전을 위한 긍정의 에너지가 된다. 하지만 그 반대일 경우에는 사회 발전을 저해하고 성장을 방해하는 족쇄가 된다.

갈등은 어쨌거나 발생하기 마련인데, 이를 얼마나 지혜롭고 조화롭게 해결해나가느냐가 관건이다. 물론 더 중요한 것은 사전에 갈등이 생기지 않도록 잘 조정하는 것이겠지만.

우리 사회는 다양성의 사회다. 마치 세포가 분열하듯이 작고 세밀하게 나뉘어 있으며, 이해관계가 얽혀 점점 복잡한 양상으로 전개되고 있다. 예전에 없었던 문제들도 생겨난다. 새로 생겨난 용어에서 그 문제와 갈등의 다양성을 엿볼 수 있다.

황혼이혼, 돌싱('돌아온 싱글'의 줄임말로 이혼한 남녀를 말함), 다문화 사회, 사이버테러, 베이비부머, 피싱…. 불과 10년 전까지만 해도 없었거나 생소했던 용어들이 이제는 일상어가 되어버렸다. 이 새로운 용어들을 통해 세상의 흐름을 읽을 수 있다.

이제 막 은퇴를 시작한 베이비부머(1955~1963년생)들은 어렸을 때 학교 조회 시간에는 '국민교육헌장'을 낭송하고, 역사 시간에는 '태정태세문단세'를 외쳐가며 조선왕조 500년의 굴곡을 이해했었다. 지금은 보기 힘든 상황이다. 교육헌장과 태정태세가 있던 자리는 집단 따돌림과 자살 같은 흉측한 단어들로 대체됐다. 사회적으로는 이혼, 탈세, 성폭행, 묻지 마 살인, 장기 밀매 같은 단어들이 맹위를 떨치고 있다. 하나같이 우리 사회의 병들고 찌든 모습을 보여주는 단어들이다.

우리나라의 갈등지수가 OECD 국가 중 4위라는 이야기도 들리고, 갈등으로 인한 1년간 사회경제적 비용이 국가 예산(2013년 342조 원)을 훌쩍 뛰어넘는 400조 원에 달한다는 이야기도 나온다. 자신의 권리를 침해당하면 참지 못한다. 층간 소음으로 인한 다툼이 지나쳐 죽음을 넘나들기도 한다. 소송 건수도 크게 늘었다. 협의하고 조정할 수 있는 사안도 '끝장을 보자'는 심정으로 법원으로 가져간다.

가히 '갈등 코리아'다. 중간지대와 완충지대는 사라졌고, '너 죽고나 살기' 식의 정서가 팽배해졌다. 아군과 적군으로 가르는 2분법 사회가 됐다. 충격 완충재가 없으면 계란이나 유리는 쉽게 깨지기 마련이다. 우리 사회가 어쩌다 이렇게 서로 마주 보며 달리는 자동차처럼 위험하기 짝이 없는 상황을 맞게 되었을까? 브레이크가 파열된 채 고속으로 질주하는 차량에 언제 어떻게 올라타게 됐을까?

씁쓸한 중2 신드롬

지금 우리 사회에는 언제 터질지 모르는 일촉즉발의 분위기가 팽배하다. 건드리면 언제라도 터질 준비가 된 모양새다. 눈 마주쳤다고 사람을 죽이고, 어깨 부딪혔다고 폭행하는 흉흉한 시대가 됐다. 아니, 이제는 한 발 더 나아갔다. 건드리지 않아도 해코지당하는 시대다. 이유 없이 짜증을 낸다. 이유 없이 반항하고 이유 없이 분노한다. 왜일까? 왜 이렇게 참을성이 없어졌을까? 사소한 일에조차 왜 이토록 목숨 걸게 됐을까?

난 사람, 든 사람보다 된 사람

이는 한국 사회와 한국인이 분노관리, 감정관리에 실패했음을 의미한다. 홧김 방화, 홧김 폭행, 홧김 살인도 모두 분노를 조절하는 데 실패한 결과다. 분노 조절에 장애를 겪는 환자가 폭발적으로 늘고 있다. 최근 5년 새 두 배로 늘었다는 조사결과도 있다.

라이프 사이클이 빠를수록 스트레스가 많아지는 건 당연한 일이다. 문제는 스트레스로 인해 자제력을 잃게 되고, 그 결과 사소한 일에도 욱하며 일을 저지르게 된다는 점이다. 개인이나 사회나 스트레스를 잘 조절하고 제대로 해소할 방법을 찾아내야 한다. 그렇지 않으면 언제 '움직이는 폭탄'으로 돌변할지 모를 일이다.

지금 우리 사회의 가장 위험한 '움직이는 폭탄'은 어떤 부류일까? 앞에서도 잠시 거론했지만 중학교 2학년생이라고 한다. 조금 과장된 측면도 있지만 일리가 있다. '대한민국에 중2가 있는 한 북한도 두려워서 침공을 못 한다'라든지 '대문 앞에 중2 있음이라고 써 붙여두면 도둑도 겁나서 도망간다'는 유행어가 있을 정도다. 도대체 중2가 이렇게 두려운 존재가 된 이유는 무엇일까? 미성숙의 탓도 있겠지만 감정 조절 장치가 제대로 기능을 하지 못하기 때문이다.

혈기왕성한 청소년에게 어떻게 하면 감정 조절 방법을 알려줄 수 있을까? '낫 놓고 기역 자도 모른다'는 속담이 무색하게도, 기역 자는 알아도 낫이 무엇인지 알 도리가 없는 아이들에게 어떻게 하면 감정 조절이 '지혜로운 성숙의 과정'임을 이해시킬 수 있을까? 세월이 해결해주겠지 하며 마냥 기다릴 수만은 없는 일이다.

아이들에게 '넌 네 인생의 주인공'이라는 사실을 알게 해주는 것도 좋은 방법이다. 가정과 학교, 사회에서 아이를 삶의 주체로 인정하고 함께 공감해주는 것이다. 인정받고 공감받는 느낌보다 더 행복한 건 없다. 학업성적이 부진한 아이를 우등생을 돋보이게 해주는 조연으로 생각하지 않았는지 살펴볼 일이다. 아이들을 오직 성적이라는 잣대만으로 보아온 고정관념에서 탈피할 일이다.

그래서 자기 삶이 '행인 1' 식의 조연이 아니라 매력 덩어리, 개성 덩어리, 가능성 덩어리인 주인공임을 깨닫게 해주는 것이다. 그래서 아이들의 상처받은 자존감과 자신감이 회복되면 세상을 향한 막연한 분노도 자연스럽게 사라질 것이다. 그럴 때쯤이면 '중2 신드롬'도 사라지지 않을까.

움직이는 폭탄을 제거하기 위한 조건

중2뿐만이 아니다. 움직이는 폭탄은 우리 사회를 구성하고 있는 모든 사람에게 해당하는 말이다. 자신이 이 사회의 주인공이라는 사실을 깨닫는다면 아무리 상황이 어려워도 극단적인 선택을 하지는 않을 것이다. 주인공은 쉽게 좌절하거나 포기하지 않는다. 꿋꿋이 난관을 헤쳐나간다. 주인공이 달리 주인공인가. 끝까지 살아남아 '희망의 씨앗' 한 톨을 남기기 때문 아닌가.

난 사람, 든 사람보다 된 사람

자존감과 자신감은 성품의 소중한 덕목이다. 자존감이 있어야 포용할 수 있고, 자비로울 수 있으며, 용서할 수 있다. 자신감이 있어야 자립할 수 있고, 설득할 수 있고, 믿음을 줄 수 있다. 눈 마주쳤다고, 어깨 부딪혔다고 감정을 폭발시키는 사람에게서 자존감과 올바른 자신감을 찾기는 불가능한 일이다.

인간을 '갈등적 존재(homo conflitus)'라고 일컫기도 한다. 사회에 존재하는 갈등에는 불가피한 측면이 있다는 입장이다. 앞에서도 이야기했듯이 적정한 갈등은 사회 에너지를 활성화하고 균형을 유지해 발전을 촉진하는 기능을 한다. 갈등의 순기능이다.

이러한 논리가 현실에서 작동하려면 사회 갈등에 대한 관리와 원활한 조정이 가능해야만 한다. 갈등을 관리하고 조정하는 사회의 총체적 역량이 부족하면 어떻게 될까? 갈등 표출이 사회 시스템의 병리나 모순을 드러내 치유하고 해소하는 선순환 과정이 아니라, 갈등 증폭과 분쟁 상시화의 악순환 과정으로 이어질 수 있다.

우리 사회는 산업화와 민주화, 정보화가 매우 짧은 기간에 진행되면서 급격한 사회변동을 경험했다. 이 과정에서 사회 구성원들이 느끼는 삶의 행복에 대한 조건이 근본적으로 변했다. 분쟁을 유발할 수 있는 구조적 균열 요인도 누적돼왔다. 그 요인들이 바로 계층 갈등, 노사 갈등, 지역 갈등, 세대 갈등이다. 그리고 그 균열의 정도가 피부로 느껴질 만큼 높은 수준이다.

다행스럽게도 아직까지는 우리 사회의 전통적 미덕으로 인해 갈등이 어느 정도 제어되고 있다. 그러나 고령화와 다문화 사회의 진전 속도를 고려하면 앞으로 민족 갈등과 종교 갈등이 등장할 것이고, 세대 갈등도 심화될 것으로 보여 우려스럽다. 지금 확산일로에 있는 경제 · 사회적 균열을 잘 조정하지 못한다면, 그리고 앞으로 봇물처럼 터져 나올 가능성이 있는 사회 · 문화적 갈등을 예방하는 데도 성공하지 못한다면 우리 사회 자체가 움직이는 폭탄이 될 수도 있다.

갈등관리 시스템에 대한 국가적 차원의 역량을 강화하고, 사회 구성원들의 관용의 미덕을 키우는 일이 무엇보다 시급하다. 갈등을 해결하는 데 관용만큼 중요한 덕목도 없다. 관용은 모든 사람이 저마다 고유한 감정과 생각을 가지고 있다는 것을 인정하고 차이를 받아들이는 것이다. 사회 구성원 개개인의 성품이 뒷받침되지 않으면 갈등 해결은 요원하다. 그리고 움직이는 폭탄을 제거하는 일도 불가능하다.

난 사람, 든 사람보다 된 사람

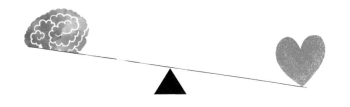

그레셤 법칙을
거부하라

2001년 9월 11일. 미국 뉴욕의 110층 세계무역센터(WTC) 쌍둥이 빌딩이 항공기 납치 동시다발 자살테러 사건으로 무너졌다. 과학문명의 산물이요, 물질문명의 금자탑으로 여겨졌던 건물이 무너져 내린 것이다. 워싱턴D.C.의 미국 국방성 펜타곤도 공격을 받았다. 9·11테러다.

반미 테러 조직인 알 카에다의 소행으로 밝혀졌다. 수장은 오사마 빈 라덴. 미국은 물론 전 세계가 충격에 휩싸였다. 미국은 허무하게 무너져 내린 참사의 현장을 '그라운드 제로(Ground Zero)'라고 명명했다.

악몽이 잊힐 만하니 또다시 테러가 발생했다. 2013년 4월 15일,

이번엔 길거리에서였다. 테러범들은 보스턴 마라톤 대회를 겨냥했다. 3명이 숨지고 176명이 다쳤다. 핵탄두 미사일이나 수십만 병사가 아니라 6리터짜리 압력솥 하나로 평범한 사람들의 일상과 뇌리를 찢어놓은 것이다.

개인 테러 시대가 됐다. 테러의 패러다임이 바뀐 것이다. '나 홀로 공격'이 가능해졌다는 의미다. 범인은 차별과 냉대 속에 잿더미가 돼버린 아메리칸 드림을 부여안고 눈물 젖은 빵을 먹던 타메를란과 조하르라는 이름의 형제였다.

사망자 숫자가 3,000명에 못 미치는 9·11테러가 22만 명의 목숨을 앗아간 2004년 동남아시아 쓰나미보다 우리 기억 속에 더 생생하게 남아 있다. 알 카에다 등 테러 조직이 '실패한 테러마저도 성과'로 간주하는 것도 테러의 이러한 선전 효과 때문이다. 4·15테러도 우리의 기억 속에 오래도록 남을 것이다.

선은 악보다 강한 법이다. 9·11테러 때도 그랬지만 보스턴 마라톤 테러의 아비규환 현장에서도 빛이 된 사람들이 있었다. 폭탄이 터진 직후 본능적으로 펜스를 뛰어넘어 피 흘리는 청년에게 다가가 구조를 도운 카우보이모자를 쓴 남성도 있었고, 다친 여성을 번쩍 안고 뛴 '헐크'도 있었다. 피니시 라인(finish line)을 통과한 후 폭발음을 듣고 현장으로 다시 달려온 의사, 헌혈을 위해 병원으로 달려간 사람들도 시민 영웅들이었다.

난 사람, 든 사람보다 된 사람

성품결핍의 씨앗

보스턴 테러 발생 한 달이 조금 지난 5월 22일에는 영국 런던에서 이슬람 극단주의자들이 군인을 참수하는 테러가 발생했다. 백주대로에 일어난 일이다. 그 사흘 후인 25일에는 프랑스에서 유사 테러가 발생했다. 테러뿐만이 아니다. 우리 사회를 공포로 몰아넣는 사건들이 지구촌 곳곳에서 연일 발생한다. 대표적인 것이 총기 난사 사건이다. 미국을 비롯해서 러시아, 영국 등 세계 각국에서 조용할 만하면 터져 나온다. 우리나라도 총기 난사 사건에서 예외는 아니다.

꼭 남의 생명을 무자비하게 빼앗는 것만이 우리 사회를 병들게 하는 건 아니다. 유괴, 인신매매, 마약과 매춘, 장기매매, 도박중독도 우리 사회의 병리 현상들이다. 정부가 4대 사회악으로 정한 성폭력, 학교폭력, 가정폭력, 불량식품도 척결 대상이다. 조직범죄, 불법 사금융, 주가조작과 같은 서민 생활 침해 범죄도 우리 사회를 병들게 한다.

법조계에서 관행처럼 굳어진 전관예우도 마찬가지다. 우리 사회의 계층 갈등을 조장하는 대표적인 사례다. 전직 관리에 대한 예우를 말하는 전관예우는 사전적으로 '전직 판사 또는 검사가 변호사로 개업하여 처음 맡은 소송에 대해 유리한 판결을 내리는 특혜'라고 정의돼 있다. 그런데 사전적 정의처럼 처음 맡은 소송 한 건에 대해서만 이런 특혜를 주는 것이 아니다. 퇴임 후에 가장 영향력이 강한 시기는 1~2년 정도. 사실상 전관예우는 이 기간에 고위직 판검사들이 로펌에서 막대한 영향력을 행사하면서 고액의 연봉을 받는 것을 의미한다.

총기 난사에서 전관예우까지 다양한 병리 현상의 맥을 관통하는 것은 '성품결핍'이다. 성품이 결핍된 마음에는 우울과 절망, 불신과 혼돈, 분노와 증오, 편협함과 무책임의 씨앗이 심어져 있다. 이 씨앗들이 자라서 선량한 사람들의 눈에 피눈물을 흘리게 한다. 때로는 분노와 증오를 이유로, 때로는 무책임과 관행을 이유로 저질러지는 저들의 만행과 악행과 구태는 용서받아서도 묵인돼서도 안 된다.

이 성품결핍의 종자들은 어디서 나타났을까? 하늘에서 떨어졌을까, 땅에서 솟아났을까? 어찌 됐든 간에 사람의 마음을 황폐하게 하는 성품결핍의 씨앗들이 우리 마음에서 자라나지 못하도록 해야 한다. 쉽지 않은 일이지만 결사적으로 노력해야 한다.

직선이 이길까 곡선이 이길까

나쁜 씨앗들이 마음에 자라지 못하게 할 수 있는 한 가지 좋은 방법이 있다. 100퍼센트 성공을 보장하는 방법이다. 그대로 따라 하기만 하면 된다. 우리의 마음밭을 좋은 성품의 씨앗들로 빼곡하게 심어놓는 것이다. 나쁜 성품의 씨앗들이 자리 잡을 수 없을 정도로 촘촘하게. 어떤가? 시도해볼 만하지 않은가?

　같은 의미지만 질문을 다른 방식으로 던져보자. 직선이 이길까, 곡선이 이길까? 날카로운 직선이 이길까, 부드러운 곡선이 이길까? 정답은 곡선이다. 꼭 옛날 토끼와 거북이 이야기에서처럼 처음에는 직선이 이기는 듯 보일 수도 있지만 종국에 가서는 곡선이 이기는 법이다.

　직선은 곧아서 빠른 듯하지만 굽이굽이 휘어 돌아가는 인생길에서는 보지 못하고 놓치는 게 많다. 또 직설적인 탓에 송곳처럼 찌르니 관계에 상처가 나고 적이 생긴다. 반면 곡선은 옆을 살피고 뒤를 돌아보고 관계를 생각하면서 나아가기에 느린 듯하다. 그러나 자신의 위치와 행로를 정확히 알고, 자신의 상황과 능력을 알기에 때로는 속도를 조절하면서 목적지를 향하므로 실패할 가능성이 낮다. 그리고 특유의 여유로움으로 부드럽게 감싸니 주변에 사람이 많다. 그래서 곡선이 이긴다고 했다.

　"어리석은 사람은 서두르고, 영리한 사람은 기다린다. 그러나 현명한 사람은 정원으로 간다." 시인 타고르의 말이다. 정원으로 가는 삶은 부드러운 곡선의 삶이고, 아무리 바빠도 여유와 품위를 잃지 않는 긍정의 삶이다. 조급하지 않고 멀리 내다보는 통찰의 삶이며, 나를 넘어 우리를 먼저 생각하는 공동체 지향의 삶, 부분보다 전체를 보는 안목의 삶이다.

　직선이 전력질주라면 곡선은 산책이다. 직선이 조급함과 냉혹함,

날카로움, 결과지상주의, 비정함, 편향, 자기중심주의 특성을 가지고 있다면 곡선은 여유와 따뜻함, 과정중심주의, 인정, 관용, 이타심의 속성을 가지고 있다. 직선에는 9·11과 4·15테러의 이미지가 겹쳐지고, 곡선에는 시민 영웅들의 이미지가 겹쳐진다. 각박한 현실은 우리에게 직선의 삶을 살기를 끊임없이 요구한다. 선택은 자신의 몫이다. 물론 직선에도 결단력과 추진력 같은 긍정적 속성이 있고, 곡선에도 느림과 우유부단함, 머뭇거림 같은 부정적 특성이 있기는 하다.

만약 아이에게 성품을 선물처럼 나눠줄 수 있다면 직선의 성품과 곡선의 성품 중에서 무엇을 나눠줄 것인가? 직선인가? 곡선인가? 아니면 직선의 좋은 것, 곡선의 좋은 것을 골라 하나로 포장해서 '성품 명품 특선'을 만들어줄 것인가?

좋은 이웃이 나쁜 이웃을 몰아내다

우리 주변에는 곡선의 성향을 가진 사람도 있고, 직선의 성향을 가진 사람도 있다. 그들 모두 이웃이라는 이름으로 관계를 가진다. 크게 나누자면 좋은 이웃, 나쁜 이웃이라 하겠다. 좋은 이웃은 늘 주변에 관심을 가지고 대소사를 챙겨준다. 2~3일 인기척이 없으면 혹여 무슨 사고가 생긴 것은 아닌지 걱정하며 문을 두드리고 전화기 버튼을 누른다.

나쁜 이웃은 시기하고 질투하고 욕하고 험담하고 남이 잘되는 꼴을 못 본다. 시인 라이너 마리아 릴케는 소설 《말테의 수기》에서 나쁜 이웃을 신체에 장애를 일으키는 병균에 비유했다. 개의 콧구멍으로 침입하는 폐렴균처럼 뇌까지 파고들어 끝없이 괴롭힌다고 했다.

영화 〈이웃사람〉 속의 이웃은 소설 속 병균보다 더 나쁜 악마다. 강남맨션 101동 202호 열네 살 여중생을 무참히 살해한 아래층 102호 아저씨. 매일 얼굴을 마주 보며 살던 이웃이었음에도 인두겁을 쓴 연쇄살인마임이 드러났다. 좋은 이웃도 있다. 또 다른 여중생을 노리는 악마에 맞서 싸우는 평범한 이웃들이다. 딸을 잃은 엄마, 가방가게 아저씨, 피자 배달부 청년, 사채업자… 서로 무관심했던 그들은 힘을 모아 악마로부터 여중생을 살려낸다. 영화 속의 시민 영웅들이다.

이웃집 악마는 영화 속에만 있는 게 아니다. 전남 나주에서 일곱 살 여아를 납치해 성폭행한 사람도, 경남 통영에서 초등생 여아를 살해한 사람도 이웃집 아저씨였다. 이런 나쁜 짓을 저지른 악마들이 이웃이라는 이름으로 우리 주변에 널려 있다. 나쁜 이웃을 만난다는 건 엄청난 불행이다. 그들로 인해 이웃사촌이란 말은 이제 옛말이 되어가고 있다.

우리 사회를 멍들게 하는 나쁜 이웃들이 활개 치게 놔둘 수는 없다. 이웃사촌이라는 아름다운 말을 되찾아야 한다. 9·11과 4·15

테러에 나타났던 시민 영웅들처럼, 영화 속의 착한 이웃들처럼 힘을 모아야 한다. 착한 이웃들이 힘을 모으면 악마 같은 나쁜 이웃을 몰아낼 수 있다.

이야기를 돌려 9·11테러가 일어났던 뉴욕으로 다시 가보자. 당시 미국은 테러리스트들에 대한 분노가 하늘을 찌르고 있었다. 응징해야 한다는 것이 지배적인 여론이었다. 테러가 발생한 지 얼마 지나지 않아 뉴욕 맨해튼의 리버사이드 교회는 상처받은 뉴욕 시민들을 위로하기 위해 세계적인 명상지도자이자 평화운동가인 틱낫한 스님을 초청해서 대규모 강연회를 열었다. 강연 주제는 '분노를 껴안자'였다. 스님은 미움과 폭력의 연결고리를 끊을 수 있는 것은 오직 자비의 마음에서 비롯된 이해와 용서라고 강조했다.

우리도 용서가 좋다는 것을 안다. 용서함으로써 묶임으로부터 자유로워지기 때문이다. 용서는 결국 나를 위한 것이다. 예수님은 '일흔 번씩 일곱 번이라도' 용서하라고 하셨다. 그러나 현실적으로 용서를 한다는 건 쉬운 일이 아니다. 사랑하는 자식을 잃었는데, 사랑하는 아내를 잃었는데 용서가 쉽게 될 리 없다. 나쁜 이웃을 만나지 않는 게 상책이다. 나쁜 이웃을 만났으면 좋은 이웃들이 힘을 모아 나쁜 이웃을 몰아내야 한다. 나쁜 이웃을 만났는데도 좋은 이웃들이 서로 무관심하면 피해자가 나올 수밖에 없다.

'악화(惡貨)가 양화(良貨)를 구축(驅逐)한다'는 말이 있다. 영국 경제학자 그레셤이 주장한 것으로 '그레셤 법칙'이라고 한다. 영어로는 이렇다. Bad money drives out good money. 나쁜 돈이 좋은 돈을 몰아낸다는 뜻이다. 인간 사회도 별반 다를 게 없다. 좋은 이웃이 가만히 있으면 나쁜 이웃이 기고만장해질 수밖에 없다. 좋은 성품으로 무장한 좋은 이웃들이 의기투합해야 한다. 양린(良隣)이 악린(惡隣)을 구축해야 한다.

성품을 가르친 시인
: 함석헌(1901~1989) :

그대 그런 사람을 가졌는가

만리 길 나서는 길

처자를 내맡기며

맘 놓고 갈 만한 사람

그 사람을 그대는 가졌는가

온 세상이 다 나를 버려

마음이 외로울 때에도

"저 맘이야" 하고 믿어지는

그 사람을 그대는 가졌는가

탔던 배 꺼지는 시간

구명대 서로 사양하며

"너만은 제발 살아다오" 할

난 사람, 든 사람보다 된 사람

그 사람을 그대는 가졌는가

불의의 사형장에서
"다 죽어도 너희 세상 빛을 위해
저만은 살려 두거라" 일러 줄
그 사람을 그대는 가졌는가

잊지 못할 이 세상을 놓고 떠나려 할 때
"저 하나 있으니" 하며
빙긋이 웃고 눈을 감을
그 사람을 그대는 가졌는가

온 세상의 찬성보다도
"아니" 하고 가만히 머리 흔들 그 한 얼굴 생각에
알뜰한 유혹을 물리치게 되는
그 사람을 그대는 가졌는가

1. 요구보다 욕구에 집중하라.

갈등은 생기게 마련이다. 중요한 것은 갈등 해결을 위해 '무엇'을 하느냐 하는 것이다. 손님이 목이 말라 콜라를 요구하는데 콜라가 떨어지고 없다. 어떻게 할 것인가. 손님이 원하는 것은 갈증 해소다. 냉장고에 든 시원한 사이다를 권하면된다. 욕구를 충족시키면 되는 것이다. 겉으로 드러나는 요구는 마음속 욕구의 대리일 뿐이다. 요구가 아닌 욕구에 집중하면 의외로 쉽게 해결책을 발견할 수있다.

2. 심금을 울려라.

'고객'을 '열광하는 팬'으로 만드는 방법이 있다. 고객이 진정으로 원하는 것을 제대로 알고, 고객이 원하는 것에 1퍼센트만 더하면 된다. 그렇게 하면 고객의 심금을 울릴 수 있다. 심금을 울린다는 것은 마음을 움직인다는 의미다. 마음을 움직일 수 있다면, 심금을 울릴 수만 있다면, 게임은 끝이다.

3. 경청하고 또 경청하라.

대충 건성으로 들으면 상대의 의중을 제대로 파악할 수 없다. 상대방이 하는 말 이면의 뜻까지 알아차리기 위해서는 경청해야 한다. 경청은 반응하는 것

난 사람, 든 사람보다 된 사람

이다. 눈을 마주치고 고개를 끄덕이는 것이다. 진정한 소통은 그때 이루어진다.

2장

성품의 마력

| 운명을 가르다 |

길을 가다가 돌이 나타나면 약자는 그것을 걸림돌이라고 말
하고, 강자는 그것을 디딤돌이라고 말한다.

- 토머스 칼라일

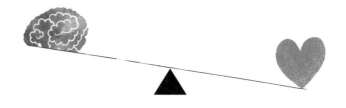

나는
괜찮은 사람인가?

"당신은 괜찮은 사람입니까?"

누군가 불쑥 이런 질문을 던져온다면 당신은 어떻게 대답하겠는가? "나는 괜찮은 사람입니다"라고 주저 없이 대답할 수 있겠는가? '그렇다'라고 씩씩하게 대답할 수 있는 사람이 많기를 바란다. 혹시 대답이 망설여진다면 이번 기회에 자신에게 진지하게 한번 물어보자. '나는 괜찮은 사람인가?', '나에게는 괜찮은 구석이 있는가?' 내 안의 성품지수(CQ)를 돌아보는 계기가 될 것이다.

'괜찮다'는 말은 어떤 의미일까? 얼굴의 잘나고 못남을 이야기하는 것이 아니다. '관계'를 잘 한다는 의미가 담겨 있다. 우선은 타인과의 관계다. 겸손해야 하고 조화롭게 잘 지내야 한다. 조화롭게 잘

난 사람, 든 사람보다 된 사람

지내려면 상대방의 입장을 이해하려고 노력하고 욕심내지 말아야
한다. 부족하면 부족한 부분을, 잘못했으면 잘못을 인정할 줄 알아
야 한다. 그래야 '그 사람 좋은 사람', '그 사람 괜찮은 사람'이라고
인정받을 수 있다.

　자신과의 관계는 더 중요하다. 자신과의 관계가 확장된 것이 타인
과의 관계이기 때문이다. 먼저 자기 자신을 사랑해야 한다. '나는 내
가 좋다'고 말할 수 있어야 한다. 마음이 따뜻해서 좋고, 순수해서 좋
고, 지혜로워서 좋고, 의리가 있어서 좋고 등 구체적인 이유를 댈 수
있어야 한다. 거짓이 없고 진실하다는 것도 좋은 이유가 될 수 있다.
사실의 언어로 말하고, 언행에 일치를 보이며, 태도에 일관성이 있
다는 것도 훌륭한 이유가 된다. '내 멋대로' 성품은 없는지, 약자에
강한 기질은 없는지 늘 자신을 성찰할 줄 안다는 점도 마찬가지다.

　타인과의 관계, 나 자신과의 관계에서 이 정도쯤 되면 "나는 괜찮
은 사람"이라고 자신 있게 말해도 되지 않을까? 어떤가? '이 정도'
가 너무 높은 수준인가?

마음속 렌즈 오차 바로잡기

　깊은 산골에 들어가 완전히 혼자인 채로 살아가지 않는 한 우리는
원하든 원치 않든 사람들과 부대끼며 살아가야 한다. 다 나 같은 사

람이면 얼마나 좋을까? 그렇지 않기에 갈등이 없을 수가 없다. 서로 다른 사람이 만났는데 어떻게 부딪힘이 없고 삐걱거리는 소리가 들리지 않겠는가?

우리에게 주어진 과제는 이 필연적인 갈등을 얼마나 지혜롭게 잘 풀어나가느냐 하는 것이다. 좋은 관계를 유지하고 싶은데 그게 잘 안 된다. 또 분명히 좋은 관계였는데 어느 순간 어긋나 있음을 알게 되는 경우도 있다.

도대체 왜 이런 일이 생기는 걸까? 이유는 간단하다. 다른 사람의 말이나 행동이 눈에 거슬리기 시작하고 이해가 되지 않기 때문이다. 마음에 들지 않고 부족해 보이고 급기야 미워하는 마음이 생기게 된다.

여기서 중요한 것은 그 사람이 미운 것이 아니고, 내 안에 미워하는 마음이 생긴다는 사실이다. 상황이 주는 괴로움보다 거기에 저항하는 마음 때문에 더 괴로운 것이다. 우리는 상대가 별 생각 없이 한 행동을 가지고 혼자 온갖 추측을 하며 소설을 쓴다. '저 사람은 나를 싫어하는 게 틀림없어!', '사람이 갑자기 왜 저렇게 건방져졌지?' 상대는 전혀 그런 생각을 하고 있지 않은데 말이다.

대인관계에서 반복적으로 어려움을 겪는 사람이 있다. 인간관계로 인해 고통을 겪었기에 새로운 관계를 맺을 때는 절대 그 전철을 밟지 않으리라고 다짐하지만, 또다시 관계의 고통을 반복하게 된다. 왜 그렇게 되는 걸까? 사실은 상황이나 환경이 나를 힘들게 하는 것이 아니라 나의 '마음 렌즈'가 그 상황과 환경을 계속해서 왜곡하고 갈등을 조장할 가능성이 크다.

그렇다면 그 마음 렌즈는 왜 악역을 담당하는 걸까? 우리에게는 누구나 마음의 상처를 받고 정서적으로 돌봄을 받지 못했던 어린 시절의 경험이 있다. 그 누적된 경험이 마음속에 렌즈를 만들고, 사람들을 만날 때 그 렌즈를 통해서 보게 된다. 그런데 문제는 마음의 상처 때문에 렌즈의 초점에 오차가 생긴다는 점이다. 사람들을 왜곡해서 바라보게 되고 관계에서 갈등을 겪게 되는 것도 그 초점의 미묘한 오차 때문이다.

결국 바라보는 내 시각이 삐뚤어져 있는 줄도 모르고 렌즈에 비치는 대상이 잘못됐다며 손가락질하고 비난하는 것이다. 이 사실을 깨달으면 대상을 바라보는 시각을 교정할 수 있다. 그 사람이 나를 괴롭고 힘들게 하는 게 아니라는 사실을 알게 된다. 그러면 그때부터는 자신의 내면을 돌아보고 렌즈의 초점을 맞추는 데 노력을 기울이게 된다. 그럴 때 타인과의 관계가 회복되는 것을 느끼게 된다. 나아가 세상을 바라보는 시각도 더 객관적이고 명확해진다.

마음 렌즈의 초점을 맞추는 것은 자신의 내면을 탐구하는 것이고, 자신의 모난 성품을 둥글게 만드는 것이다. 자신의 삶을 제대로 돌아보고 성찰할 때 인간관계에서 오는 갈등은 해결의 문을 향하게 된다.

'프랑스인보다 프랑스 요리를 더 잘 만드는 한국인 요리사.' 이쯤 되면 달인이다. 연탄가게 아들이었던 박효남 힐튼호텔 총주방장 이야기다.

초등학교 졸업, 중학교 졸업, 조리사 면허증. 단 세 줄짜리 이력서로 성공 신화를 이룬 인물이다. 삼성 이건희 회장이 탐낸 요리사인데, 고액의 연봉 제의를 거절하고 지금의 길을 걷고 있다.

가계부를 쓰고, 버려지는 식재료가 없게 쓰레기통을 보물처럼 관리하고, 회의 때 채솟값을 물어 직원이 모르면 눈물 핑 돌게 혼내는 사람이다. 그러면서도 그에게는 정이 넘친다. '명품'은 이런 인생에 붙이는 단어다.

명품 인생의 조건으로 '남에게 인정받는 것'보다 더 중요한 것이 뭐가 있을까? 남에게 인정받는다는 건 '괜찮은 사람'의 다른 표현이다. '좋은 사람'과 동의어다.

막걸리 한 잔이면 천국이라 했던, 천진난만한 웃음으로 '세상에서 가장 행복한 사나이'로 불렸던 시인 천상병의 삶이 명품이다. 그가 '소풍'을 끝낸 지도 어언 20년이 지났다.

1932년 4월 중국 상하이 홍커우 공원에서 도시락에 숨긴 폭탄을 투척해 당시 중국 주둔 일본군 총사령관 등을 척살한 매헌(梅軒) 윤봉길(1908~1932) 의사의 삶도 명품이다.

그는 '(조선에는) 군자가 많다 해도 3,000만인데 우리 4억 중국인을 부끄럽게 하는구나'라는 한시(漢詩) 칭송을 받았다.

2013년 4월, 예순셋의 나이에 10년간의 공백을 딛고 정규 앨범 19집 〈헬로〉를 발표한 '가왕(歌王)' 조용필의 삶도 명품이다. 그는 '60대＝노인'이라는 공식을 깨고 장년의 반란을 일으킨 '영원한 오빠'다.

나보다 못한 삶을 사는 사람들을 위해 헌신 봉사하는 자원봉사자들의 인생도 명품이고, 전관예우의 유혹을 뿌리치고 로펌 아닌 인성강사로 나서 청소년들의 성품을 교화하고 있는 전직 헌법재판관의 삶도 그렇다.

세상이 아무리 흉흉하다고 해도, 성품만큼은 이들처럼 독야청청(獨也靑靑)해야 하지 않을까? 예나 지금이나 시류에 휩쓸리지 않고 정직하고 품격 있는 인생을 살아야 '인정'이라는 걸 받을 수 있다.

물이 위에서 아래로 흐르는 것처럼 자식에게 본이 되는 삶을 사는 부모가 그렇고, 아내로부터 남편으로부터 존경받고 사랑받는 부부의 삶이 그렇고, 천 리 길도 멀다 않고 그저 얼굴 보고 싶어서 찾아오는 친구가 있는 삶이 인정받는 삶이다. 그러고 보면 인정을 받는다는 건 긍정적인 영향을 미치며 착한 인생을 산다는 거다. 착한 인생이 명품 인생이다.

어떻게 살 것인가?

명품 인생은 발전하고 성장하는 삶, 정체되지 않는 삶, 가치 있는 삶이다. 정체된 삶, 고여 있는 삶, 발전 없는 삶을 사는 사람을 '괜찮은 사람'이라고 부르지 않는다. 그런 의미에서 나의 좌우명 '배우거나 가르치거나'는 썩 괜찮은 작품이다. 정체되지 않겠다는, 발전하겠다는 결연한 의지를 담고 있어서다.

사람은 살아가면서 성숙의 과정을 거친다. 그 과정을 거쳐 자아의 완성인 진인(眞人)을 향해 한 걸음씩 나아간다. 그 과정에서 고뇌의 강을 건너기도 하고 번민의 산을 넘기도 한다. 어떤 이들은 강과 산이 너무 험해서 잠시 쉬어가기도 하고, 어떤 이들은 길을 잃고 방황하다 가던 길로 힘겹게 되돌아오기도 한다. 이 경우는 역설적으로 오히려 성숙의 농도가 짙어진다. 제 길에서 까마득히 이탈해 다시는 성숙의 길로 돌아오지 못하는 안타까운 이들도 있다.

역설의 의미를 설명하는 표현 중에 토머스 S. 엘리엇(1888~1965)의 시 〈황무지〉만 한 게 또 있을까. '4월은 가장 잔인한 달이다. / 죽은 땅에서 라일락을 피우며 / 추억과 욕망을 뒤섞고 / 봄비로 활기 없는 뿌리를 일깨운다. / 겨울이 오히려 우리를 따뜻이 해주었다. / 대지를 망각의 눈으로 덮고, / 마른 뿌리로 작은 생명을 길러 주었다. (…)'

라일락이 피는 건 사실 봄의 공로가 아니다. 공로는 뿌리에 있다.

난 사람, 든 사람보다 된 사람

혹독한 추위 속에서도 활기 없는 마른 뿌리로 다가올 봄에 필 생명을 잉태하고 치열하게 보듬어주었기 때문이다. 사람들 눈에는 활짝 핀 라일락만 보이지 혹독한 추위를 견딘 마른 뿌리는 보이지 않는다. 봄은 그렇게 아주 낮고 여리고 잘 안 보이는 것들로부터 끈질긴 생명력으로 다가온다.

인생은 성숙을 향한 과정이다. 성숙해지기 위해 겪는 고통을 성장통이라고 한다. 비 온 뒤에 땅이 굳어지듯 인간은 고통 없이는 성숙할 수 없다. 인생을 자신이 성숙할 수 있는 과정이라고 생각하기에 우리는 고통을 견디거나 이겨낼 방법을 찾으려고 애쓴다. 성숙의 과정은 열매를 맺는 과정이고 가치관을 형성해나가는 과정이다. 그렇게 형성된 가치관으로 우리는 인생의 길을 걸어가게 된다. 가치관은 건강해야 한다. 인생의 길잡이 역할을 하는 것이기에 그렇고, 개인의 행복과 공동체의 번영을 동시에 추구할 수 있기에 더욱 그렇다.

황무지는, 그리고 명품 인생을 살고 있는(혹은 살았던) 사람들은 궁극적으로 우리에게 '어떻게 살 것인가'라는 화두를 던진다. 성숙과 발전의 길을 걸으라고, 고통과 시행착오를 통해 자기 근육을 기르라고 부르짖는다. '나이' 드는 삶이 아니라 '멋'이 드는 삶을 살라고, 헌신과 행복의 삶을 살라고 절규한다. 그래서 "나는 괜찮은 사람입니다"라고 주저 없이 대답할 수 있도록 준비하라고 촉구한다.

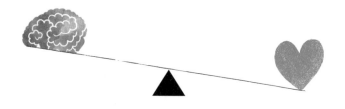

우리는 모두
관계 파괴자들이다

'관계 파괴자'라는 단어를 생각하면 무엇이 먼저 떠오르는가? 우리가 앞에서 봐왔던 상황들, 테러와 끔찍한 살인과 제노비스 신드롬과 방화, 이런 극단적인 단어들이 먼저 떠올랐을 수도 있다. 또 남이야 어떻게 되든지 자기 실속만 챙기고 파렴치한 행동으로 관계를 악화시키는 나쁜 이웃을 떠올릴 수도 있다. 이런 경우들, 즉 의도적으로 사람들에게 고통을 주는 경우는 누가 봐도 관계를 파괴하는 행위들이다. 회복될 수 없는 가장 강력한 관계 파괴 행위이기 때문이다.

테러와 살인 같은 극단의 경우를 제외한다면, 인간관계에서 가장 고통스러운 것은 '신뢰의 파괴'가 아닐까. 하늘처럼 믿었던 사람에

난 사람, 든 사람보다 된 사람

게 배신을 당하는 것 말이다. 믿었던 사람에게 배신당하면 하늘이 무너진다. 밤새 눈물을 흘리게 되고 헛웃음밖에 나오지 않는다. 한동안 정신 나간 사람처럼 멍하게 보내야만 한다. 그 배신감의 고통이 얼마나 크면 정신줄을 놓기도 하고, 때로는 살인으로까지 이어지겠는가.

기업으로 봐도 땅을 치며 통탄할 만한 사례가 수두룩하다. 철석같이 믿었던 최고위 경영진이 저지른 비리에 그룹이 위기에 빠진 경우도 있고, 젊은 임원들을 믿고 경영의 핵심인 재무와 전략을 맡겼다가 그룹이 해체되는 지경에 이른 경우도 있다. 믿었던 사람의 농단(壟斷)에 회사가 송두리째 무너져 내린 경우도 허다하다. 등을 돌린 사람은 면회 한 번 없고 전화 한 통 없다.

'열 길 물속은 알아도 한 길 사람 속은 모른다'고, 정말 알 수 없는 것이 사람 마음이다. 겉으론 멀쩡해 보여도 알고 보면 엉망인 사람이 부지기수다. 크고 작은 신뢰의 파괴는 지금도 곳곳에서 문제를 일으키며 사람들의 마음을 갈기갈기 찢어놓고 있을 것이다.

나에게는 사회생활을 시작할 무렵부터 흠모해오는 어구가 하나 있다. '의인불용 용인불의(疑人不用 用人不疑)', 의심스러운 사람은 쓰지 말고 일단 쓰기로 한 사람은 의심하지 말라. 삼성 창업주 호암의 지론으로도 잘 알려져 있는 이 말은 동양적 용인술의 진수다. 한번 믿으면 주변에서 아무리 흔들어도 그 신뢰를 깨지 않고 끝까지 믿음을 준다는 것, 이 얼마나 고매한 품격이 느껴지는 용인철학인가.

요즘 현실에서는 이런 철학을 갖기도 힘들다. 사람을 믿지 못하고 실적을 믿는 시대가 됐다. 아쉽고도 안타까운 일이다. 그나마 우리 사회가 희망적인 건 생면부지의 사람을 위해 목숨을 내던지는 숭고한 희생이 있기 때문이다.

2010년 3월 29일 천안함 침몰 사건이 발생하자 실종자를 구조하기 위해 바다로 뛰어들었다가 잠수병 증세로 치료 중 순국한 한준호 준위, 2013년 3월 1일 자살을 시도하는 사람을 구하기 위해 바다로 달려들어 갔다가 순찰차 블랙박스에 마지막 모습을 남기고 고인이 된 정옥성 경감 같은 이들이 그들이다. 많은 국민이 동영상을 보며 울었다. 소명을 위해 목숨 걸고 신뢰를 지킨 그들 앞에 절로 고개가 숙여진다.

성품 없는 좋은 관계는 없다

테러와 살인, 배신 같은 치명적이고 악의적인 것들만이 관계를 파괴하는 것은 아니다. 상대방에게 선의를 가지고는 있지만 자기도 모르게 미묘한 행동을 함으로써 관계를 서서히 망가뜨리는 경우도 있다. 실제로는 이런 선의의, 혹은 나쁜 의도가 없는 관계 파괴자가 악의의 관계 파괴자보다 훨씬 더 위험할지도 모른다. 악의의 관계

난 사람, 든 사람보다 된 사람

파괴자는 어떻게 보면 관계를 파괴한다기보다는 정신이상적인 측면이 강하기 때문이다.

살아갈수록 어려운 일 중의 하나가 인간관계다. 연인이든, 친구든, 직장 상사나 동료든, 부부든 조화롭고 원만한 관계를 오랫동안 지속하고 싶지만 그게 그렇게 만만한 일이 아니다. 좋은 관계의 지속은 결코 쉽게 얻어지지 않는다. 중요한 약속을 지키기 위해 노력할 때처럼 좋은 관계도 서로가 시간과 에너지와 노력을 계속해서 투자할 때 유지된다. 좋은 관계의 유지를 위해서는 관심과 배려, 긍정과 성실 같은 성품이 뒷받침돼야 한다.

우리는 살아가면서 스스로에게 이런 질문을 하게 되는 경우가 있다. 처음에는 사이가 좋았었는데 왜 이렇게 나빠졌을까? 만남 초기에는 매력적이었던 부분이 지금은 왜 이렇게 안 좋게 보일까? 그렇게 좋았던 관계가 지금은 왜 만나기만 하면 서로 못 잡아먹어서 안달일까? 별문제 없었던 것 같은데 도대체 무엇 때문에 관계가 이렇게 껄끄러워졌을까?

혹시 공감 가는 대목이 있는가? 있다면 문제는 누구에게 있는가? 상대방인가? 아니면 당신인가? 내가 이야기하고자 하는 바는, 의도하지 않았더라도 당신이 관계 파괴자일 수 있다는 것이다. 물론 당신만이 아니라 관계를 형성하고 유지하는 데 서툰 우리 모두는 관계 파괴자일 수 있다.

의도하지 않은 관계 파괴의 원인에는 여러 가지가 있을 수 있다.

남을 통제하려는 욕구, 지고는 못 사는 성격, 완벽주의적 성향, 매사를 부정적으로 바라보는 비관적인 태도, 의심하는 경향, 항상 자기가 중심이 되어야 한다는 자기중심적 태도, 원하는 것을 집요하게 얻어내려는 성향, 시기와 질투, 문제가 생기면 무조건 상대방을 탓하는 방어적 태도 등이 그것이다.

이런 것들은 의도된 나쁜 행동이 아니라 기질 탓, 성향 탓이어서 일상에서 흔히 드러난다. 자신도 모르게 무의식적으로 나오는 행동이어서 문제 행동을 자각하기가 어렵지만, 이런 행동들이 사람과의 관계를 힘들게 하는 결정적인 요소다.

대인관계에서 거의 모든 갈등의 원인은 '무산된 기대'에 있다. 우리는 누군가 나를 부당하거나 억울하게 대하면 펄쩍 뛰며 반발한다. 더 나은 대우를 받아 마땅하다는 기대 때문이다. 우리는 이런 기대를 가족과 친구, 심지어 잘 모르는 사람에게도 품는다. 이러한 기대는 무산되기 일쑤인데, 그러면 상처를 받고 화를 낸다.

성품의 사람은 기대가 무산됐을 때 오히려 성품을 드러낼 기회로 삼는다. 기대를 내려놓는 것이다. 기대를 내려놓으면 사람들에게 실망할 일이 훨씬 적어진다는 걸 알기 때문이다. 그리고 섭섭함과 복수심에 에너지를 낭비하지도 않는다. 오히려 남들이 알아주지 않더라도, 어떤 대가가 따르더라도 옳은 길을 가려는 의지를 불태운다. 이런 성품을 가진 사람이 풍성하고 멋진 인간관계를 누리게 되는 것은 당연한 일이다.

신념의 성품, 사실의 성품

신념(belief)은 자신이 가진 견해와 사상에 대하여 흔들림 없는 태도를 취하며 변하지 않는 것을 말한다. 견해와 사상은 확실한 기초를 갖지 않은 독단적인 것일 수도 있고, 반대로 굳건한 기초를 가진 보편적인 것일 수도 있다.

전자에는 감정적 요인이 크게 작용하며, 당사자가 주관주의에 빠져 있을 가능성이 크다. 대표적인 것이 편견이다. 상대에 대한 무지를 편견으로 메우면 불협화음이 생기고 다툼이 일어나게 된다. 그 결과는 당연히 모두에게 손해다. 나쁘게 보이는 것과 실제로 나쁜 것은 별개의 문제다. 반면 후자는 보편성을 토대로 사람들의 삶을 의미 있고 윤택하게 하는 데 기여한다.

사실(fact)은 실제로 이루어졌거나 일어난 일을 말한다. 사실이 사실로서 확정되기 위해서는 인간의 관찰 행위가 있어야 한다. 사실은 인간의 관찰 행위에 의해서 형성되는 객관 또는 대상 바로 그것이다.

지금의 우리 사회에는 전자에 해당하는 신념의 언어가 넘친다. 감정이 실리고 주관에 빠진 언어들이다. 신념의 언어에 빠지면 사실의 한쪽만 보게 된다. 한쪽 사실만 보는 경향이 심해지면 다른 쪽은 아예 안 보고 싶어진다. 믿고 싶은 것만 믿게 되는 '자기 신념의 감옥'에 갇히는 것이다. 그러다 어느 순간 다른 쪽 사실 앞에 분노가

치밀어 오르는 단계에 도달한다. 그러면 신념의 언어가 파괴성을 드러내기 시작한다.

반면 '명백한 사실'에 기초한 사실의 언어는 견고하다. 누구도 반박할 수 없는 객관적인 현실을 토대로 하고 있기 때문이다. 허구나 과장이 아닌 사실의 언어가 통용되고 인정받는 사회는 안정감이 있다. 또 사실을 이야기하는 것이기에 진실성과 책임성이 느껴진다.

사실의 언어가 부족한 사회, 신념의 언어가 판치는 사회는 늘 흔들리게 마련이다. 사실을 기반으로 하지 않는 확신, 즉 주관주의에 빠진 신념은 '가야 할 곳'이 아닌 '가고자 하는 곳'으로 배를 나아가게 한다. 잘못된 목표, 엉뚱한 목적지일 가능성이 높은 이유다.

우리는 사실의 언어를 말해야 한다. 특히 나라를 이끄는 지도자의 경우는 두말할 나위가 없다. 신념의 언어에 빠진 지도자는 위험천만이다. 신념이 국가의 이익을 우선하기 때문이다. 신념 과잉과 책임 결핍은 동전의 양면이다.

일본의 과거사와 독도 발언은 신념의 언어다. '갈 데까지 가보겠다'는 막가파식 독단이다. 우리나라 사람들이 원자력 발전에 대해 경기를 일으키다시피 하는 것도 신념의 언어가 사실의 언어를 압도해서다. 감성인 가슴이 이성인 머리를 짓누른 것이다. 신념의 언어는 이처럼 역사를 왜곡하고 말썽을 일으키며 발전을 저해한다.

이에 반해 사실의 언어에는 흔들리지 않는 견고함이 있다. 이순신 (1545~1598) 장군의 《난중일기》(1592년 1월 1일~1598년 11월 17일)

난 사람, 든 사람보다 된 사람

가 전쟁문학의 백미로 꼽히는 이유도 사실의 언어로 사실에 입각한 리더십을 담고 있기 때문이다. 사실은 안정적이고 힘이 있다. 사실이 신념을 이기는 이유다.

라면 상무, 땅콩 부사장

누군가 한 달 동안 당신의 생활방식을 지켜볼 수 있다면, 당신이 누구를 만나고 어디에 다니고 무슨 생각을 품는지, 무엇 때문에 웃고 우는지를 자세히 살펴볼 수 있다면 당신의 성품에 대해 어떤 결론을 내릴까? A학점을 받을 자신이 있는가? 아니면 B학점?

삶이란 내게 좋고 내게 쉽고 내게 편하고 내게 당연한 대로 사는 것이 아니라는 것을 인정하는 것, 이것이 성품이다. 우리는 살아가면서 '내 멋대로' 성품을 보이는 사례를 자주 접하게 된다. 남에게 민폐를 끼치고 결국 본인도 손해를 보게 된다.

2013년 4월에 있었던 '라면 상무'가 대표적인 경우다. 대기업 임원이었던 그는 항공기 탑승 직후 좌석을 배정할 때부터 옆자리가 비어 있지 않다는 점을 것을 비롯해 기내식과 라면의 조리 정도, 실내온도와 조명 등 사사건건 시비를 걸었다. 여기까지도 이해하기 힘든 판에 승무원을 폭행하기까지 했다. 사회적 지위를 의심케 하기에 충분한 언행이었다. 사태는 결국 원인 제공자의 사직으로 일단락됐다. 만약 그 회사의 대표가 같이 탑승했더라면, 과연 그때도 똑같은 행동을 저질렀을까?

'빵 회장'도 있다. 유명 베이커리 업체 회장이 주차 안내를 하던 호텔 지배인에게 욕설을 하고 장지갑으로 뺨을 때렸다. 소식이 전해지면서 비난과 불매운동에 시달렸다.

1년 반이 지난 2014년 12월에는 '땅콩 부사장'이 등장했다. '라면 상무'와 관련, 당시 사내 게시판에 "승무원 폭행 사건 현장에 있었던 승무원이 겪었을 당혹감과 수치심이 얼마나 컸을지 안타깝다"라는 글을 남겼던 조현아 부사장이 그 주인공이다. 그가 비난한 라면 상무를 포스코는 즉각 해임했고, 갑질의 대가를 혹독히 치르는 것을 분명 보았을 것이다. 1년여가 지난 시점에 자신이 그 자리에 서게 될지 어떻게 알았으랴.

'땅콩 부사장'은 미국 뉴욕 JFK 공항에서 인천행 KE086 여객기에 탑승한 뒤 승무원의 서비스를 문제 삼아 이륙 준비 중인 여객기를 탑승구로 후진시켜 논란을 빚었다. '땅콩 회항'이란 이름이 붙여졌다. 땅콩 등 견과류를 접시에 담아서 내와야 하는데 봉지째 갖다 준 게 매뉴얼과 다르다고 문제를 삼은 것이다. 그녀는 기내 사무장을 불러 승무원의 서비스 매뉴얼 숙지가 제대로 되지 않은 책임을 물었고, 당장 내리라고 지시했다 한다.

땅콩 부사장의 죄질은 라면 상무, 빵 회장보다 더 나쁘다. 오너 일가인 그녀는 승무원에겐 무소불위의 권력자요 생살여탈권을 쥔 사람이다. 우리 사회에 반재벌 정서를 키우고, 재벌 3세·4세 경영을 보는 시선을 더 따갑게 만들었다. 정말 품격 없는 갑질에 신물이 난다.

우리는 이런 사람들을 '진상(進上)'이라고 부른다. 진상은 원래 진귀한 물건을 윗사람에게 바치는 행위였다. 지금은 약자인 을에게 꼴불견 행위를 하는 강자인 갑의 속물심리라는 의미로 사용된다. 이 몇 가지 사례에서 '내가 누군데 감히'라는 삐뚤어진 특권의식까지 엿보게 된 것 같아 뒷맛이 씁쓸하다. 라면 상무의 사직과 빵 회장 회사에 대한 제품 불매운동, 땅콩 부사장의 몰락은 교만은 뺄셈이고 겸손은 덧셈이라는 인간관계의 법칙을 무시한 예견된 결과였다.

물론 완전한 사람은 없다. 그렇지만 우리가 어디를 향하고 있느냐에 따라 언행은 달라지기 마련이다. 품격의 사람 또는 저질의 사람으로 구분되는 것도 지향하는 방향에 달려 있다.

우리 사회에서 라면 상무, 빵 회장, 땅콩 부사장을 찾기는 그리 어렵지 않다. 전화상담원, 백화점과 호텔 직원, 은행원, 승무원처럼 서비스 업종에 종사하는 감정노동자들에 대한 폭언과 폭행이 위험 수위까지 도달했다. '고객만족'과 '고객이 왕'이라는 문화는 고객의 목소리를 커지게 했고, 작은 불만도 참지 못하는 괴물들을 만들어 냈다. 상담 중에 주먹이 날아오는 경우도 적지 않다. 사회복지 분야 공무원들의 잇따른 극단적 선택에서도 그 실상을 알 수 있다.

성품은 일상생활에서 타인과의 관계를 통해 나타난다. 남을 배려하는 마음, 긍휼의 마음, 부드러운 마음이 없고서는 따뜻한 사회를 만드는 건 요원한 일이다. 라면 상무, 땅콩 부사장이 많은 사회는 결코 품격 있는 선진 사회가 아니다.

난 사람, 든 사람보다 된 사람

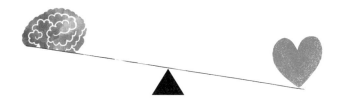

사람이 따르는 자,
사람이 피하는 자

주변에 유달리 사람이 많이 모여드는 이들이 있다. 벌이 꽃을 찾듯 그의 주변에는 늘 사람들이 있다. 어떤 이유에서일까? 그가 자석처럼 사람을 끌어당기는 이유는 무엇일까?

여러 가지 이유가 있겠지만 크게 보면 매력과 감동이라는 단어로 압축된다. 매력(魅力)은 사람을 사로잡는 힘, 마음을 끌어당기는 힘이다. 여기서 '매'는 '도깨비 매(魅)' 자다. 도깨비의 힘, 곧 도깨비같이 홀리는 힘이 매력이다. 매력을 발산하는 사람과 함께 있으면 기분이 좋아지고, 헤어지고 나면 언제 다시 만나게 될까 기다려진다. 그들은 상대방의 눈으로 세상을 바라보고, 상대방의 관심사에 집중하고, 상대방의 자존감을 세워주고, 상대방이 대화의 주인공이 되도록 하고, 상대방을 편안하게 해준다.

감동은 크게 느껴서 마음이 움직이는 것을 말한다. 사람을 감동하게 하는 것은 선이다. 선한 힘, 선 의지다. 선은 세상을 감동시키는 소통 에너지다. 선은 품는 마음이고, 겸손과 배려이며, 상대방이 안고 있는 마음의 짐을 덜어주는 것이다. 선은 나눔의 미덕이고, 아름다운 미소와 진실한 마음이며, 생각이 넓은 것이고, 사람을 세우는 것이다. 감동은 매력의 연장선상에 있으며, 매력과는 이웃사촌 격이다. 감동이 있으면 매력에 빠지게 되고, 매력이 있으면 감동하게 된다.

매력과 감동, 사람을 끄는 이 두 가지 힘은 감성에서 나온다. 감성은 교감하는 것이고 공감하는 능력이다. 사람을 끌어들이는 사람은 공감지수가 높고 소통을 잘하는 사람이다. 공감지수가 높다는 것은 상대방의 미묘한 감정을 읽고 이해함으로써 공감을 끌어내고, 서로의 마음을 연결시킬 수 있는 능력이 많다는 것을 의미한다. 공감하고 소통하려면 상대방에게 먼저 우리의 생각과 마음을 열 수 있어야 한다. 진정한 대화는 거기서부터 시작된다.

공감지수가 높은 사람은 따뜻한 인간미와 부드러운 카리스마로 상대방을 '열광하는 팬'으로 만든다. 상대를 이 정도의 상태로 만들기 위해서는 심금을 울려야 한다. 마음의 거문고를 울리지 않으면 불가능한 일이다. 마음의 거문고가 울리면 역사가 일어나고 기적이 이루어진다.

난 사람, 든 사람보다 된 사람

2,500여 년 전에 공자는 열광하는 팬을 만드는 방법을 다음과 같이 설명했다. "온갖 수고를 다하면서도 과시하지 않고, 공이 있으면서도 내세우지 않으며, 자신의 공을 아랫사람에게 돌린다. 자신의 공적이 천하를 덮을 만하지만 스스로 그것을 공적이라 생각하지 않는다." 그것이 바로 '노겸(勞謙)'이다.

마음의 거문고를 울리는 사람들

대한민국 대표 MC 유재석은 편안함으로 사람들의 심금을 울리고, 욘사마 배용준은 부드러움으로 심금을 울린다. 마술사 이은결은 신비로운 손길로 심금을 울리고, '탱크'라는 별명으로 세계 골프 무대를 종횡무진하는 최경주는 집념으로 심금을 울린다.

가수 김장훈은 나눔으로, 탤런트 김혜자는 사랑으로, 한국 홍보대사 서경덕 교수는 애국심으로, 워런 버핏은 착한 자본주의로, 배우 안성기는 한결같은 이미지로, 반기문 유엔 사무총장은 진실함으로 사람들의 마음을 녹인다. 자화상 〈바보야〉를 그렸던 김수환(1922~2009) 추기경은 따뜻함으로, 〈울지마 톤즈〉로 잘 알려진 이태석(1962~2010) 신부는 한없는 헌신으로 심금을 울렸다.

그들의 마음과 미소와 손길에는 공감과 조화가 묻어난다. 낮아짐과 섬김과 포용과 용서가 배어 나온다. 사람들은 그들을 좋아하고 따르고 존경하고 믿는다. 그리고 그들의 죽음에는 눈물로 안타까워한다. 사람들이 그들을 따르고 존경하는 것은 그들의 삶에 향기가 가득하기 때문이다. 그들의 삶에서 진정한 리더의 모습을 보기 때문이다.

그들은 리더다. 사람들에게 행동으로 본을 보이는 리더다. 리더는 "제가 넘어졌습니다"라고 말하지 "누가 밀었습니다"라고 말하지 않는다. 그들은 행동으로 약속을 지키고 이야기를 듣기 위해 말을 아낀다. 자신의 성공을 다른 사람의 덕으로 돌리면서도 상대방으로 인한 자신의 실패까지 온전히 자신의 탓으로 여긴다. 그들은 돌을 던지는 사람과 걸림돌이 되는 사람마저도 포용한다.

사람들은 누구나 리더가 되기를 원한다. 그러나 아무나 리더가 될 수는 없다. 리더는 매력과 감동으로 사람을 끌어당기는 힘을 가진 사람이다. 사람을 얻기 위해서는 먼저 그 사람의 마음을 사로잡아야 한다. 그리고 사람의 마음을 사로잡기 위해서는 자기 마음부터 열어야 한다. 자기 마음을 여는 것은 버선발로 뛰어 나가 맞이하는 것이고, 맞장구를 쳐주는 것이며, 늘 감사하는 마음을 갖는 것이고, 실수를 드러나지 않게 품어주는 것이며, 작은 선물로 감동을 선사하는 것이다.

진실로 큰 사람은 따뜻한 카리스마를 가진 사람이다. 따뜻한 카리스마는 자신에게서 나오는 것이 아니다. 상대방이 따르고 존경할 때 생기는 것이다. 상대방을 진정으로 존중하고 관심과 배려를 통해 믿음을 심어줄 때, 겸손한 마음으로 자기를 낮출 때, 진심 어린 마음으로 도움의 손길을 건네면서도 반대급부를 기대하지 않을 때, 그때에야 비로소 따뜻한 카리스마가 수줍게 모습을 드러낸다.

미성숙이 문제다

피하고 싶은 사람도 있다. 만나면 불편한 사람, 깊은 관계로 들어가기가 껄끄러운 사람이다. 웬만하면 마주치고 싶지 않고, 설령 마주치더라도 못 본 척 얼굴을 돌리게 되는 사람이다. 늘 부정적인 기운이 감돌아서 가까이 있으면 왠지 바이러스에 감염될 것 같은 꺼림칙한 느낌을 주는 사람이다.

군림하려는 사람이 그런 사람이다. 사람을 밟고 올라서려고 하고 다른 사람들이 앞에서 찬바람을 맞을 때 뒤에서 지시하고 명령하는 사람이다. '올챙이 시절을 잊은 개구리' 형의 사람도 그런 사람이다. 거만하고 교만한 사람이다. 다른 세포들과 어울리지 못하고, 혼자서 제멋대로 자라고, 자기를 위해 다른 세포들을 점령하며, 인체에 나쁜 영향을 미치는 '암세포' 형도 마찬가지다.

다른 사람의 마음에 상처를 주는 사람, 사람을 편애하는 사람, 늘 인상을 찌푸리고 있는 사람, 입만 열면 불평불만이 쏟아져 나오는 사람, 다른 사람의 감정을 무시하고 본인의 기분에만 심취하는 사람, 열심히 일하다가 잠깐 쉬고 있는데 "시간이 많은가 봐" 하며 빈정대는 사람, 자기가 하고 싶지 않은 일을 다른 사람에게 시키는 사람, 말은 많은데 쓸 말이 없는 사람, 이런 사람들이 피하고 싶은 사람이다.

이런 사람들과 가까이하기를 원하는 사람은 없을 것이다. 나의 정신건강을 해치고 부정적인 영향을 주는 사람을 가까이하고 싶어 하는 사람이 누가 있겠는가. 피하고 싶은 사람을 하나로 압축하면 성숙하지 못한 사람이다. 미성숙하기에 다른 사람을 힘들게 하고 아프게 하고, 그래서 그들이 거리를 두게 하는 것이다. 미성숙은 자신의 성품을 갉아먹고 공동체의 발전을 저해하는 암적인 요소다. 성숙이 매력과 감동과 협력을 낳는다면, 미성숙은 기피와 분노를 낳고 분열을 조장한다.

운전이 미숙하면 '초보운전'이나 '아기가 타고 있어요' 같은 문구를 차량 뒷유리창에 붙인다. 운전 실력이 미숙하니 알아서들 조심하라는 뜻이다. '어제 면허 땄어요', '당황하면 후진', '더는 빨라지지 않아요', '저도 제가 무서워요', '오가는 경적 속에 꽃피는 주먹다짐' 같은 문구도 있다. 애교에서 협박까지 각양각색이다. 어감이야 어떻든 자신의 운전 실력이 좋지 않다는 것을 알리는 데 목적이 있다. 그리고 이 목적은 성공한다.

그런데 인생 미성숙에는 이런 스티커를 등에 붙일 수도 없으니 사람들에게 알릴 방법이 없다. 그보다 더 큰 문제는 이런 사람들이 자

난 사람, 든 사람보다 된 사람

신의 미성숙을 깨닫지 못할 뿐 아니라 오히려 남들보다 잘났다고 생각한다는 데 있다. 그래서 늘 좌충우돌이다.

성숙을 향한 거룩한 몸부림

주변에 사람이 모이는 사람은 성숙한 사람이다. 성숙하지 않은 사람 주변에 사람이 모일 리가 없다. 성숙하지 않은 사람을 신뢰하고 존경할 수는 없기 때문이다. 성숙은 무르익음이요, 익숙해짐이요, 어른스러워짐이요, 안정됨이다. 당당하면서도 교만하지 않음이요, 겸손하면서도 비굴하지 않음이다. 우리는 성숙해져야 하고 성장을 향해 나아가야 한다.

존경하는 지인 중에 대학교수 한 분이 계신다. 환갑을 훌쩍 넘으신 분이다. 성품이 온유하여 함께 있으면 늘 푸근한 느낌을 갖게 된다. 배울 점이 많다. 그분의 삶의 모토는 '언제나 성장'이다. 평생을 배웠지만 늘 부족한 느낌이란다. 하나가 끝나면 또 하나를 시작하고, 그 하나가 끝나면 또 새로운 걸 배우기 시작한다. 최근에 차를 한잔 나누었는데 이번에는 심리학 공부를 하고 싶다는 것 아닌가? 물론 그분의 아내는 결사반대다. 이제 그만 좀 배우시라고.

성숙한 사람은 어떤 사람인가? 어떤 특징을 가져야 성숙한 사람이라고 할 수 있을까? 성숙한 사람은 크게 다음의 두 가지 특징을 가진다.

첫째, 자신의 약점을 알고 인정한다. 이 세상에 약점이 없는 사람은 없다. 성숙은 자신의 불완전함을 인식하는 데서부터 시작된다. 약점을 모르거나 약점을 알면서도 인정하지 않는 것은 교만하다는 증거다. 약점을 알고 인정하는 것이 겸손의 시작이다.

둘째, 자신의 약점을 최소화하려고 노력한다. 이것이 성숙을 향한 참된 과정이다. 자신의 약점을 알고 인정하면서도 그 약점을 최소화하고 보완하려고 노력하지 않는다면, 그것은 약점을 모르거나 인정하지 않는 것보다 더 큰 교만이다. 약점을 최소화하는 방법은 신뢰할 만한 사람들에게 약점을 기꺼이 드러내놓고 도움을 요청하고 머리를 맞대 해결책을 찾아보는 것이다.

성숙은 거저 주어지는 것이 아니다. 쟁취해야 하는 것이다. 지금 우리에게 필요한 것은 성숙을 향한 '거룩한 몸부림'이다. 《맹자》의 〈진심장(盡心章)〉에 '불성장부달(不成章不達)'이라는 말이 나온다. 경지에 이르지 않는 한 벼슬길에 나서지 않는다는 뜻이다. 얼마나 몸부림을 쳐야 벼슬길에 나설 수 있다는 말인가. 얼마나 몸부림을 쳐야 성숙해질 수 있다는 말인가.

사람이 따르는 자가 되기를 원한다면 성숙의 성품으로 무장해야 한다. 성숙의 성품은 싸우지 않고도 이길 수 있는 힘이요, 다른 사람들에게 동기를 부여할 수 있는 지혜다. 그리고 위에 서는 것이 아니라 앞에 서는 솔선수범이요, 상황이 비록 힘들지라도 희망을 부여

잡고 묵묵히 한 발 한 발 앞으로 나아가는 인내다.

성품은 매력이고 감동이다. 또 감성이며 공감이다. 성품은 사람이 따르는 자와 사람이 피하는 자를 결정짓는다. 심금을 울리는 사람과 미성숙한 사람을 구분하는 것도 성품이다. 성품에 목숨 걸어야 하는 이유다.

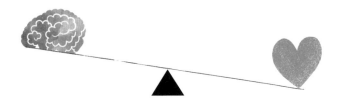

당신도 가십을
좋아하나요?

가십에 대한 사전적 의미는 '어떤 사람에 대한 흥미본위의 뜬소문', '신문과 잡지 등에서 개인의 사생활에 대하여 소문이나 험담 따위를 흥미 본위로 다룬 기사'다. 사람들은 가십을 좋아한다. 남 말하기를 즐긴다.

둘이 만나 대화를 시작하면 바로 제삼자가 도마에 오른다. 몇 명이 집단으로 모여도 마찬가지다. 이야기 주제는 참석하지 않은 다른 인물로 자연스레 옮겨간다. 그러고는 '난타 공연'을 벌인다. "그런 일이 있었다며?", "어머나, 정말?", "아, 그래서 그랬구나", "맞아, 맞아"를 몇 번 하는 사이에 도마에 오른 주인공은 회복 불가능한 상태로 난도질당한다.

난 사람, 든 사람보다 된 사람

사람이 모이는 곳에는 어디나 뒷말이 있다. 이것은 동서고금을 막론하고 불변의 사실이다. 자신이 도마 위 주인공이 되지만 않는다면 남 이야기만큼 짜릿한 쾌감을 주는 게 또 어디 있겠는가? 가십을 떠벌리는 사람들은 마치 범죄의 공모자라도 된 것처럼 의미심장한 미소를 나누며 이야기를 확대 재생산한다. 가십의 예리함과 집요함과 생산력에 혀를 내두르게 된다.

가십은 루머와는 다르다. 다듬어지지 않은 내용이 날개 달린 듯 무작위로 퍼지는 루머와 달리 가십에는 일단의 정보가 담겨 있다. 가십이 일반적으로 '타인의 사생활에 대한 은밀한 비밀'로 정의되는 이유다. 사람에게는 누구나 타인의 은밀한 부분을 엿보고 엿듣고 싶어 하는 욕구가 있다. 내용이 치명적일수록 욕망은 커지고 효과는 배가된다.

특히 권력 차원의 가십은 폭로처럼 파괴력이 크다. 여론을 형성하고 지배하며, 정책의 근간을 흔들고 정권의 발목을 잡는다. 권력자의 앞날을 좌지우지하기도 하며 전도유망한 사람을 돌이킬 수 없는 나락으로 떨어뜨리기도 한다. 개인의 명예를 훼손시키고 인생을 뿌리째 흔들어놓는 부작용을 낳기도 한다. 가십은 양날의 칼이다. 누군가는 상승의 욕망을 꿈꾸고 누군가는 추락의 두려움에 떨기도 한다.

가십 가운데 가장 흥미를 끄는 것은 유명인이나 지인과 관련된 부분이다. 연예인의 파경이나 정치인의 부패 연루는 물론이고 지인의 시댁이나 처가와의 갈등, 불륜, 실직이나 파면, 자녀의 대학 입학 실패 같은 이야기는 꿀물처럼 달콤하고 초콜릿처럼 묘한 끌어당김이 있다. 남이 잘못되는 것에서 느껴지는 묘한 보상심리 때문이다. 그러나 가십은 과하면 안 된다. 언젠가 당신이 그 가십의 대상, 도마 위 주인공이 될 수도 있으니까. 잠시의 쾌감은 흔히 더 큰 고통의 씨앗이 된다.

가십은 악감정이다

가십은 과거에는 '아는 사람들끼리만 속닥이는' 사적 영역 수준에 머물렀다. 하릴없이 시간을 때워야 하는 사람들이 주고받는 대화 정도로 여겨졌다.

그러나 지금은 사정이 달라졌다. 대중매체와 인터넷을 타고 공적 영역으로 옮겨가면서 정치와 언론까지 불가침의 영역이 없어졌다. 가십은 때로는 매우 그럴듯해서 진실로 여겨지기도 한다. 중요한 정치 · 사회적 이슈가 가십으로 덮이기도 한다.

인터넷은 노골적인 폭로 천국이다. 순식간에 확대되고 재생산돼 원자폭탄에 맞먹는 위력을 가지게 된다. 식당에서도 귀를 쫑긋 세우게 하는 가십이 젓가락질 사이에 안개꽃처럼 피어난다. 이 테이블, 저 테이블 안개꽃 천지다. 술자리도 마찬가지다. 두세 명만 모

난 사람, 든 사람보다 된 사람

여도 누군가를 씹기 일쑤다. 이야기의 첫마디는 "너니까 하는 말인데"나 "너만 알고 있어"로 시작된다. 가십 없는 술자리를 상상할 수 있는가?

가십은 사실, 가십 그 이상도 이하도 아니다. 그런데도 사람들은 가십을 좋아한다. 가십에 목말라하고 가십을 찾아 나선다. 왜일까? 가십은 왜 사라지지 않고 더 힘을 얻어가는 걸까? 이유는 간단하다. 심심한 입을 위해 주전부리가 있는 것처럼, 지루한 정신을 달래고 무미건조한 일상에 활력을 주기 위해 '씹을거리'가 필요하기 때문이다.

가십에는 남이 잘되는 꼴을 못 보겠다는 심리가 깔려 있다. 흠집 내기다. 독일어에 '샤덴프로이데(Schadenfreude)'라는 단어가 있다. 남의 불행에 대해 갖는 쾌감, 짓궂고 고약한 즐거움, 남의 불행을 기뻐하는 마음을 가리키는 말이다. 가십에는 이 '악감정'이 깔려 있다. 승승장구하던 사람이 몰락하고 오만방자한 사람이 실패할 때 느끼는 감정이다. '쌤통'이라는 말이 잘 어울린다.

가십을 말하는 데에는 이 악감정 외에도 여러 이유가 있다. 먼저는 온전한 정보전달용이다. '친구가 암에 걸렸다', '친구 부인이 우울증에 걸렸다', '거래처 사장이 교통사고로 병원에 입원했다'와 같은 사실은 주변 사람들이 알아야 할 귀중한 정보가 된다.

순전히 성적 욕망에서 비롯된 가십도 있다. 이 경우에는 가십이 관음증을 해소하는 수단이 된다. 클린턴-르윈스키의 '지퍼 게이트',

골프 황제 타이거 우즈의 여성 편력 등이 그것이다.

타인을 알아보고 분석해보고 싶다는 단순한 호기심에서 나오기도 한다. 유명인을 발가벗김으로써 대중은 그들 역시 우리와 똑같은 사람임을 확인하고 위안을 받는다.

가십에 좋은 성품은 없다

인터넷에는 수많은 '주홍글씨'가 떠돌아다닌다. 사람들의 단순한 실수와 잘못된 행동은 인터넷에서 가공과 재가공을 거치며 영원히 지워지지 않는 주홍글씨의 악령이 되어버린다. 대표적인 사례가 2005년 여름 인터넷을 달군, '개똥녀'로 불리게 된 여대생이다. 그녀의 행동은 사소한 법규 위반에 불과했다. 지하철에서 자기가 안고 있던 강아지가 싼 똥을 치우지 않고 내린 것이다. 그러나 다른 승객이 휴대전화로 그 장면을 찍어 인터넷에 올리면서 졸지에 천하에 몹쓸 오명을 얻게 됐다.

신상 털기도 마찬가지다. 어떤 잘못으로 신상 털기의 대상이 되면 순식간에 각종 개인정보가 공개된다. 실명은 물론이고 프로필과 가족관계, 사진까지 나돈다. 불특정 다수로부터 온갖 욕설을 들어야 하고, 가족이 입게 되는 피해도 막대하다. 가히 인격살인이다. '개똥녀'는 미니홈피 주소까지 까발려지면서 엄청난 고통을 겪어야만 했다. 앞에서 이야기한 '라면 상무'도 자신의 모든 것이 드러나면서 공공의 적이 되는 고통을 감내해야만 했다.

개똥녀와 라면 상무의 신상 털기에는 '그래, 심심하던 차에 너 잘 걸렸다. 어디 한번 죽어봐라'라고 하는 악감정이 깔려 있다. 파괴본 능이다. 당하는 사람의 입장은 전혀 생각하지 않는다. 그들의 파괴되고 몰락하는 모습에서 사회의 정의가 실현된다고 믿는다.

한국 드라마의 난치병으로 꼽히는 막장 드라마도 가십의 연장선상에 있다. 꼬이고 꼬인 가족관계, 음모와 사기, 영아 유기와 방화, 폭행과 납치, 불륜과 살인미수 등 소재 자체가 막장이다. 사람들은 약자에 대한 감정이입으로 강자와 악역에게 복수하는 데서 대리만족을 느낀다. '씹으면서 보는 재미'가 쏠쏠하다. 갈수록 '더 독하게' 만들어야 시청률을 올릴 수 있다. 이런 악순환에 빠져 있는 막장 드라마는 파괴력에서 가십을 능가한다.

사람들은 지루함을 못 견딘다. 그래서 더 자극적인 것을 찾는다. 오죽하면 '대중을 지루하게 만드는 것보다 더 큰 죄악은 없다'는 말이 만들어졌겠는가. 가십과 뉴스의 구분이 모호해지는 언론의 가십화 현상도 그런 측면에서 이해할 수 있다. 가십이 사라지지 않고 세를 더 얻어가는 이유다. 가십에는 치명적인 유혹, 달콤한 자극이 있다. 그러나 인격을 고무시키는 성품은 어디에서도 찾아볼 수 없다.

곁에 꼭 붙들어두어야 할 사람

우리나라 사람들, 특히 여자들은 유난히 남의 일에 관심이 많다. 남의 일에 시시콜콜 관심을 두고 관여하려 든다. 자식이 어느 대학에 들어갔는지, 시집 또는 장가는 갔는지, 이혼은 왜 했는지, 재혼은 누구와 했는지, 사위는 뭐 하는 사람인지, 사돈이 뭐 하는 사람인지, 아이는 왜 없는지, 재산은 얼마나 되는지 등등 남의 사생활이 궁금해 참지를 못한다. 오지랖이 넓어도 보통 넓은 게 아니다.

여럿이 모이면 남 얘기 하느라 시간 가는 줄 모른다. 커피숍이든 식당이든 마을 정자든 공간을 가리지 않는다. 에티켓은 물에 말아 먹었는지 당사자가 있으면 물 만난 물고기처럼 거북한 질문을 마구 쏟아낸다. 과년한 처녀에게 "시집 언제 갈 거야?"라고 묻고, 몇 년째 놀고 있는 친구에게 "너 아직도 백수냐?"라고 묻고, 신혼부부에게 아이가 안 생기면 "둘 중에 누가 문제야?"라고 묻고, 갓 이혼한 사람에게 "재혼은 언제 할 거야?"라고 묻는다. 질문이 거의 '막장' 수준이다.

대부분의 사람은 이런 질문을 단순한 호기심에서 한다. 나쁜 의도는 없을 것이다. 그러나 질문을 받은 당사자는 얼마나 곤혹스럽겠는가? 고문이 아니고 무엇이겠는가? 정말 걱정이 돼서 한 질문이라고 하더라도 당사자는 고맙게 여기지 않는다. 짝을 소개해줄 것도 아니고, 문제를 해결해줄 것도 아닌 것을 알기에 더욱 화가 나고 짜증이 난다.

대화를 할 때 남이 거북해하는 내용은 굳이 화제로 삼을 이유가 없다. 가십성 대화에 지나치게 많이 참여하거나 험담 위주의 수다는 자신에게 부정적인 영향을 준다. 가십의 전파자는 동료들에게 '신뢰할 만한 사람이 아니다'라는 이미지를 심어준다. 그런 사람에게 가십을 들을 때는 어디까지가 진실인지 생각하며 들어야 한다.

혹시 다른 사람의 은밀한 장점에 대해 가십거리로 삼는 사람을 본 적이 있는가? 아마 없을 것이다. 가십이 그만큼 부정적인 요소를 많이 가지고 있다는 방증이다. 성품의 사람을 찾고 싶은가? 그렇다면 다른 사람의 은밀한 장점을 가십으로 다루는 사람을 찾으면 된다. 또 하나 좋은 방법이 하나 있다. 모임에서 누군가 귀에 솔깃한 험담을 흘리기 시작할 때 슬쩍 자리를 뜨는 사람을 찾으면 된다. 바로 그 사람이 성품의 사람이다.

백만 명 중에 한 명 있을까 말까 한 사람이어서 아마 찾기는 힘들 것이다. 만일 그런 사람을 발견하면 어떤 일이 있어도 곁에 붙들어 두어야 한다. 이런 사람은 남을 탓하지 않고 늘 긍정적인 말을 하며, 자신의 실수를 인정하고 공로를 가로채지 않는다. 그리고 나 없는 자리에서 결코 나에 대해 부정적으로 말하지 않을 사람이다. 그런 사람을 발견하는 건 정말 큰 행운이다.

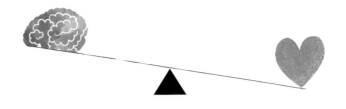

쓴 뿌리,
성품을 왜곡하다

사람은 누구나 마음속에 '쓴 뿌리'를 가지고 있다. 쓴 뿌리는 부모나 친구, 주변 사람과의 관계에서 혹은 불만족스러운 환경에서 생겨난 상처를 말한다. 그것은 마음속에서 자리를 잡고 깊게 뿌리를 내린다. 사람의 마음은 새싹의 순같이 매우 연약해서 작은 일에도 쉽게 상처를 받는다. 이 상처를 그냥 놔두면 쓴 뿌리가 되고, 쓴 뿌리를 제거하지 않으면 자신의 삶은 물론 주변 사람들까지 불행하게 하는 도화선이 되기도 한다.

쓴 뿌리는 분노, 짜증, 시기, 질투, 의심, 공격적 언어, 냉소적 반응, 수심이 가득한 얼굴 등 다양한 모양으로 표출된다. 쓴 뿌리로 인해 성품이 모나지고, 울퉁불퉁해지고, 어두워지고, 럭비공처럼 예

난 사람, 든 사람보다 된 사람

측불허의 상태가 된다.

　사람은 누구나 크고 작은 상처를 가지고 살아간다. 이 상처는 대부분 부모로부터 받는다. 어른이 된 후에 받은 상처는 치유하기가 쉽다. 하지만 어린 시절에 받은 상처는 치유하기가 힘들다. 치유되지 않은 상처는 쓴 뿌리가 되어 개인의 인생에 적지 않은 부작용을 가져온다. 인생을 불행하게 하는 원인이 되기도 한다. 작은 여우 한 마리가 포도원을 짓밟아 엉망으로 만들듯이, 작은 상처를 방치하면 그 상처가 응어리가 되고 한이 되어 삶의 포도원을 엉망으로 만든다.

　나무는 성장하기까지의 모든 과정을 나이테 안에 자료로 담고 있다. 가물었을 때, 비가 많이 왔을 때, 병충해가 심했을 때, 추웠을 때, 따뜻했을 때의 기록을 고스란히 담고 있다. 성장 과정의 질곡에 대한 완전한 기록이다.

　인생의 질곡이 쓴 뿌리에 녹아들어 있는 걸 보면 우리 인생도 나무와 크게 다르지 않다. 겉으로야 가면을 쓴 채 희극배우처럼 살아가지만 마음속에는 상처와 옹이로 촘촘한 나이테를 가지고 있다. 버림받고 거절당한 나이테, 외로움과 열등감의 나이테, 실망감과 상실감의 나이테, 억울하게 오해당한 나이테, 억눌린 감정의 나이테, 무시당함과 외면당함의 나이테, 이루지 못한 것에 대한 한과 부러움의 나이테 등이 그것이다.

　사람의 쓴 뿌리 나이테가 나무의 나이테와 다른 점이 있다. 나무의 나이테가 세월의 흐름과 계절의 변화를 순차적으로 단순하게 담고 있다면, 사람의 나이테에는 온갖 감정이 세월의 흐름과 맞물려 매트릭스처럼 복잡하게 얽혀 있다. 나무의 나이테가 2차원의 평면이라면, 사람의 나이테는 3차원의 입체다.

인격장애와 인격 파괴의 실체

쓴 뿌리는 때와 장소를 가리지 않고 불쑥불쑥 출몰하는 게릴라처럼 우리 삶에 시도 때도 없이 나타나 상황을 어렵게 하고 관계를 파괴한다. 그러고는 우리를 블랙홀 같은 어둠과 무기력의 늪으로 빠져들게 한다. 아무리 무성한 잎과 탐스러운 열매로 쓴 뿌리를 덮으려 해도 쓴 뿌리의 예고 없는 출몰을 감당하기에는 역부족이다. 기쁨과 행복과 희망과 평안함의 감정이 분노와 좌절과 두려움과 불안함으로 바뀌는 데는 단 1초도 걸리지 않는다. 쓴 뿌리의 위력은 그만큼 세고 강하다.

회복된 줄 알았는데, 해결된 줄 알았는데 그게 아니었다. 잠시 잊어진 것이었고, 가라앉은 것일 뿐이었다. 세월이 흐를수록 쓴 뿌리는 더 굵어지고 더 깊게 뿌리를 내려 삶의 구석구석을 옭아맨다. 밤낮 구분 없이 우리를 괴롭히고, 오늘을 살면서도 과거 속을 헤매게 하고, 앞으로 나아가지 못하게 하며, 미래를 염려하게 한다.

난 사람, 든 사람보다 된 사람

쓴 뿌리를 뽑아내지 않고 그대로 방치하면 우리 삶은 고통으로 가득하고 악취로 진동하게 된다. 쓴 뿌리가 쓴 열매를 맺기 때문이다. 쓴 열매는 부부간의 불화로, 고부간의 갈등으로, 부모와 자녀 간의 불통으로, 대인관계의 충돌로, 반항과 저항으로, 불순종과 거부로, 폭력과 폭언으로, 시기와 질투로, 분노와 원한의 모양으로 나타난다. 하나같이 파괴적이다. 이처럼 모든 문제를 일으키는 근원에 쓴 뿌리가 있다. 인격장애와 성품 파괴를 일으키는 원인의 실체가 바로 내 안에 깊게 뿌리 내려진 쓴 뿌리인 것이다.

쓴 뿌리가 있으면 비판이 사라지지 않는다. 쓴 뿌리는 시시비비를 좋아하고 화를 부르며 편을 가른다. 이처럼 우리 인생을 힘들게 하고 파멸시키는 쓴 뿌리를 제거하려면 먼저 마음의 상처를 치유해야 한다. 그러나 마음의 상처는 피부에 난 상처와 달리 저절로 아물거나 회복되지 않는다. 거룩한 전쟁을 치러야 한다. 선착장에 묶인 배가 항해를 할 수 없듯이 상처를 회복하고 쓴 뿌리를 제거하지 않고서는 온전한 성품의 소유자가 될 수 없다. 온전한 행복과 평안을 누릴 수 없음도 물론이다.

쓴 뿌리 앞에 장사 없다

마음의 상처를 회복하기 위해서는 어떻게 해야 할까. 어떤 이들은 술을 마시며 풀고, 어떤 이들은 훌쩍 여행을 떠나기도 한다. 또 어떤 이들은 '무조건 견디기'라는 가장 힘든 방법을 선택하기도 한다. 하지만 이런 방법들은 결코 온전한 치유 방법이 아니다.

상처를 준 사람과 만나서 마음을 열어 진솔하게 대화하고, 왜 그랬는지 왜 그렇게 할 수밖에 없었는지 가슴으로 이해하고, 쓰라린 상처를 어루만져줄 때 비로소 상처가 아물기 시작한다. 기적이 일어나는 것은 바로 그 순간이다. 서로 마음을 열고 잠시 대화했을 뿐인데, 서로 잠시 부둥켜안고 눈물을 흘렸을 뿐인데, 가슴이 뻥 뚫리고 그 깊게 뿌리 내렸던 쓴 뿌리가 통째로 뽑혀나가는 느낌을 받게 된다.

이 순간이 바로 치유가 시작되는 시점이다. 관계가 회복되는 시점이고, 왜곡된 성품이 온전해지기 시작하는 시점이다. 왜곡된 성품에 교정이 일어나기 시작하면 세상을 바라보는 시각이 180도 바뀐다. 부정적으로 보였던 것들이 긍정적으로 보이게 되고, 어리석고 밉게 보였던 것들을 긍휼의 마음으로 바라보게 된다. 절망이 희망으로 변하고, 슬픔이 기쁨으로, 분노가 사랑으로 변한다. 사람 자체가 변한다. 어제 보았던 사람이 오늘은 완전히 딴 사람이 되어 나타나는 것이다.

쓴 뿌리를 제거했을 때의 변화 정도는 이처럼 인생을 바꿀 만큼 크다. 그렇다면 쓴 뿌리는 구체적으로 언제 생기는 걸까? 어떤 상황에서 생기는 걸까? 자신의 권리를 빼앗겼을 때, 배신당했을 때, 버림받았을 때, 부당한 대우를 받았을 때, 무시당했을 때, 사랑하는 사

난 사람, 든 사람보다 된 사람

람이 죽임을 당했을 때, 상대방의 경솔함이 나에게 씻을 수 없는 피해를 주었을 때, 억울한 일을 당했을 때, 배우자에게서 사랑받지 못하고 존경받지 못할 때, 경제적으로 힘들 때, 원인도 모른 채 견딜 수 없을 정도의 고난을 당할 때….

쓴 뿌리가 생기는 경로는 실로 다양하다. 살다 보면 자연스럽게 쓴 뿌리를 가지게 된다고 보면 될 정도다. 아무리 능력 있고 대단한 사람이라도 상처와 쓴 뿌리 앞에는 장사가 없다. 나의 경우는 자존심을 상하게 되거나 무시당했다는 느낌이 들 때 쓴 뿌리가 쑥쑥 자라며 요동치는 것을 느낀다.

사람에 따라 쓴 뿌리가 많은 사람도 있고 적은 사람도 있다. 쓴 뿌리가 오래 자라는 경우도 있고 얼마 지나지 않아 시들어버리는 경우도 있다. 이런 차이는 왜 나는 걸까?

성품의 깊이가 차이를 낳는다

치유되지 않은 상처와 뿌리 뽑히지 않은 쓴 뿌리의 결과는 참혹하다. 브레이크 없는 돌진으로 처참한 끝을 향해 달린다. 이혼이 그렇고 살인이 그렇다. 학교폭력이 그렇고 소송 건수의 증가가 그렇다. 치유와 회복을 위해서는, 더 높은 단계로의 정진을 위해서는 상처받은 영혼에 쉼이 필요하다. 검도에 '중단 겨눔(다음 공격을 위한 치열한 멈춤)'이 있는 것처럼, 대나무가 마디를 맺는 것처럼, 고속도로에 휴게소가 있는 것처럼.

어떤 사람은 쓴 뿌리가 치유되어서 건강한 인격의 사람이 된다. 이와 반대로 쓴 뿌리가 치유되지 못하고 더욱 뿌리를 깊이 내려 인격이 무너지고 삶이 망가져 회복이 불가능한 사람도 있다. 후자의 경우는 스스로를 향한 미움과 분노와 용서하지 못함과 열등감 속에서 고통을 겪으며 불면의 시간을 보낸다. 나아가 그가 속한 공동체에 공격의 화살을 쏘아대며 관계를 파괴하기 시작한다.

언젠가 한적한 도로를 달리다 가파른 산등성이 중간에 기괴한 모양으로 자란 나무 한 그루를 본 적이 있다. 오랜 세월이 흘렀는데도 워낙 모양이 독특해서 기억에 남아 있다. 나무는 산등성이에 몰아친 강풍에 휘어진 탓인지 한쪽으로 잔뜩 기울어져 있었다. 외양을 보면 금방이라도 쓰러질 듯 불안해 보였지만 나무뿌리가 깊게 뻗어내리고 있었기에 살아남을 수 있었을 것이다.

우리 인생도 거센 풍파를 만나게 되어 있다. 어떻게 보면 시련은 당연한 것이다. 중요한 건 시련에 대한 우리의 반응이다. 반응은 두 가지다. 견디다 못해 굴복하거나 끝까지 견뎌내 더 강해지거나. 이 둘 사이의 차이를 낳는 것은 무엇일까? 시련의 크기와 강도가 아니다. 성품의 깊이다. 건강하고 견고한 성품은 우리를 시련 속에서도 견뎌내게 한다. 그리고 결국에는 형통의 문을 열어젖힌다. C-타입 인간은 불굴의 혼으로 시련을 넘는다.

난 사람, 든 사람보다 된 사람

디딤돌 성품과
걸림돌 성품

미국의 회원제 창고형 할인마트인 코스트코 창업자로 29년간 CEO로 지내다 현재 이사회 멤버로 활동하고 있는 짐 시네갈은 '유통 업계의 스티브 잡스'로 불린다. 코스트코는 현재 미국에서 네 번째, 전 세계에서 아홉 번째로 큰 유통회사다.

그는 사장으로 있을 때 누릴 수 있는 특권에는 별 관심이 없었다. 접이식 책상과 의자가 놓인 평범한 사무실에서 일했고, 손님이 회사를 방문하면 로비로 직접 마중을 나갔다. 전화 응대도 직접 했다. 그의 연봉은 약 35만 달러로 미국 대기업 CEO 중에서는 하위 10퍼센트에 속했다. 시네갈이 코스트코와 맺은 CEO 고용계약서에는 다른 일반 종업원의 계약서와 마찬가지로 중대한 잘못을 범했을 경우 해고된다는 조건이 담겨 있었다.

그는 지금도 직원들에 대한 적절한 연봉 지불과 후생복지에 힘을 기울인다. 높은 보수를 지급하면 유능한 직원과 높은 생산성을 얻을 수 있다는 것이 그의 지론이다. 직원을 대하는 태도에서 그의 됨됨이를 알 수 있다. 집무실 문은 언제나 열려 있고, 직원들과 똑같은 형태의 이름표를 단다. 그는 자신의 행동과 경영철학을 이렇게 정리한다. "이것은 이타적인 행동이 아닙니다. 좋은 경영활동일 뿐입니다." 그의 말에서 겸손함이 묻어난다.

이런 성품을 '좋은 성품'이라고 부르는 데 반대할 사람이 있을까? 좋은 성품은 타인의 성장과 발전에 관심을 기울인다. 남들이 잘되는 것에 기쁨의 박수를 보낸다. 그리고 남들의 실패와 좌절에 대해서는 진심 어린 위로를 보낸다.

좋은 성품은 이처럼 다른 사람의 발전과 성장에 관심을 가지고 돕는 것이기에 '디딤돌 성품'이라 불린다. 디딤돌 성품은 타인에게 가치를 더하는 방법을 늘 고민하고, 그들의 삶을 향상시키기 위해 끊임없이 노력하는 성품이다. 테레사 수녀, 알베르트 슈바이처 (1875~1965), 마틴 루서 킹(1929~1968) 등 노벨평화상을 받은 사람들은 자신의 지위보다는 다른 사람들에게 미치는 긍정적 영향에 더 큰 관심을 보인 사람들이었다. 그들의 마음속에는 군림하는 자가 아닌 봉사자의 자세가 충만했다.

디딤돌 성품의 소유자에게는 마음속에 '함께(together)'가 있다.

난 사람, 든 사람보다 된 사람

함께는 덧셈의 법칙이자 곱셈의 법칙이다. 내가 누군가를 돕는다는 건 덧셈이고, 그 누군가가 다시 다른 사람을 돕기 시작하면 곱셈이 된다. 함께는 마음의 벽을 허무는 것이다. 벽을 허물어 가치를 더하면 이익이 늘어나고 삶이 바뀐다는 것을 실천으로 보여주는 것이 디딤돌 성품이다. 디딤돌 성품의 그릇에는 함께만이 아니라 나눔과 봉사, 헌신과 신뢰도 들어 있다.

직원들이 이 정도로 존경한다면

경영 컨설턴트인 낸시 오스틴은 어느 날 자신이 애용하는 호텔의 침대 밑에서 메모를 발견하고 깜짝 놀랐다고 한다. 카드에는 이렇게 적혀 있었다. "예, 물론 저희는 여기도 청소합니다."

객실 청소 담당직원은 고객이 무엇을 원하는지, 무엇을 중요하게 생각하는지 예측하고 그것을 충족시킨 것이다. 바로 이 뛰어난 고객 서비스를 제공한 마음이 디딤돌 성품이다. 자신의 노력을 통해서 고객이 만족하고, 그래서 호텔에 대한 이미지가 좋아지고, 고객이 자신의 지인들에게 호텔의 서비스에 대해 칭찬하고, 그래서 더 많은 사람이 호텔을 찾아오게 하는 것. 그 직원의 책임감과 프로정신이 디딤돌 성품이 아니고 무엇이겠는가.

한평생 김밥을 팔아 모은 돈을 사회에 기부한 할머니의 나눔의 성품, 다른 사람을 살피는 배려의 성품, 나와 다른 사람을 인정하는 관용의 성품, 마음과 힘을 하나로 합치는 협동의 성품, 잘못을 진정으로 이해하는 용서의 성품, 참고 견뎌내는 인내의 성품, 모두가 행복할 방법을 추구하는 평화의 성품, 이런 성품들이 바로 디딤돌 성품이다.

새로운 직책을 맡았을 때가 아니라 그 직책을 끝마쳤을 때 칭송을 받는 사람의 성품, 내일의 리더가 되기 위해 오늘 배우기를 쉬지 않는 성품, 실패에서 배우기 위해 자기성찰적 사고를 게을리하지 않는 성품, 다른 사람에게 도움을 주기 위해 마음의 문을 활짝 여는 성품, 진실성과 자기규율에 충실한 성품, 주위에 유능한 사람들이 많이 모이는 성품, 사람의 마음을 움직이는 성품도 디딤돌 성품이다.

기념일이 숱한 미국에는 '상사의 날(Boss's Day)'이라는 기념일도 있다. 1994년 10월 16일 상사의 날에 사우스웨스트항공 직원들이 기획한 이벤트는 감동적이었다. 직원들이 돈을 모아서 그날 〈USA 투데이〉에 전면광고를 낸 것이다.

허브 사장님, 고맙습니다.
우리 모두의 이름을 기억해주시고,
로널드 맥도널드 하우스를 지원해주시고,
추수감사절에 짐 싣는 것을 도와주시고,
모든 사람에게 키스를 해주시고(정말로 모든 사람에게),

우리의 이야기를 들어주시고,

유일하게 이익을 내는 항공사로 만들어주시고,

휴가 기념파티에서 노래를 해주시고,

일 년에 한 번만 노래를 해주시고,

회사에서 반바지와 편한 신발을 신을 수 있도록 해주시고,

연례행사인 'The LUV Classic'에서 클럽 하나만으로 골프를 치시고,

샘 도날드슨과의 입씨름에서 이기시고,

할리 데이비슨을 타고 사우스웨스트 본사에 오시고,

상사가 아니라 친구가 되어줘서 고맙습니다.

- '상사의 날'을 축하하면서 16,000명 직원 모두로부터, 《존 맥스웰 리더십 불변의 법칙》에서

직원들로부터 이 정도의 존경과 애정을 받을 수 있는 리더가 과연 몇 명이나 될까? 사우스웨스트항공 설립자이자 현재 이사장인 허브 켈러허의 인품을 엿볼 수 있다. 이 몇 줄의 광고는 켈러허가 직원들과 진정으로 관계를 맺기 위해 얼마나 노력했는지를 말해준다. 켈러허의 삶은 디딤돌 성품의 진수다.

백천학해와 승강의 법칙

섬김의 삶을 살아온 켈러허의 인생을 물에 비유하면 백천학해(百

川學海)라는 말이 잘 어울릴 것 같다. '온갖 내는 바다를 배운다'는 뜻이다. 모든 하천이 더 낮은 곳에 있는 바다를 향해 흘러간다는 의미다. 수많은 하천이 끝내 바다에 이를 수 있는 것은 끊임없이 움직인 덕분이다. 그 자리에 멈춰 서 있고서는 불가능한 일이다. 학문을 하는 데 가져야 할 자세를 비유해 이르는 말이다. 물은 바위를 만나면 다투지 않고 유연하게 돌아간다. 부드럽고 조화롭게 순응하면서 흐르고 흘러 결국 바다에 도착한다.

그러고는 잠시 머물다 하늘로 올라가고 비가 되어 다시 내려온다. 가장 낮은 곳에 도달했다 싶으면 어느새 가장 높은 곳으로 올라가고, 잠시 머물다 '아래로, 낮은 곳으로' 향하는 속성을 버리지 못해 다시 비의 몸을 빌려 내려온다. 이름하여 '승강(昇降)의 법칙'이다. 내려가면 올라가는 시기가 오고, 올라가면 반드시 내려가는 시기가 온다.

디딤돌 성품의 사람은 물을 닮았다. 정확히는 물의 자세, 물의 섭리를 닮았다. 그 섭리는 겸손과 조화와 여유다. 물은 위에서 아래로 흐른다. 물은 스스로를 낮추고, 다투지 않고 잘 어울리며, 수증기가 모여 빗방울이 되듯 하나가 된다. 막히면 멈출 줄도 알고, 웅덩이를 만나면 다 차기를 기다릴 줄도 안다. 경쟁하지 않고 서두르지 않는다. 유유자적하게 묵묵히 자신의 길을 간다.

물이 가진 섭리의 또 다른 측면은 도움과 화합과 깨달음이다. 논밭과 대지를 적시고 새싹을 틔운다. 나무의 성장을 돕고 숲을 풍요

난 사람, 든 사람보다 된 사람

롭게 한다. 생태계의 건강함을 지키며 삼라만상을 조화롭게 한다. 수증기의 형태로 빛과 어울려 아름다운 무지개를 선물하기까지 한다. 물은 천태만상이면서도 결국은 하나다. 물은 삶을 관통하는 깨달음이다.

디딤돌 성품의 사람도 물과 마찬가지다. 수증기처럼 운치 있고 포근하며, 비처럼 자애롭고 겸손하다. 강처럼 느긋하고, 잔잔한 호수처럼 평화롭고, 드넓은 바다처럼 여유롭고 포용력이 있다. 디딤돌 성품을 가진 사람은 물처럼 돌아갈 줄 알고, 바닥에 있을 때도 승강의 법칙을 알기에 좌절하지 않으며, 높게 있을 때 또한 교만하지 않는다.

장기적 안목으로 느긋하게 바라보며 일희일비하지 않고, 수없이 넘어져도 오뚝이처럼 벌떡 일어나며, 진정한 아름다움은 겉이 아니라 안에 있다는 사실을 알기에 내면의 충실을 기하고, 오래전에 졸업한 제자에게 가끔씩 격려성 편지를 보내고, 장작불을 피우기 위해 불쏘시개를 자처할 줄 아는 사람, 이런 사람이 디딤돌이 되는 사람이다.

성품 환승, 옛것을 벗고 새것을 입다

그러면 걸림돌 성품은 어떤 것인가? 어떤 사람이 걸림돌이 되는가? 이런 사람 저런 사람, 떠오른 얼굴이 여럿일 수도 있겠다. 아마 한두 명쯤은 고민 없이 누군가를 떠올렸을지도 모를 일이다.

걸림돌 성품을 가진 사람은 조직과 공동체의 발전을 저해하고, 화합을 방해하며, 균열을 조장하는 사람이다. 구성원의 발전을 가로막고, 공을 가로채고 독차지하며, 공동체에 부정적인 기운을 감돌게 하는 사람이다. 무례하고, 변덕이 심하며, 의존적이고, 무책임하고, 기만하며, 부패를 일삼는 사람도 걸림돌이다. 편협하고, 교만하고, 불평불만과 의심이 많으며, 게으르고, 고집 세며, 분노와 증오심이 많고, 이기심이 많은 사람도 이 부류에 속한다.

안타깝게도 걸림돌 성품의 사람들은 자신이 구성원들과 공동체에 '빼기'를 하고 있다는 사실을 모르는 경우가 많다. 조직에 해가 되는 사람을 방치하면 '빼기'가 어느 순간 '나누기'로 바뀔 수도 있다. 부정의 씨앗이 또 다른 부정의 씨앗을 낳기 때문이다.

우리 사회는 덧셈과 곱셈의 사회가 되어야 한다. 뺄셈과 나눗셈의 사회가 되어서는 안 된다. 그렇게 되기 위해서는 디딤돌 성품을 가진 사람이 더 많아져야 하고, 걸림돌 성품을 가진 사람이 줄어들어야 한다. 봉사하고 헌신하는 사람이 많아져야 하고, 유치장과 감옥은 빈방이 많아져야 한다. 짜증과 분노의 자리에 미소와 웃음이 들어앉아야 한다.

생각을 바꾸면 인생이 달라진다는 말이 있다. 백번 맞는 말이다. 그런데 그것보다 더 확실하게 인생을 달라지게 하는 방법이 있다.

성품을 바꾸는 것이다. 같은 칼이라도 강도의 손에 있는 칼과 요리사의 손에 있는 칼은 그 용도가 다르다. 디딤돌 성품의 손에 쥐어진 칼과 걸림돌 성품의 손에 쥐어진 칼이 같은 결과를 만들어낼 가능성은 거의 없다.

성품에 따라 행동이 달라지고 인생이 달라진다. 새롭게 되기 위해서는 '성품 환승'을 해야 한다. 걸림돌 성품에서 디딤돌 성품으로 갈아타야 한다. 옛것을 벗고 새것을 입어야 한다. 옛것을 벗어야만, 걸림돌 성품의 부조리함을 떨쳐내야만, 무엇이 진실인지 알게 된다. 무엇이 실체인지, 무엇이 합당한 것인지, 어떻게 살아야 하는지를 알게 된다. 이것이 새롭게 되기 위한 첫 관문이다. 혹시 나에게 걸림돌 성품이 있다면 더 늦기 전에 환승할 일이다.

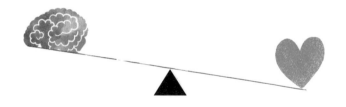

앵그리 사회로부터의
탈출

"화가 났을 땐 아무것도 하지 마라!"

세계 역사상 가장 넓은 영토를 정복한 몽골제국 제1대 왕 칭기즈 칸(1162~1227, 본명 테무친)이 한 말이다. 그가 이렇게 말한 배경이 있다.

칭기즈칸은 사냥을 나갈 때는 늘 아끼던 매와 함께했다. 어느 날 사냥을 마치고 집으로 향하던 길에 목이 너무 말라서 평소 잘 알고 있던 샘이 있는 곳으로 말을 몰았다. 무더운 여름이었던 터라 샘은 완전히 말라 있었다. 바위틈에서 솟아나오는 샘을 찾아 올라갔으나 역시 말라서 겨우 한 방울씩 떨어지고 있었다.

그는 배낭에서 컵을 꺼내 물을 받았다. 컵이 거의 차자 물을 마시

난 사람, 든 사람보다 된 사람

려고 하는데 매가 날아오더니 컵에 부딪쳐서 컵이 땅에 떨어지고 말았다. 다시 물을 받아서 마시려고 하는데 매가 또 날아오더니 다시 컵에 부딪치는 게 아닌가. 화가 난 칭기즈칸은 매가 세 번째 다시 날아오자 칼을 뽑아 후려쳐 죽여버렸다.

다시 물을 받아 마시려다가 이상한 생각이 든 칭기즈칸은 바위 위로 올라가 보았다. 그런데 바위 위의 샘에 독사가 죽어 있는 게 아닌가. "아! 죽은 매가 내 생명을 구했구나!" 칭기즈칸은 후회하면서 죽은 매를 집으로 가져와 양지바른 곳에 묻어주었다. 그때 칭기즈칸이 한 말이다.

인간은 감정의 동물이다. 감정은 조심스럽게 다루어야 하는 유리 같은 것이다. 잠시라도 실수하면 깨져서 산산조각이 난다. 감정은 엄청난 파괴력을 가지고 있다. 통제되지 않은 감정에 따라 행동한 결과는 돌이킬 수 없는 치명적인 결과를 가져올 수 있다. 분노와 탐욕, 시기와 질투 등 부정적인 감정들이 우리의 이성을 삼키면 재앙을 피할 수 없게 된다.

셰익스피어는 이렇게 경고했다.

"너의 원수 때문에 불을 뜨겁게 지피지 마라. 오히려 그 불이 너 자신을 태우리라."

불길이 너무 강하면 고구마는 익지 않고 껍질만 타는 법이다.

앵그리 사회

어느 나라에서나 있을 수 있는 일이기는 하지만 우리나라에서는 유독 분노와 증오가 넘쳐난다. 사람은 실수할 수 있다. 완전하지 않기에 어떻게 보면 실수하는 건 당연한 것인지도 모른다. 그런데도 사람이 한번 실수를 해서 공론화되기라도 하는 날에는 끝장이 나버린다. 인격이 매장되는 것도 순식간이다. 인터넷에서는 입에 담기조차 힘든 온갖 욕설이 난무한다.

생업마저도 잃는다. 라면 상무도 회사를 떠났고, 50대 대리점 사장에게 폭언으로 강매한 남양유업 30대 영업사원도 사실이 알려지면서 직장을 떠났다. 땅콩 부사장도 구속되는 곤욕을 치렀다. 무한 응징 시대. 비록 돼먹지 않은 '갑의 횡포'였지만 한 번의 실수로 생업을 잃게 되는 벌은 과연 적정한 것인가? 오너 일가인 땅콩 부사장의 경우는 예외겠지만. 도대체 왜 이렇게 폭력적이고 무자비한 세상이 된 걸까?

경쟁 때문이다. 우리 사회는 끝도 없이 계속되는 경쟁 사회다. 경쟁은 발전의 원동력이 되는 긍정적 측면도 있지만, 승자와 패자를 갈라놓고 상대적인 박탈감과 패배의식을 낳는 등 부정적인 측면도 무시할 수 없다. 서울대 전상인 교수는 한국 사회가 '헝그리 사회'에서 '앵그리 사회'로 전환됐다고 설명한다.

'남'은 없고 '나'만 있는 자기중심주의가 팽배하다. 조금이라도 불편하고 조금이라도 방해받으면 감정이 폭발한다. 조금이라도 권리를 침해당했다고 생각하면, 조금이라도 억울하면 도무지 참지를 못한다. 죽기 살기로 덤빈다. 걸핏하면 화를 내는 것이 우리 사회의 모습이다. 보기 흉한 자화상이다.

2008년 2월, 600년 전통을 지켜온 국보 1호 숭례문을 무너뜨린 건 사회에 대한 분노를 참지 못한 방화범이 놓은 작은 불씨 하나였다. 지하철 안에서 자주 목격되는 다툼 소리도, 아파트 층간 소음으로 인한 살인 사건도, 늘어나는 소송 건수도 모두 분노 때문이다. 브레이크 없는 고속질주는 결국 자신의 삶을 망가뜨린다.

왜 이런 일이 벌어지는 걸까? 우리 사회가 왜 '분노 공화국'이라는 오명을 쓰게 된 걸까? 압축 고도성장 속에서 물질적으로는 크게 성장한 데 비해 정신적 성숙이 균형을 맞추지 못했기 때문이다. 산업화와 민주화는 이루었는데 소통 능력과 공감 능력을 키우지 못한 것이다.

인터넷이라는 '해방공간'에서는 분노와 증오의 에너지가 태양을 둘러싼 대기인 코로나처럼 무한 방출되고 있다. 분노와 증오는 동질의 우군을 모아 세를 불린다. 신뢰는 사라지고 불신과 증오와 경멸이 판을 친다. 내용도 조잡하고 질이 낮다. 폭로 및 저주성 글과 이성이 마비된 괴담, 음모론이 주류를 이룬다.

분노는 부메랑이다

주변에서 감정관리에 실패한 사람들을 보게 되는 경우가 있다. 혹시 아는 사람 중에 그런 사람이 있다면 그들이 감정관리에 실패했을 때 저지른 일을 떠올려보라. 그리고 지금의 상황을 보라. 어떤가. 기뻐하고 있는가, 후회하고 있는가? 분명 후회하고 있을 것이다. 통제되지 않은 감정은 반드시 후회를 낳기 때문이다. 때로는 평생 잊지 못할 인생의 결정적 패착이 되는 경우도 있다.

화가 난다고 씩씩하게 사표를 던지는 사람, 충동구매로 값비싼 옷을 사는 사람, 부부싸움 하다 물건을 집어 던지고 부수는 사람, 술집에서 술 마시다 옆 테이블 사람과 시비 붙는 사람, 공공장소에서 분노를 참지 못해 고래고래 고함을 지르는 사람, 끊임없이 불평과 불만을 늘어놓는 사람….

어렵지 않게 볼 수 있는 모습들이다. 감정을 관리하지 못한 결과다. 분노는 일시적인 광기의 폭발이다. 2,000년 전 고대 로마제국의 철학자 세네카(BC 4~65)는 화에 대해서 이런 의미 있는 말을 남겼다.

"화는 화낸 사람에게 반드시 되돌아온다."
"화의 최대 원인은 '나는 잘못한 게 없어'라는 생각이다."

난 사람, 든 사람보다 된 사람

감정을 관리한다는 말은 어떤 의미인가? 감정을 느끼는 것을 중단하거나 감정 표현 자체를 중단해야 한다는 것을 의미하는 것이 아니다. 과잉반응 또는 과소반응해서는 안 된다는 의미다. 감정관리란 잠시 물러서서 전체 상황을 판단해 적절히 대처하는 것을 말한다. 상황을 통제함으로써 표출된 감정이 인생을 망치기보다 흥하게 하는 데 기여할 수 있도록 한다는 의미다. 다시 말하면 감정을 자신에게 유리하게 활용할 수 있어야 한다는 뜻이다.

'노하기를 더디 하는 자는 용사보다 낫고, 자기의 마음을 다스리는 자는 성을 빼앗은 자보다 나으니라.' 성경의 잠언(16장 32절)에 나오는 글이다. 틱낫한 스님은 저서 《화》에서 이렇게 말했다. "화를 벌컥 내는 건 불타는 석탄 한 덩이를 손에 꽉 쥐는 것과도 같다. 상대방에게 던지기 전 불에 데는 사람은 그 자신이다."

절제, 그 아름다운 분노 처리 기술

화가 치솟을 때, 분노와 저주로 가득한 자신의 얼굴을 거울에 비춰보면 어떤 느낌이 들까? 험악하고 흉측할 것이다. 프랑켄슈타인의 모습 아닌가? 괴물이 따로 있겠는가?

분노는 왜, 어떻게 생기는 걸까? 대부분 권리 충돌에서 생긴다. 권리가 충돌하면 자기주장을 하게 되고 책임을 전가하고 핑계를 댄다. 이 과정에서 화가 발생한다. 분노가 생기는 걸 막기 힘들다면 분노의 방출을 막을 수 있는 효과적인 방법은 없을까? 있다. 짧고도 강렬한 방법이다. "잠시 멈춰!(STOP!)"라고 외치는 것이다. 폭발 직전의 분노에 휩싸인 사람이 이 말을 할 수 있다면, 그는 자신의 마음을 다스릴 수 있는 절제의 힘을 가진 사람이다.

철학자 플라톤이 그걸 실천했다고 한다. 세네카의 저서《화에 대하여》에 나오는 내용이다. 자신의 노예 한 명이 큰 실수를 하자 화가 머리 꼭대기까지 치민 플라톤은 노예에게 당장 윗옷을 벗고 등짝을 대라고 명했다. 직접 채찍질을 하려고 채찍을 번쩍 치켜들었다. 그 순간, 플라톤은 자신의 흉한 모습을 깨달았다. 후려치지도 않고 팔을 내리지도 않은 엉거주춤한 자세로 한참을 서 있었다. 지나가던 친구가 "당신 뭐 해?"라고 물었다. 플라톤의 답이 걸작이다. "화를 내고 있는 나 스스로에게 벌을 주는 중이라네."

세네카는 자신의 제자였던 네로 황제에 의해 죽임을 당했다. 자신을 암살하려는 음모에 스승이 연루됐다는 첩보를 전해 들은 네로는 벌컥 화를 내며 즉시 세네카에게 자결을 명했다. 세네카는 잠시도 망설이지 않은 채 독약을 마시며 품위 있게 죽어갔다. 그의 영웅적 죽음은 소크라테스의 독배와 함께 서구문화에서 철학적 죽음의 상징으로 평가된다.

분노를 참지 못하고 스승에게 자결을 명하는 성품도 있고, 담담하게 그 죽음을 받아들이는 성품도 있다. 세네카와 소크라테스처럼 죽음 앞에서 담담할 수 있는 사람이 얼마나 되겠는가. C-타입 인간의 고결한 성품의 힘이 아니고서는 불가능한 일이다.

화가 날 때는 침묵을 지켜야 한다. 화날 때 말을 많이 하면 대개 후회할 거리가 생기고 그때 잘 참으면 그것이 추억거리가 된다. 감정이 격해졌을 때는 한 걸음 물러서서 '그럴만한 사정이 있겠지'라고 생각하고 억지로라도 참아야 한다. 화를 내는 것은 지는 것이다.

유일하게 내일로 미뤄야 할 것이 있다면 분노다. 누구나 살의를 품을 수는 있지만, 누구나 살인을 저지르는 것은 아니다. 지금 우리 사회에 필요한 건 분노 처리 기술이다. 건강한 분노 처리는 고결한 명품 성품을 만드는 과정이다. 분노 조절 교육이 필요한 것도 그 때문이다.

성품의 삶을 산 성인
: 마하트마 간디 :

국가 멸망의 전조, 일곱 가지 사회악

1. 노동 없는 부(Wealth without Work)

2. 양심 없는 쾌락(Pleasure without Conscience)

3. 인격 없는 교육(Knowledge without Character)

4. 도덕 없는 상업(Commerce without Morality)

5. 인간성 없는 과학(Science without Humanity)

6. 희생 없는 종교(Religion without Sacrifice)

7. 원칙 없는 정치(Politics without Principle)

- 간디 무덤의 비석에 새겨진 글

성품으로
리드하는
액션플랜 II

4. 신뢰를 쌓아라.

신뢰를 잃으면 모든 것을 잃는다. 신뢰를 쌓으려면 능력이 있어야 하며, 좋은 관계를 유지해야 하며, 좋은 성품을 보여줘야 한다. 그리고 일관성이 있어야 한다. 진실성, 진정성, 자기규율은 신뢰를 얻기 위한 필수 덕목이다.

5. 높이, 또 멀리 바라보라.

생각이 큰 자, 생각이 깊은 자가 세상을 이긴다. 더 크게, 더 넓게, 더 깊게 보아야 한다. 동산에 오르는 자는 마을을 얻지만 태산에 오르는 자는 천하를 얻는다. 큰 꿈이 있는 자는 당장의 비굴함을 참을 수 있다. 시비를 거는 건달의 가랑이 밑으로 기어서 지나갔지만 후일에 왕이 된 한신(韓信)처럼. 감정관리는 필수다.

6. 안고수비를 지향하라.

안고수비(眼高手卑)는 '눈은 높지만 손은 낮다'는 뜻이다. 목표를 높이 잡되 오랜 준비와 노력을 기울여야 목표를 성취할 수 있다. '천 리 길도 한 걸음부터'라는 속담과도 통한다. 지금 할 수 있는 일부터 해야 한다. 한 계단 한 계단씩 오르는 것이 중요하다. 전체적인 것을 알려면 먼저 부분적이고 사소한 것들부터 숙달해야 한다. 겸손과 성실의 품성이기도 하다.

3장

된 사람

| 세상의 중심에 우뚝 서다 |

성품이 신뢰를 낳고 신뢰는 리더십을 낳는다.

- 존 맥스웰

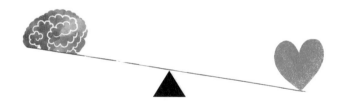

성품형 인간,
세상을 사로잡다

   '난 사람, 든 사람, 된 사람'이라는 표현이 있다. 이 세 가지 유형 중 어느 하나의 유형에만 속해도 성공한 삶이라고 할 수 있다. 지금 이 글을 읽고 있는 당신은 이 세 가지 유형 중에 어디에 속하는가?

   '난 사람'은 재주가 많고 능력이 뛰어나다. 영화배우, 탤런트, 가수, 개그맨 등 잘난 사람이나 끼가 있는 사람이 이 유형에 속한다. 사람들은 이런 유형에 대해 겉으로는 싫어하거나 무관심한 척해도 내심 부러워한다. 이른바 프리미엄 브랜드이기 때문이다. 따라 하고 싶은 유명 연예인, 혹은 왠지 멋져서 닮고 싶은 멘토 같은 사람이다.

   '든 사람'은 많이 배워서 학식이 풍부하거나 고유의 핵심 기술과 노하우 같은 차별적인 요소들을 가지고 있다. 이들은 그런 장점을

난 사람, 든 사람보다 된 사람

바탕으로 전문성과 배타성을 내세운다. 전문가로서의 내공이 풍긴다. 의사, 변호사, 검사, 판사, 회계사 같은 사람이다.

'된 사람'은 자신의 발전과 성공을 넘어 공익의 가치를 지향하는 사람이다. 덕이 있는 사람이다. 모범생 이미지에 매력적인 요소까지 겸비하고 있다. 친근감으로 다가오며 언제나 우리 곁에서 변함없이 함께할 것 같은 신뢰감을 준다. '된 사람'은 이상적인 인물로서 우리가 추구하는 유형이다.

'된 사람', C-타입 인간의 조건

어떤 사람이 '된 사람'에 속할까? 정치인 하면 '난 사람'이기는 해도 '된 사람'이라는 이미지는 떠오르지 않는다. 워낙 험한 꼴을 많이 봐서다. 의사, 검사, 변호사, 연예인, 이름난 교수, 유명한 작가도 마찬가지다. 보편적으로 봤을 때 '난 사람'일 수는 있어도 '된 사람'이라는 느낌은 들지 않는다. 밥그릇 싸움, 폴리페서(정치 참여 교수), 폴리테이너(정치 참여 연예인), 폴리라이터(정치 참여 문인) 이미지가 연상되기 때문이다.

'된 사람'은 옛날 관리의 인품을 가늠하던 기준인 신언서판(身言書判)이나 양반의 조건과도 뉘앙스가 다르다. 박지원의 한문소설《양반전》에 양반의 조건이 나온다. '글만 읽으면 선비, 정치에 종사하

면 대부, 덕이 있으면 군자라고 한다. 무반은 서쪽, 문반은 동쪽에
서며 이들을 통틀어 양반이라 한다'고 기록돼 있다. 양반의 조건도
'된 사람'의 기준에는 미흡하다. 또 독학으로 자수성가했고, 지식이
많고, 논리가 명쾌하고, 언변이 좋고, 세상을 꿰뚫어보는 통찰력이
있는 사람에게도 '된 사람'이란 평판은 쉽게 따르지 않는다.

'된 사람'이 된다는 건 이렇게 힘들다. 마치 스무고개를 넘는 것 같
다. 그렇다면 도대체 어떤 사람이라야 '된 사람'이라 할 수 있을까?
앞에서도 잠시 언급했지만 '자신의 유익을 넘어 공익의 가치를 지
향'하는 사람이다. 이 기준을 두고 보면 연예인 중에서 '된 사람' 유
형에 속하는 몇 명의 얼굴이 먼저 떠오른다. 아프리카나 동남아시
아 지역의 못사는 나라에 학교를 지어주고 우물을 파주는 등 나눔
과 베풂의 삶을 사는 사람들이다. 탤런트 김혜자, 정애리, 차인표·
신애라 부부, 최수종·하희라 부부, 션·정혜영 부부, 가수 이승철,
현숙 등이 그들이다.

우리는 또 훌륭한 인품을 지닌 사람, 언행이 반듯한 사람, 타인을
존중하고 배려해서 인간미가 넘치는 사람, 선하고 긍정적인 가치
관을 가진 사람, 도덕적으로 성숙해서 예의가 바른 사람을 '된 사
람'이라고 부른다. 종합적으로 말하자면 '된 사람'은 성품이 좋은
사람이다.

'된 사람'의 반대 개념은 '막된 사람'이다. 요즘 세상은 사회풍조의
영향으로 '된 사람'은 적은데 '막된 사람'은 점점 많아지는 것 같다.

황금만능주의와 개인주의, 자유주의가 대세가 되고부터는 삼가고 절제하고 배려하고 인내하는 덕목의 가치가 약해져 난폭자와 일탈 자가 많이 나오고 있다.

죽어서도 존경받는 이유

역대 대통령들에 대한 치적이 얼마나 훌륭한 것이었는지는 사람에 따라 평가가 다를 수 있다. 우리나라 역대 대통령에 대한 평가를 보면 그렇게 높은 점수를 받지 못하는 것 같다. 점수가 높지 않은 것은 국정 운영방식과 방향에 만족하는 사람이 많지 않다는 뜻이다. 물론 성품에 대한 평가도 거기 포함돼 있다. 사실 호감도는 치적보다 성품이 더 크게 작용할 것이다. 인간미로 감동을 주는 사람을 존경하고 사랑하고 싶지 않은 사람이 어디에 있겠는가.

아첨꾼과 모사꾼은 '된 사람'일 수 없다. 약속을 지키지 않는 사람, 신뢰를 주지 못하는 사람, 남을 헐뜯는 사람, 화장실 갈 때와 올 때 태도가 달라지는 사람, 겉과 속이 다른 사람, 모순된 말을 하는 사람, 언행일치가 안 되는 사람이라면 아무리 '난 사람'이라고 해도 '된 사람'은 될 수 없다. 우리나라의 각계 지도자 중에 '된 사람'이 그리 많지 않은 것은 우리 사회의 비극이 아닐 수 없다.

그런데 왜 다른 나라에는 퇴임 후에, 혹은 사후에까지 존경받는 대통령이 그렇게 많은 걸까? 그들은 어떻게 해서 시대를 초월해 국민의 사랑과 존경을 한몸에 받는 걸까? 비결은 성품에 있다. 그들이 사랑받는 이유인 국민을 통합하는 능력과 국민과의 소통 능력도 격조 높은 성품이 뒷받침된 덕이다.

미국의 레이건 대통령은 1981년 한 정신이상자의 총탄을 맞고 생사의 갈림길에 있으면서도 수술을 앞둔 의사에게 "당신이 공화당원이기를 바란다"고 유머를 했다. 이런 여유에 국민은 환호했다. '철의 여인'으로 알려진 대처 총리도 1982년 포클랜드 전쟁에서 희생된 영국군 250여 명의 유가족에게 일일이 친필 편지를 써 국민에게 감동을 주었다.

우리는 대통령이 아니어서, 유명한 사람이 아니기 때문에 그렇게 큰 발자취를 남길 수 없을지도 모른다. 그러나 분명한 것은 우리는 지금 '난 사람'이든, '든 사람'이든, '된 사람'이든, 이 세 가지 유형 중에 한 사람으로 발전하기 위해 노력하고 있다는 사실이다. 결국 이것도 우리 각자의 선택에 달려 있다.

'난 사람'이 되어 이름을 떨치며 살 것인가?
'든 사람'이 되어 전문가로서의 내공을 떨치며 살 것인가?
'된 사람'이 되어 존경받는 사람이 될 것인가?

난 사람, 든 사람보다 된 사람

이번에는 골프 이야기를 해보자. 모든 운동이 그렇겠지만 특히 사람의 성품을 알아볼 수 있는 운동이 골프다. 네다섯 시간씩 골프를 같이 치다 보면 상대방의 됨됨이와 성격, 매너를 모두 살펴볼 수 있기 때문이다. 골프에서도 '난 사람', '든 사람', '된 사람'을 구분할 수 있다.

골프에서 '난 사람'은 골프의 모든 기술적인 면에 숙달된 사람이다. 롱 게임, 숏 게임, 트러블 샷, 어프로치, 퍼팅 등 모든 부문에 능통해서 동반자들의 부러움을 한몸에 받는다. 어프로치를 귀신처럼 잘한다고 '어귀', 퍼팅을 귀신처럼 잘한다고 '퍼귀'라고 불린다. 이런 사람을 우리는 '프로'라고 부른다. 타이거 우즈처럼 어려서부터 골프에 입문해 프로의 삶을 살고 있는 사람들, 혹은 늦은 나이에 시작한 아마추어 골퍼이면서도 열심히 연습한 덕분에 프로에 버금가는 실력을 쌓은 사람들이다.

'든 사람'은 전문가 수준까지는 아니라고 하더라도 기초적인 스윙 이론과 골프에 대한 룰 정도는 숙지하고 있는 사람을 말한다. 물론 기본적인 에티켓 숙지는 필수다.

골프를 하다 보면 스윙도 좋고, 점수도 싱글에 가까운 스코어를 기록하며, 이론과 룰에도 '빠삭'할 정도의 식견을 갖고 있음에도 동반 라운딩 기피 대상이 되는 골퍼들이 간혹 있다. 시쳇말로 매너가

꽝인 골퍼들이다. 골프를 즐기러 왔는지 내기를 하러 왔는지 구별이 가지 않는 사람들이다. 룰을 적용하는 데에도 이들에게는 '나에게는 관대하게 남에게는 엄격하게'가 원칙이다. 더군다나 캐디를 마치 몸종 다루듯이 한다.

이런 기피 대상과 정반대의 사람이 '된 사람'이다. 늘 겸손하고, 상대방을 배려하는 자세가 몸에 배어 있고, 칭찬을 아끼지 않고 덕담을 나누며, 상대방의 마음을 편하게 해주는 사람이다. 가끔 야한 농담을 해도 전혀 천박해 보이지 않을뿐더러 오히려 분위기를 살리는데, 이런 골퍼를 우리는 '된 사람'이라고 부른다.

혹시 당신이 골프를 치는 사람이라면 '난 사람, 든 사람, 된 사람' 각각에 몇 점짜리나 되는지 점수를 매겨보라. 그중 '된 사람' 점수가 높으면 '사람다운 사람'이요, '사람 좋다'는 소리를 들을 만한 사람이다.

골프든, 정치든, 교수 사회든, 연예계든 가릴 것 없이 '난 사람', '든 사람'은 많은데 '된 사람'을 찾기는 어렵다. 가짜 학위와 대필 논문이 난무하고 정치판 기웃거리기에 바쁜 폴리페서, 연예인 뺨치는 텔레토비 같은 교수, 향정신성 수면유도제 '프로포폴'에 중독된 연예인들, 신분을 망각한 채 경거망동하는 정치인과 고위 공직자들이 넘쳐나는 세상이다. 이 모든 것은 성취 지향적인 사회에 드리워진 성품결핍의 그림자들이다.

나 하나 잘먹고 잘사는 '좋은(good)' 인생을 살 것인가, 타인에게 영향력을 미치는 '더 좋은(better)' 인생을 살 것인가, 나누고 베풀고 헌신하는 '최고(best)' 인생을 살 것인가. 이왕이면 '된 사람'이면서 '최고'의 삶을 살기로 작정하는 인생들이 되면 얼마나 좋을까.

행복과 성공의 필수조건
CQ를 높여라

조선 말기에 〈춘향가〉, 〈심청가〉, 〈흥보가〉, 〈적벽가〉, 〈변강쇠가〉 등 판소리 다섯 마당을 정리한 신재효는 《광대가》에서 광대가 갖추어야 할 네 가지 조건을 설명하고 있다. 인물치레가 첫째요, 사설(辭說, 노랫말)치레, 득음(得音), 너름새 순이다. 인물치레는 단순히 외모만 의미하는 것이 아니다. 인격과 기품의 중요성을 강조하는 말이다.

영화에서도 마찬가지다. 오랫동안 기억에 남는 영화는 한 장면만으로도 족한 법이다. 성품은 그런 것이다. 성품의 사람은 잠시 짧게 스쳐 지나가더라도 그 향기와 여운으로 기억에 오래 남기 마련이다.

몇 해 전 미국의 오바마 대통령은 대한민국의 교육을 칭찬하고 부

난 사람, 든 사람보다 된 사람

러워했다. 그렇지만 우리의 현실은 살얼음 위를 걷는 형국이다. 선생님들은 교권 추락으로 스승이라는 자긍심이 무너져 내렸고, 학생들은 학생들 나름대로 학교폭력과 집단 따돌림 등 스트레스로 멍들어가고 있다. 이 같은 스트레스의 결과는 참혹하다. 중·고등학생들의 극단적인 선택이라는 안타까운 소식이 끊이지 않고 들려온다. 초등학생이 그 대열에 합류하기도 한다. 성적만능주의, 기계적 스펙을 요하는 경쟁이 낳은 결과다. 성품이 무너진 결과는 이렇게 참혹하다.

사람은 성품으로 평가받는다

성품결핍은 우리 아이들에게만 해당하는 것이 아니다. 오히려 어른들이 더 심각한 수준이다. 신문을 펼쳐보라. 갑의 횡포, 부자의 탐욕을 비난하는 목소리가 높다. 이런저런 하지 말아야 할 일을 한 사람들의 이야기로 지면이 도배되다시피 한다. 살인, 성폭행, 자살, 방화, 비리, 부패, 사기, 횡령 등 수없이 많은 단어가 지면을 채운다. 또 바람직하지 못하고 낯 뜨거운 일로 인한 소송은 왜 그렇게 많은가.

우리 사회의 어디 하나도 성품이 성한 곳이 없을 정도다. 인격이 좋다고 평가된 사람들에게서조차 '먼지'가 왜 그렇게 많이 나는지. 인사청문회가 두려운 나머지 자신의 이름이 거론되는 것마저 꺼리는 현상이 나타나고 있다고 하니 기가 막힐 일이다. 가히 성품결핍 사회라고 불릴 만하다.

상황이 이런데 넋 놓고 있을 수만은 없는 일이다. 성품을 회복하고 인성을 회복해야 한다. 그래야만 부모에 대한 효도, 어른에 대한 공경, 스승에 대한 존경, 사회에 대한 기여를 생각할 수 있을 것이다. 성품지수(CQ: Character Quotient)를 높일 때에야 가능한 일이다.

최고의 베스트셀러인 성경은 사람의 마음속에 하나님의 형상, 즉 성품을 회복하게 하는 것이 목적이라 하였고, 천재 물리학자인 아인슈타인도 "교육의 목적은 기계적인 사람을 만드는 데 있지 않고 인격 형성에 있다"고 하였다.

이 세상에서 자녀 교육만큼 귀중한 것은 없다. 자녀들의 운명이 달려 있기 때문이다. '오냐 내 새끼' 식의 이기적이고 어리석은 사랑이어서는 안 된다. 채찍과 꾸지람이 있어야 한다. 징계를 받음으로써 지혜를 얻을 수 있기 때문이다. 멋대로 행하게 내버려둔 자식은 부모를 욕되게 할 뿐만 아니라 사회를 어지럽히는 암적인 존재가 된다. 자녀들의 운명은 곧 모든 인류의 운명이 된다. 자녀 교육을 결코 소홀히 할 수 없는 이유다.

세상은 사람을 학력과 재력과 외모로 평가한다. 이는 잘못된 것이다. 성품으로 평가받아야 한다. 이유는 명확하다. 역사상 학력과 재력과 외모를 갖춘 수많은 사람이 바람처럼 낙엽처럼 이름도 없이

난 사람, 든 사람보다 된 사람

사라졌지만, 아름답고 격조 높은 성품을 소유한 사람들은 오랜 세월이 흘러도 이름이 인구에 회자되고 있기 때문이다.

성품은 그 사람의 운명이다

교육의 목표는 생각을 다스릴 줄 알고, 감정을 다스릴 줄 알며, 기본기를 튼튼히 하고, 욕심을 내려놓을 줄 알며, 다양성의 공존을 받아들일 수 있는 고매한 성품의 소유자로 만드는 것이다. 생각과 감정의 다스림은 그 사람의 성품을 만들고, 결국 그 사람의 운명을 결정짓는다.

종교적이거나 철학적인 이야기 같지만 엄연한 현실의 문제다. 스펙을 강조하던 취업 문화의 무게중심이 성실성과 책임감 등 성품 쪽으로 이동하고 있는 것도 이를 반영한다.

그렇다면 지극히 짧은 인생의 수레바퀴에서 우리의 초점은 과연 무엇에 맞춰져야 하는가? 무엇을 좇을 것인가? 무엇에 투자할 것인가? 답은 너무나 명확하다. 부와 명예, 욕망의 신기루가 아니라 인간으로서 진정한 가치를 발견할 수 있는 성품을 계발하는 데 초점이 맞춰져야 한다. 행복을 향한 최상의 길이기 때문이다.

그렇게 될 때 우리는 타인들에게 감화와 감동을 선사할 수 있게 된다. 그리고 우리 자신과 자녀들의 얼굴에서 숭고한 성품의 향기가 흘러나와 세상을 밝고 맑게 할 것이다. 누가 알겠는가? 우리 자녀 중에서 '큰 바위 얼굴'이라 불릴 고매한 인물이 탄생할지.

실패한 대통령을 만드는 세 가지 요소가 있다고 한다. 부패와 미숙함, 그리고 성품의 결여다. 우리의 전임 대통령 가운데 두 사람이 부패 때문에 감옥에 갔고, 대통령의 측근과 아들과 형제가 감옥에 간 일도 있었다. 이들은 부패로 인해 실패한 대통령들이다. 다른 나라 사람이라서 이야기하기가 좀 그렇지만, 미숙함으로 실패한 대통령의 표본은 카터다. 그는 청렴하다는 이미지 덕분에 당선됐지만 미숙함 때문에 나라를 멍들게 했다.

부패와 미숙함보다 더 결정적인 것이 성품의 결여다. 성품의 결여는 아무리 뛰어난 능력을 갖추고 있다고 하더라도 결국은 파멸의 길로 이끈다. 사람들은 닉슨이 대통령이 된 뒤에야 그가 비뚤어진 인격의 소유자라는 것을 알았다.

가난한 수재로 태어난 닉슨은 가진 자를 미워했다. 열등감 때문이었다. 그는 아이비리그 출신을 절대 참모로 쓰지 않았다. 자신을 비판하는 언론에 대해서도 참지 못했다. 그는 모든 사람을 믿지 않았기 때문에 참모들의 대화까지도 도청했다. 결국 그는 중국과 외교 관계 수립, 월남전 종전 등 인류의 역사에 굵직한 일을 해냈음에도 성품 때문에 파멸했다. '성품은 그 사람의 운명'이라는 말을 증명한 것이다.

'빨래통 놀이'에서 배우다

좋은 나무가 좋은 열매를 맺는 법이다. 사람도 마찬가지다. 됨됨이가 중요하다. 성품이 모든 것을 말해주기 때문이다. 자기를 다스리지 못하는데 어떻게 나라를 다스릴 수 있겠는가. 동서고금을 막론하고 유효했던 수신제가치국(修身齊家治國)이 지금도 금언으로 여겨지는 이유다.

"사기로 성공하느니 명예롭게 실패하라"는 말이 있다. 고대 그리스의 비극 시인 소포클레스(BC 496~406)가 한 말이다. 손해를 보더라도 명성과 명예가 그만큼 중요하다는 의미다. 명예로운 실패, 아름다운 실패에는 더 큰 명예가 따른다는 뜻도 함축하고 있다.

독일 철학자 아르투르 쇼펜하우어(1788~1860)는 "명성이 얻는 것이라면 명예는 지키는 것이다"라고 말했다. 남이 알아주건 알아주지 않건 묵묵히 바르게 살면 명예롭다는 의미다. 동양 전통에 신독(慎獨)이라는 말이 있다. 홀로 있을 때도 도리에 어긋나는 일을 삼간다는 뜻이다. 이런 삶이 바로 성품의 삶이다.

요즘 우리 사회는 너무 개인화돼 있다. 남과 함께 무엇인가를 하는 게 불편하고 어색하다. 어려서부터 혼자 있어버릇해서다. 같이 하는 것이 불편하다고 혼자 있는 것에만 익숙해서는 성품이 제대로 자랄 수 없다.

'빨래통 놀이'라는 것이 있다. 스무 명 정도의 사람이 엉킨 빨래처럼 옆 사람과 양손을 엇갈리게 맞잡은 뒤 이를 풀어내는 놀이다. 혼자 힘으로는 절대 엇갈린 양팔을 풀 수 없다. 함께 몸을 부대끼고 머리를 맞대야 한다. 이 놀이를 통해 공동체 의식과 타인에 대한 배려를 배울 수 있다. 바른 성품을 갖지 않으면 아무리 좋은 기술과 지식이라도 제대로 쓰일 수 없는 법이다.

성품 사회를 만들어야 한다. CQ를 높여야 한다. 그래야 경제협력개발기구(OECD) 국가 중 자살 1위 국가라는 불명예를 씻을 수 있을 것이고, 깨어지고 상처받고 있는 가정을 회복시킬 수 있을 것이다. 성품 사회가 되면 이혼율도 떨어지고 가출 청소년도 줄어들고 도박 중독과 알코올중독도 줄어들 것이다. 그리고 언젠가는 학교폭력도 사라지고 수감자가 없어서 교도소가 텅 빌 날도 오지 않겠는가.

난 사람, 든 사람보다 된 사람

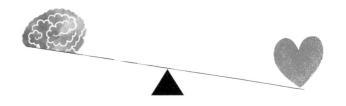

성공 지향형 인간,
성품 지향형 인간

사람은 크게 성공 지향형과 성품 지향형으로 나뉜다. 거리에서 사람들에게 "당신은 성공 지향적인가, 아니면 성품 지향적인가?"라고 묻는다면 어느 쪽이 더 많은 표를 얻을까? 성공 쪽일까? 아니면 성품 쪽일까? 그렇다면 지금 이 글을 읽고 있는 당신은 어느 쪽인가? 어느 쪽이어도 괜찮다. 정답이 있는 것도 아니고 둘 다 나쁜 것도 아니니까. 마음 가는 대로 솔직하게 대답해보라. 대답을 정했는가?

성공 쪽을 택하면 왠지 처세에 능한 사람으로, 세속적으로, 조금은 비인간적으로 느껴질 것 같다. 반면 성품 쪽을 택하면 왠지 고상하고 격조 있는 느낌을 줄 것 같다. 그러나 그것은 생각과 느낌일 뿐, 이 두 가지는 뭐가 좋고 뭐가 나쁘다는 차원의 개념이 아니다.

우열의 개념이 아니다. 기질의 차이일 뿐이다.

어느 것에 우선순위를 둘 것인가?

성공 지향적인 사람들은 대체로 업무 수행 능력이 높고, 적극적인 성격이며, 명예에 대한 욕구가 강한 성향을 가지고 있다. 높은 성과를 얻기 위해 도전적인 목표를 설정하고 이를 달성하고자 노력하며, 모험을 즐기고 자기 일에 몰두하는 경향을 띤다.

그래서 높은 성취동기의 사람들로 구성된 조직이나 사회는 빠른 성장을 보이게 되며, 성취동기로 충만한 사람은 조직이나 사회에서 높은 자리로, 혹은 훌륭한 경영자로 성장할 가능성이 크다. 그리고 이들은 완벽을 추구하며 다른 사람들로부터 인정받는 것을 통해서 자존감을 유지하는 경향이 있다.

반면에 성품 지향적인 사람들은 따뜻하고 인자하고 이타적이며, 너그럽고 사려 깊으며, 단정하고 유머러스한 성향을 가지고 있다. 그래서 손해 볼 줄도 알고 남에게 후하며, 고매하여 사사로운 것에 얽매이지 않으려고 노력하며, 화목하고 함께하는 삶을 소중히 여기고, 섬세한 배려를 통한 아름다운 대인관계를 추구한다.

성공 지향성과 성품 지향성에는 이런 차이가 있다. 이 둘 사이에 좋고 나쁨, 옳고 그름이 있는 것이 아니다. 각자의 성향이고 기질일

난 사람, 든 사람보다 된 사람

뿐이다. 그럼에도 우리는 사람을 평가할 때 은근히 두 부류로 구분 짓는 경향이 있다.

"최 과장, 요즘 얼굴 보기 힘드네. 너무 잘나가는 거 아냐?"

"김 부장님은 남을 배려할 줄 아는 따뜻한 마음을 가진 분입니다."

아마 당신도 다른 사람들에 대해 이런 표현을 한 적이 있을 것이다. 어떤 사람에게는 성공 또는 성취와 관련된 내용으로 평가하고, 어떤 사람에게는 성품과 관련된 내용으로 평가한 경험 말이다. 분명히 두 부류의 평가 가운데 어떤 쪽이 좋고 어떤 쪽이 나쁘다고 할 순 없다. 어떤 쪽이 다른 쪽에 비해 고차원적이라고 할 수도 없다. 그런데도 뭔가 차이가 있다고 느껴진다. 왜일까?

사람이라면 누구나 성공 지향적인 성향과 성품 지향적인 성향을 동시에 가지고 있다. 다만 어떤 것을 중시하느냐, 어떤 것에 우선순위를 두느냐, 상황이 발생했을 때 어떤 성향이 먼저 표출되느냐의 문제다. 이것이 바로 '미묘한 차이'를 만들어낸다.

중요한 것은 그 미묘한 차이가 만들어내는 결과물이 큰 차이를 보인다는 것이다. 예를 들어 성공 지향적 사람은 경쟁과 효율성을 추구한다. 그래서 일을 성취할 수 있도록 도와준 사람들을 목표 달성에 필요한 수단으로 간주하는 경향이 있다.

반면 성품 지향적 사람은 목표의 빠른 성취가 아니라 관계성을 중시한다. 자신의 주위를 재능 있고 창의적인 사람들이 둘러싸게 하고, 그들과의 진정성 있는 교류를 추구한다. 그렇게 되면 지금의 자신으로서는 상상할 수도 없었던 혁신적인 아이디어를 얻게 되고 큰 성과도 거두게 된다.

아프리카에 '빨리 가려면 혼자 가고, 멀리 가려면 같이 가라'는 속담이 있다고 한다. 그렇다면 우리는 어느 것에 우선순위를 두고 살아갈 것인가? 답은 명확하다. 성품 중심의 삶, 관계 지향의 삶이야말로 성공의 필요충분조건이다. 중요한 것은 답이 이처럼 명확함에도 이 질문에 스스로 대답하기 위해 언젠가 한 번은 진지하게 고민해볼 필요가 있다는 사실이다.

좋은 사람, 나쁜 시민

우리 주변은 온통 성공주의와 성취주의에 휩싸여 있다. 평범하면 낙오되는 것 같고 조금만 늦어도 크게 뒤처지는 것 같아 노심초사 좌불안석이다. 성공에 집착하고 성취에 몰두하다 보니 남들보다 더 빨리 승진해야 하고, 더 좋은 차를 타야 하고, 더 넓은 집에 살아야 한다. 남들보다 더 예뻐야 하고, 옆집 아이보다 우리 아이가 공부를 더 잘해야 한다. 그래야 성취감을 느끼고 마음이 놓인다.

우리 대부분은 그렇게 생각하고 있고, 또 실제로 그렇게 행동하며 악착같이 살고 있다. 그렇게 마음속 굉음을 내며 한바탕 속도 경쟁을 치른다. 아니, 평생을 속도 경쟁을 벌이고 있다고 해도 과언이 아

난 사람, 든 사람보다 된 사람

니다. 속도 경쟁을 통해 일부 사람들은 운 좋게도 성공자의 대열에 들어선다. 성공 지향적으로 살았으니 어떻게 보면 당연한 결과인지도 모른다.

중요한 건 그들이 공직 후보자가 된 순간이다. 속도 경쟁을 치르면서 어떻게 살아왔는지가 속속들이 드러난다. 그 추함의 정도와 집요함에 놀라지 않을 수 없다. 불법과 비리, 자질과 도덕성 논란에 휩싸인 성공한 엘리트들의 민얼굴을 보면서 그제야 우리는 깨닫게 된다. "너 자신을 알라"고, "반성하지 않는 삶은 살 가치가 없다"고 거듭 역설한 소크라테스의 통찰 이래 수많은 지성이 왜 '좋은 사람'과 '나쁜 시민'의 경계를 끝없이 고뇌했는지를.

한 인간으로서는 부러울 정도로 잘나고 탁월한 역량을 가진 좋은 사람들이 공동체의 덕목과 시민윤리에서는 왜 이렇게 나쁜 시민들이 되었을까? 도대체 무엇이 그들을 타락한 성공자, 부조리의 주인공으로 만들었을까?

성공에 대한 집착, 성취하고 싶다는 욕망, 옆과 뒤를 돌아볼 여유조차 없을 정도로 끊임없이 속도 전쟁을 치르며 허겁지겁 살아온 탓이 아닐까? 타인의 고통과 한숨 소리를 외면하고, 남이야 어떻게 되든 나만 잘되고 나만 앞서나가면 된다는 자기중심주의(meism)가 만들어낸 비극이 아닐까?

성공 지향적이고 성취 지향적인 사람들은 바닷물을 마시는 것과 같다. 바닷물은 마시면 마실수록 갈증이 커진다. 바닷물은 욕망이다. 내적 만족이 없으니 허탈감에 빠지고 더 자극적인 것을 찾게 된다. 반면에 성품 지향적인 사람들은 언제나 내적인 고요함을 유지한다. 그만큼 내공을 배양하기 때문이다.

사회적으로 성공한 사람들이 파렴치한 잘못과 비리를 저지르는 이유는 제대로 된 성품을 갖추지 못했기 때문이다. 우리 주변에는 좋은 사람을 나쁜 시민으로 만들 수 있는 환경이 너무나도 광범위하게 조성돼 있다. 온통 보이고 들리는 것이 황금만능주의, 성공제일주의다. '돈이 정승'이라는 말이 있을 정도다.

서점에 가도 어떻게 하면 성공할 수 있는지, 어떻게 하면 살아남을 수 있는지, 어떻게 하면 돈을 잘 벌 수 있는지, 어떻게 하면 남을 잘 설득할 수 있는지를 알려주고 가르쳐주는 책들이 주류를 이룬다. 그리고 가장 좋은 위치에 배치돼 있다. 인생에 대한, 관계에 대한, 아픔에 대한, 성찰에 대한, 본질에 대한, 근원에 대한 이야기를 다룬 조금 무거운 책들은 그 옆으로 비껴나 있다.

성공과 성품은 기차선로처럼 아주 밀접한 관계가 있다. 능력이 우리를 성공의 길로 이끈다면 성품은 성공을 유지할 수 있도록 도와준다. 능력과 성품이 같이 있어야 하는 이유다. 성공으로 가는 길에는 함정이 많다. 함정에 한번 빠지면 그것으로 끝인 경우가 많다. 그 함정에 빠지지 않으려면 좋은 성품이 반드시 필요하다.

얼굴을 쇼핑하는 시대

성형도 성취와 성공 지향성의 한 단면이다. 우리나라는 명실공히 성형공화국이다. 영국 경제전문지 〈이코노미스트〉와 국제성형의학회(ISAPS)에 따르면 2011년 인구 1,000명당 성형수술 횟수에서 한국은 13.5건으로 1위를 차지했다. 그리스(12.5건), 이탈리아(11.6건), 미국(9.9건)보다 많은 수치다. 이제 성형은 여성들에게 생애 주기마다 거쳐 가는 자연스러운 관문처럼 인식된다.

'의란성(醫卵性) 쌍둥이'라는 신조어도 생겨났다. 의사의 손을 통해 똑같은 얼굴로 태어난 쌍둥이라는 뜻이다. 산부인과에서 태어나고 성형외과에서 거듭난 성형미인이 되는 것이다. 수술과 시술로 안 되는 게 없는 세상이다. '제2의 고향은 압구정동'이라는 우스갯소리가 있을 정도다.

왜 여성들은 이렇게 성형수술에 목을 맬까? 이유도 다양하다. 20대 회사원은 성형 안 하면 소외감을 느끼고, 50대 가사도우미도 늙어 보이면 안 써준다는 게 이유다. '성형하지 않은 자, 모두 유죄'라는 사회적 분위기도 한몫한다. 방학과 수능시험 이후는 성형외과가 대목을 보는 시기다. 엄마 팔짱 낀 10대 소녀들로 북적인다. 수술을 하면 알아볼 수 없을 정도로 얼굴이 변하게 되니 여고 때 사진을 페이스북에서 지우는 것은 상식이다.

'얼굴을 쇼핑하는 시대'가 되고 보톡스와 필러가 '신이 내린 물약'

으로 불리는 건 얼굴을 경쟁력의 조건으로 보는 시각 때문이다. 성형수술을 받은 외국인이 출국할 때 여권 사진과 달라 고생하는 해프닝도 벌어진다. 여성들에게는 예쁘고 아름다운 얼굴과 탱탱한 피부가 노소를 막론하고 경쟁력인 셈이다. 얼굴이 성취와 성공의 중요한 요인이 된 것이다.

파면 팔수록 미담만 나오는 사람

그렇다면 성품 지향적인 사람들의 경우는 어떨까? 그들은 어떤 생각을 하는 사람들일까? 그들이 생각하는 성품은 어떤 것이고, 어떻게 그런 성품을 지니게 되었을까? 이러한 질문에 고인이 된 스티브 잡스가 생전에 줄곧 강조한 "다르게 생각하라"라는 말이 대답이 될 수 있을 것이다. 다음은 '다르게 생각하는' 몇 가지 사례다.

1999년 50만 위안(약 8,500만 원)으로 창업한 알리바바를 세계적 인터넷 회사로 키워낸 마윈 회장의 성품을 보여주는 사례가 있다. 마윈은 2013년 1월 전격적으로 경영 일선에서 물러났다. "젊은 사람의 꿈이 나보다 훨씬 아름답고 찬란하며 능력 역시 뛰어나다는 것을 발견했기 때문"이라는 것이 사임 이유였다. 그는 오래전부터 IT 업계의 대부로 손꼽혔던 사람이다. 빠르게 변화하는 인터넷사업을 지속하기엔 나이가 너무 많다며 '결단'을 내린 것인데, 그의 나이는 겨우 48세였다. 그 마윈이 2014년 10월 알리바바를 나스닥에 상장시키며 세계적인 기업으로 우뚝 서게 했다.

2010년 빌 게이츠 마이크로소프트 회장과 워런 버핏 버크셔해서웨이 회장이 시작한 기부서약에 전 세계의 억만장자들이 속속 참여하고 있다. 이유는 '많은 돈이 자식을 망칠까 봐'였다.

소년 재판 전담법관인 천종호 창원지법 부장판사. 그가 재판장에서 이른바 '일진' 소년범들을 따끔하게 호통치는 것은 예삿일이다. 소년범들이 부모에게 무릎을 꿇고 비는 모습도 자주 볼 수 있다. 이럴 때면 법정 안은 울음바다가 된다. 재판을 할 때 '한 번 더 일어설 기회를 준다'는 원칙을 가지고 있는 그는 '상처를 치유하는 법관'이라는 소명의식을 가지고 있다.

지혜와 용기, 성실함과 나눔의 정신 같은 성품의 덕목들을 국민총생산(GNP)에 포함해야 한다고 역설했던 로버트 F. 케네디, 좌·우 진영을 두루 포용해 경제 기적을 이룬 독일 아데나워 초대 총리와 일본의 요시다 시게루 전 총리, 남북전쟁에서 북부연합을 이끌며 승리한 뒤 마련된 승전행사에서 "딕시(Dixie, 남부연합이 전쟁 중 국가처럼 사용했던 노래)를 연주하라"고 말한 에이브러햄 링컨 대통령도 다르게 생각한 성품 지향적인 사람들이었다.

또 성품 지향적인 사람들은 거짓말 안 하고, 손해 보더라도 끝까지 약속을 지키는 사람이다. 영화 출연료를 자진해서 깎는 사람이며, 아내가 전남편과의 사이에서 낳은 자식을 "마음으로 낳은 아이"

라며 진정한 사랑으로 품는 사람이며, 인사청문회에서 "파면 팔수록 미담만 나온다"는 칭찬을 들을 수 있는 사람이다.

끼니를 걱정해야 함에도 벤츠를 모는 사람 앞에서 당당할 수 있는 용기를 가진 사람, 부모의 유산으로 10대에 100억 자산가가 존재하는 공평하지 않은 세상에서 과도한 욕심을 부리지 않는 절제력의 소유자도 고귀한 성품의 사람이다. 남에 대해 이야기하고 싶은 그 치명적 유혹인 가십에 함구하는 사람, 한밤중에 불쑥 찾아가서 라면 하나 끓여달라고 할 때 아무 말 없이 빙긋이 웃으며 끓여주는 그런 친구가 성품 지향형 사람이다.

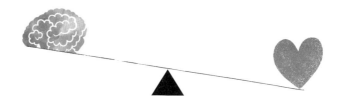

일 잘하는 사람?
성품 좋은 사람!

몇 해 전 어느 대기업의 신입사원 면접장에서 있었던 일이다. 회사 측에서는 면접장 대기실에 일부러 휴지를 몇 조각 떨어뜨려놓았다. 성품을 알아보기 위해서였다. 그러나 누구도 휴지를 주울 생각을 하지 않았다. 다들 면접에서 나올 질문을 예상하느라 정리해놓은 노트를 보거나 골똘히 생각하고 있었기 때문이다. 그런데 딱 한 사람이 휴지를 주워 쓰레기통에 버렸다. 그 사람은 면접에서 어떻게 되었겠는가?

면접장에 갈 정도의 사람들이라면 어떻게 보면 실력은 거의 비슷할 것이다. 알고 있는 것을 누가 제대로 조리 있게 발표하느냐 그러지 못하느냐의 차이일 뿐이다. 회사 입장에서는 어떻게든 좋은 사람, '싹수' 있는 사람을 뽑기 위해 노력한다. 그런데 그 짧은 시간에 어떻게 됨됨이를 속속들이 알 수 있겠는가? 회사의 '휴지 연출'은 그래서 나온 고육책이었을 것이다.

사회가 어수선하다 보니 성품 좋은 사람이 상한가다. 여기서도 성품, 저기서도 인성을 이야기한다. 박근혜 정부에서도 인성교육을 최우선 정책으로 추진키로 했다. 인성의 밑바탕 위에 지식을 쌓아야 한다는 논리다. 인성교육의 부재를 학교폭력이나 반사회적인 범죄의 중요한 원인 가운데 하나로 본 것이다. 옳은 판단이다. 세계적으로 똑똑하다고 소문난 우리나라 국민은 개인만 보면 똑똑하지만 남과 더불어 사는 능력, 즉 공존지수(NQ: Network Quotient)는 크게 부족한 것이 현실이다.

터먼의 천재아 실험

루이스 터먼(1877~1956)이라는 미국의 심리학자는 1921년도에 아주 흥미로운 실험을 시작했다. 캘리포니아에 있는 초·중등학교 학생 25만 명 중에서 지능지수(IQ) 135가 넘는 천재 1,521명을 추려내 그들의 평생을 추적하는 실험이었다. 이 실험은 터먼이 사망할 때까지 35년간에 걸쳐 계속됐다.

터먼은 실험에 앞서 가설을 세웠다. 세월이 흐르면 이 아이들이

난 사람, 든 사람보다 된 사람

사회 각 분야에서 최고의 엘리트가 되어 성공적이고 행복한 인생을 살 것이라는 내용이었다. 그는 평생 그들의 성장 과정을 지켜보았다. 학업과 결혼생활, 직장생활, 인간관계, 경제수준, 사회적 성취 등 아주 세부적인 부분까지 조사했다. 터먼의 연구는 그의 사후에도 계속됐다. 1990년대 후반까지 이어진 연구에서 터먼 연구팀이 밝혀낸 결과는 전혀 뜻밖이었다.

그들 대부분은 최고의 엘리트, 최고의 삶과는 거리가 멀었다. 매우 평범한 인생을 살았으며, 전국적인 명성을 얻은 사람은 거의 없었다. 판사와 주 의회 의원 몇 명이 나왔을 뿐이다. 터먼 연구팀이 최종적으로 내린 결론은 이것이었다. '성공의 조건은 지능이 아니라 성격과 성품, 기회 포착 능력이다.'

터먼의 실험 결과에서 알 수 있는 것처럼 성공을 하는 데 성품 계발은 지능보다 더 중요하다. 우리가 계발해야 할 성품은 감사, 성실, 믿음, 겸손, 결단력, 인내, 배려, 순종, 기쁨, 열정, 절제, 용기, 정직, 책임감, 포용, 헌신, 협동과 같은 덕목들이다. 동서고금을 막론하고 수많은 사람이 이 성품의 덕목들을 실천함으로써 성공자의 대열에 들어섰다. 큰 성공이든 작은 성공이든지 간에.

우리 인생은 선택의 연속이다. 한순간도 선택하지 않고는 살 수가 없다. 그 선택 중에는 우리 인생의 향방을 결정지을 수 있는 중요한 것들이 있다. 성공적인 인생을 살아가기 위해서는 매 순간 자신에게 주어지는 상황에서 '옳은' 선택을 해야 한다. 옳다는 것은 두말할 것도 없이 '똑바로 사는 것'이다.

똑바로 산다는 것

옳게 사는 것, 똑바로 사는 것은 또 무엇을 의미하는가? 옳음에 대한 개인의 주관적 기준이 아니라 정확한 도덕적 나침반에 따라, 올바른 성품을 토대로 행동하는 것을 말한다. 다른 사람들이 다 틀리다고 하는데 자기만 옳다고 한다면 그것은 옳음이 아니다. 독단이다. 이혼하는 남편과 아내, 권위에 반항하는 아이들, 고용주를 속이는 직원들, 직원들을 존중하지 않는 고용주, 예산을 횡령하는 공무원들, 약속을 지키지 않는 정치인, 양심을 저버리는 각 분야의 전문가들이 자기만의 옳음을 내세우는 대표적인 경우들이다.

자기만의 옳음과 독단은 진정한 옳음이 아니다. 개선하고 바로잡아야 할 병폐요, 사회악이다. 진정한 옳음은 나 아닌 타인에게 도움이 되는 것이고, 회사와 조직과 국가의 발전에 기여하고 헌신하고 희생하는 것이다. 우리는 그런 행위에 감동을 받고 박수를 보낸다. 그리고 그런 사람들이 승진하고 발전하고 성공하는 것이 건강한 사회다.

10여 년 전의 일이다. 어느 지방자치단체에서는 농협을 시 금고로 활용하고 있었다. 예산을 담당하는 공무원이 머리를 써서 이자율이

난 사람, 든 사람보다 된 사람

높은 상품에 예산을 맡겼다. 1년이 지나자, 그냥 가만히 손 놓고 있었을 때보다 이자가 수십억 원이 더 늘었다. 이 직원이 시장으로부터 큰 칭찬을 받은 것은 당연한 일이다. 자기 위치에서 자기가 할 수 있는 최선의 노력으로 자신이 속한 조직의 발전을 위해 고민하고 헌신하는 것, 이것이야말로 올바른 성품이다.

김종대 전 헌법재판관도 성품의 사람이다. 2012년 9월 퇴임한 이래 학교와 기업을 찾아다니며 이순신 장군을 주제로 한 인성교육 강의를 하고 있다. 은퇴 후 전관예우로 로펌에서 많은 돈을 벌며 편한 삶을 살 수도 있었지만 그는 지인들의 기대와는 달리 의미 있는 삶을 선택했다.

40년 가까이 법조인으로 살아온 김 전 재판관이 재능기부를 통해 인성교육 강사로 나선 이유는 뭘까? 인생의 후배들에게 장군 이순신의 사랑과 정성과 정의의 덕목을 가르쳐서 병든 사회를 치유하고자 함이 아닐까? 38년 동안 이순신을 연구하면서 관련 책만 네 권을 낸 그는 나눔의 삶을 통해 인생 2막을 멋지게 열어가고 있다. 우리 필부들이 본받아야 할 또 하나의 귀감이다.

성공의 문을 여는 열쇠

일 잘하는 사람보다 성품 좋은 사람이 성공한다는 이 글의 제목에 가장 적합한 사람 중의 한 사람이 '진수 테리'(한국명 김진수)다. 부산 출생의 재미교포인 그녀는 일은 잘했지만 성품의 결여로 회사에서 잘리는 등 고생을 하다 지금은 미국에서 '잘나가는' 사람이 됐다.

숙명여대 의류학과 박사 과정 중 미국으로 건너가, 음식점 종업원과 최저 임금을 받는 의료부품 조립공을 거쳐 한 중소기업에서 이민자가 대부분인 공장 노동자들을 숙련시키는 작업반장으로 일했다. 7년간 주말도 없이 열심히 일해가며 회사 매출 증대에 기여했지만 바라던 승진은커녕 하루아침에 해고당하는 날벼락을 맞았다. 그 후 다른 의류회사의 생산담당 매니저로 취직해 회사의 매출을 3배로 올리는 데 큰 기여를 했지만 여기서도 승진 소식이 없었다.

자신의 문제가 무엇인지 알기 위해 전 직장의 상사에게 연락했다. 해고 이유를 물었더니 놀랍게도 대답은 "재미가 없는 사람이라서"였다. 자신이 미국에서 성공하지 못하는 이유가 영어를 못해서도, 동양인 이민자라서도, 미국 대학 졸업장이 없어서도 아닌 '재미없는' 사람이라는 것에 큰 충격을 받았다. 그 즉시 자신을 바꾸는 '펀(fun) 트레이닝'에 돌입했다. 마침내 그녀는 실리콘밸리를 비롯한 미국 기업들과 조직에 '펀 경영' 바람을 불러일으킨 미국 최고의 펀 경영 컨설턴트가 됐다.

진수 테리의 사례는 성품의 중요성을 잘 보여준다. 우리는 지금 일에 대한 능력보다 성품을 중시하는 사회에 살고 있다. 능력보다 성품을 중시하는 사례는 쉽게 찾아볼 수 있다.

난 사람, 든 사람보다 된 사람

GE는 2012년에 '모두가 함께 상승한다(Together, We All Rise)'라는 리더십 철학을 발표했다. 협동의 성품을 강조한 것이다. GE에서는 영업성과를 150퍼센트 달성했더라도 팀워크가 미흡한 사람은 즉시 교체 대상이 된다. 만약 그가 협동심을 적절하게 발휘했다면 150퍼센트를 훨씬 능가하는 영업성과를 달성할 수 있었을 것으로 판단하기 때문이다.

행정고시 면접에서도 성품의 중요성이 강조된다. 2012년 11월에 실시된 행정고시 3차 면접에서 성품(공무원으로서의 정신자세, 예의와 품행 및 성실성, 창의력과 의지력 및 발전 가능성) 검증이 60퍼센트를 차지했다. 직무 역량(전문 지식과 응용 능력, 의사발표의 정확성과 논리성) 검증은 40퍼센트에 불과했다.

바야흐로 성품이 대세인 시대가 됐다. 지식과 능력을 키우는 일도 게을리할 수 없지만, 이제 성공하려면 성품을 계발하는 데 더 노력을 기울여야 한다. 성품은 이제 성공의 문을 여는 열쇠가 됐다.

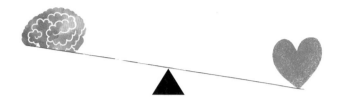

어머니는 나를 낳고
성품은 나를 만든다

어머니는 나를 낳았다. 수정이라는 과정을 통해서다. 수정은 생명의 씨앗인 난자와 정자의 만남을 가리키는 생물학적 용어다. 한 톨의 씨앗이 정자라면 난자는 그것을 보듬고 싹 틔워 키워주는 논밭이다. 알찬 종자도, 귀하고 거름진 논밭도 모두 중하다. 이 둘이 맞아떨어져야 건강한 탄생을 기약한다.

그런데 수정되는 과정이 신비 그 자체다. 남성은 한 번 사정할 때 3억 마리 정도의 정자를 쏟아낸다. 엄청난 수의 정자가 한 번의 사정액 속에 들어 있게 된 것은 여성의 질 속에서 분비되는 산성 성분인 애액을 중화시키면서 죽어가야 하는 정자가 많기 때문이다.

정자들은 여성의 질 벽에 떨어지는 순간 달리기를 시작한다. 목표

난 사람, 든 사람보다 된 사람

지점까지 18센티미터 정도. 난자의 냄새를 맡은 정자들은 눈에 불을 켜고 달려든다. 접착제처럼 끈적끈적한 길이다. 최고 속력은 1분에 3밀리미터.

1등으로 도착한 정자가 자신보다 100만 배나 큰 난자의 막에 달라붙는다. 인간이 가진 가장 작은 세포와 가장 큰 세포의 만남이다. 일찍 달라붙는다고 간택되는 것은 아니다. 정자의 수용 여부는 전적으로 난자의 권한이다. 난자는 냉철하다. 서두르지 않는다. 수정이 한 번밖에 이뤄질 수 없음을 알고 있기 때문이다. 가장 건강하고 맵시 나는 짝을 골라서 "서방님, 들어오세요" 하고 신호를 보낸다.

난자의 막을 뚫기 위해서는 수소폭탄과 같은 위력이 필요하다. 정자는 수소폭탄 역할을 할 가수분해효소를 머리끝에 가지고 있으며, 그 효소를 분비해 막을 녹이고 안으로 들어간다. 꼬리는 버리고 머리만 들어가는데, 정자의 머리를 정핵이라고 부른다. 정핵에는 유전물질인 염색체, 즉 유전자(DNA)가 들어 있다. 결국 정핵과 난핵이 만나 융합되는 것이 수정이다.

수정은 이렇게 어려운 과정을 통해 일어난다. 정핵과 난핵은 각각 23개씩의 염색체를 가지고 있다. 체세포 하나하나는 46개씩의 염색체를 가진다. 어머니와 아버지의 유전자를 반반씩 받은 것이다. 이렇게 수정된 세포인 수정란은 곧바로 세포분열로 접어든다. 수정란은 수정이 일어난 나팔관 끝에서 약 1주일간의 여행을 통해 자궁에 착상한다. 그리고 착상된 지 10개월 후에 '나'라는 존재가 탄생한다.

이런 신비로운 과정과 어머니의 극심한 산고를 통해 나는 태어났다. 탄생의 신비다. 생명을 귀하고 중하게 여겨야 하는 이유가 여기에 있다.

티끌이 모여 태산이 된다

어머니는 이처럼 존귀한 존재로 나를 낳았다. 그리고 '나'인 우리는 세월이 흘러 각자 지금의 위치에까지 왔다. 우리 모두는 각자 자기만의 성품을 가지고 있다. 그 성품은 어머니가 우리를 낳을 때처럼 오랜 기간을 두고 후천적으로 학습되고 훈련되는 과정을 통해 형성됐다. 티끌이 모여 태산이 되는 것처럼 우리의 성품도 우리 각자의 나이만큼이나 오래전부터 조금씩 쌓여 만들어졌다. 그게 우리 성품의 현재 모습이다.

이제 우리 삶의 모습을 들여다보자. 삶의 모습은 여러 면에서 두 부류로 나뉜다. 행복한 삶과 불행한 삶, 성공한 삶과 실패한 삶, 발전적인 삶과 퇴보하는 삶이 그것이다. 당신은 지금 어떤 인생의 길을 걸어가고 있는가? 이 길 아니면 저 길, 확률은 정확히 50퍼센트다. 이왕이면 행복과 성공과 발전을 향한 길이었으면 좋겠다. 중요한 것은 그 길이 어떤 길이든지 간에 이미 오래전부터 만들어지기

난 사람, 든 사람보다 된 사람

시작했다는 것이다.

결혼생활의 파경, 재정 위기, 직장생활의 문제, 관계의 악화, 건강의 상실 등 지금의 상황은 하루아침에 만들어진 것이 아니다. 그렇지만 당사자에게는 '불시의' 사건 또는 '황당한' 상황이다. 특히 지금의 상황이 극도로 좋지 않은 경우는 '마른하늘에 날벼락'이라고도 느낄 것이다. 우리는 그 덫을 자기 스스로 놓았음을 알아채지 못한다. 낌새를 알아차렸더라면 진작 방향을 틀었을 것이다. 어떻게 했더라면 지금의 이 난감한 상황을 피할 수 있었을까? 머릿속에서 상황을 되짚어보며 질문이 꼬리에 꼬리를 물고 일어난다.

모든 길은 로마로 통한다고 했던가. 대답은 언제나 한곳으로 귀결된다. 성품이 문제였다. 고집과 이기심, 분노, 인내심 결여, 가치관의 상실, 소신 없는 타협, 도덕성의 타락, 준비 소홀…. 어디선가 언제부터인가 옳은 길을 벗어나기 시작했다. 그 지점에서부터 지금의 결과가 티끌처럼 눈에 띄지 않을 정도로 조금씩 쌓이기 시작한 것이다. 지금의 쓰라린 결과는 자기성찰과 절제의 부족이 낳은 당연한 산물이다.

그래도 그것은 덜 억울하다. 자기 자신의 문제에 기인한 것이기 때문이다. 어떤 사람들은 자신이 자초한 문제가 아니라 다른 사람으로 인해 인생의 폭풍을 만나기도 한다. 다른 사람들의 성품 결함이 불러온 폭풍이다. 예고 없이 당한 사람의 입장에서는 억울하고 통탄할 노릇이다.

변화는 지금도 진행 중이다

　자초한 청천벽력이든 타의에 의한 폭풍이든 참된 성품은 고난의 한가운데서 드러나게 마련이다. 가식이 벗겨지고 사회적 체통은 거센 바람에 날아가 버린다.

　이때가 중요한 순간이다. 신념 체계의 본질이 드러나고 가치관의 정수가 속살을 내보이기 때문이다. 인격이 만천하에 민얼굴로 공개되는 것이다.

　많은 사람이 절망과 좌절과 분노의 거센 바람에 찢기고 쓸린다. 그렇지만 성품의 사람들은 최악의 폭풍 속에서도 경건한 시각과 태도를 고스란히 지켜낸다. 마치 절벽 위의 거대한 노송이 오랜 세월의 풍상을 말없이 이겨낸 것처럼. 고난 속에서도 희망을 잃지 않는 사람은 행복의 주인공이 되고, 고난에 굴복해서 희망을 포기한 사람은 비극의 주인공이 되는 것과 같은 이치다.

　세상이 악하다고들 말한다. 그러나 어디든 악인만큼 의인은 꼭 있다. 사회를 지배하는 섭리다. 그들은 믿음으로 고통의 시간을 인내하고, 그 힘든 와중에도 헌신으로 다른 사람을 위로하고 돕는다. 심지어 타인을 위해 목숨을 던지기도 한다. 숭고하고 거룩한 행위다. 성품의 사람들, 즉 C-타입 인간은 이처럼 행동과 태도로 말한다. 삶이 말보다 더 큰 소리로 말을 하는 것이다. '된 사람'의 구별되는 특징이기도 하다.

　　　　　　　　　　　난 사람, 든 사람보다 된 사람

고난 가운데 나타난 성품이 우리의 참모습이다. 우리가 평생 얼마나 많은 고귀한 일을 해낼지는 성품에 달려 있다. 남들이 우리에게 관심과 사랑을 쏟을 만한 가치가 있는지도 성품으로 결정된다. 모든 인간관계도, 노력과 행운으로 얻은 재산을 얼마나 오래 지킬 수 있을지도 성품에 달려 있다.

사업의 성패와 결혼생활이 행복하냐 불행하냐를 가르는 것도 성품이다. 이처럼 성품은 우리 삶의 모든 부분과 철저하게 맞닿아 있다.

중요한 것은 그 성품이라는 것이 지금 이 순간에도 계속 다듬어지는 성숙의 과정 중에 있다는 사실이다. 그 과정은 우리가 죽는 날까지 계속된다. '사람은 죽을 때가 되면 철든다'는 속담도 있지 않은가. 과정 중에는 늘 변화가 일어난다. 그러나 그 변화는 티끌처럼 작아서 대개 눈에 띄지 않는다.

어렸을 때 한 번쯤은 나무를 심어본 적이 있을 것이다. 1년, 2년이 지나도 나무는 늘 그대로인 것처럼 보인다. 수없이 곁으로 지나다니면서도 변화를 느끼지 못한다. 오랜 세월이 지난 후에 다시 찾았을 때에야 비로소 나무의 성장이 눈에 보인다. "우와, 언제 이렇게 자랐지?" 하며 탄성을 지른다. 하지만 나무를 심은 직후부터 변화는 이루어지고 있었다. 과정이 진행 중이었다. 단지 우리가 느끼거나 깨닫지 못했을 뿐이다.

우리의 성품도 나무와 마찬가지다. 단 한 순간도 정체되어 있지 않다. 성장하거나 쇠퇴하거나 둘 중 하나의 과정을 끊임없이 겪고 있다. 세월의 흐름이 사람의 겉모습에 주름과 노화라는 불가피한 변화를 서서히 가져오듯이, 사람의 속도 비슷한 변화를 겪는다. 대체로 방향은 성장과 성숙의 길이다.

다만 속의 변화는 겉의 변화처럼 불가피한 것이 아니다. 마이너스 경향을 띠는 것도 아니다. 평생을 동심으로, 천사의 마음으로 사는 사람을 보면 알 수 있다. 그들의 속은 늘 한결같은 모습이다. 그러나 오늘의 한결같음은 어제의 한결같음과 같지 않다. 그 한결같음의 호수에 인내와 긍휼의 마음, 사랑이 끊임없이 녹아들어 가고 있기 때문이다.

성품 지향형 삶은 늙어가는 것이 아니라 익어가는 삶이다. 속 빈 강정처럼 어영부영 나이만 먹는 허망한 삶이 아니라 존재의 의미와 무게가 충실히 녹아드는 삶, 철든 삶이어야 한다. 볼품없이 쪼그라든 삶이 아니라 넉넉하고 인품이 넘치며 인생의 향기를 발산하는 삶이어야 한다. 흔들리고 아파하는 청년들, 수고하고 무거운 짐 진 자들이 다가와 쉴 수 있도록 넓고도 짙고도 긴 그림자를 드리울 수 있어야 한다.

세월이 흐르면 어느 순간 변화의 과정이 멈춘다. 죽음이다. 사람은 가도 성품은 남는다. 성품은 그 죽음의 순간에 절정의 빛을 발한다. "고귀한 분이 가셨다"며 생애를 찬미하고 애도와 안타까움의 눈물로 가득 찬 죽음이 있고, "그 친구 잘 갔어"라며 혀를 차는 죽음이 있다. 좋은 장례식과 흉한 장례식의 차이다. 좋은 장례식에서는 고인의 신실함과 사랑과 나눔과 선행에 대한 이야기들이 주제가 되고, 나쁜 장례식에서는 내기 골프와 부의 축적과 골동품과 주지육림(酒池肉林)이 주제를 이룬다. 마지막 죽음의 순간까지도 성품이 말을 하는 것이다.

우리도 언젠가는 생의 마지막 순간을 맞이하게 된다. 좋은 장례식이 되기를 바라는 마음이다. 누구도 나쁜 장례식을 바라지는 않을 것이다. 좋은 장례식은 그냥 되는 게 아니다. 성품의 씨앗들을 미리 뿌려놓지 않으면 불가능한 일이다. 씨앗들은 하룻밤 사이에 자라지 않는다. 오랜 세월을 거치며 조금씩 성장한다. 눈에 띄지 않을 정도로 느린 성장이다. 어제와 조금 달라진 오늘이 수없이 모였을 때 열매를 맺게 된다. 신실함의 열매, 사랑의 열매, 성실의 열매, 기쁨과 감사의 열매들이다.

이 열매들은 참된 성품의 결실이요, 사람의 아름다운 속이 만들어낸 진정한 행복 스토리다. 장례식에서 이런 열매들에 대한 이야기가 끊임없이 나올 수 있어야 한다. 그래야 좋은 장례식이 된다. 좋은 장례식만큼 성공한 삶을 말해주는 것이 또 어디에 있겠는가? 좋은 장례식이야말로 존귀한 존재인 '나'를 낳아주신 어머니에 대한 최고의 답례가 아니겠는가?

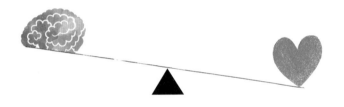

성품이
밥 먹여준다

"병원 운영을 믿고 맡길 원장 한 사람 추천해주세요. 정말 모든 걸 맡기고 싶은데 맡길 사람이 없네요. 목사님께서 병원을 운영하신다면 믿고 맡길 만한 사람, 그런 사람 한 분 추천해주세요."

내가 섬기고 있는 교회의 담임목사님이 어느 주일예배 때 설교 중에 하신 말씀이다. 지인이 지방에 250병상을 둔 꽤 큰 병원을 오픈하려고 하는데 아무리 찾아봐도 사람을 찾지 못하겠으니 추천을 해 달라는 요청이 있었다는 것이다. 그래서 한 사람을 추천해주었고, 원장으로 취임해 개원 준비에 여념이 없다는 설명이 이어졌다. 그 원장이 어떤 사람인지에 대한 부연설명이 없어서 구체적으로 알 수는 없지만, 분명한 것은 믿을 만한 사람이었으리라는 점이다.

난 사람, 든 사람보다 된 사람

믿을 만한 사람은 어떤 사람인가? 관련 분야에 대한 전문 지식과 소양도 있어야 하겠지만 가장 중요하게 갖춰야 할 덕목은 성품이다. 성품이 좋지 않으면 어떻게 믿을 수 있겠는가.

성품은 문제를 해결하는 해법이고 관계의 문을 여는 열쇠다. 온전한 성품은 언행의 일치와 관계의 건강성을 일컫는다. 또 정직함과 신실함, 온유함과 포용력을 의미한다. 이와는 반대로 성품결핍은 갈등을 가져오고 마찰과 다툼을 일으키며 종국에는 추락으로 인도한다. 여하튼 원장으로 취임했다는 그 사람은 좋은 성품을 가지고 있을 것이고, 그 성품이 좋은 일자리를 불러들인 것이다.

고양이에게는 생선을 맡기지 않는다

동서고금을 막론하고 보배 같은 사람은 믿음을 주는 사람이다. 시류가 아무리 변해도 흔들리지 않는 큰 바위처럼 신의를 저버리지 않는 사람이다. 약속을 경솔히 하지 않으며, 약속한 것은 어떤 일이 있어도 실행하는 사람이다.

신의는 약속한 것을 어떤 희생을 감수하고서라도 성실하게 수행하려는 태도다. 신의는 또한 소통창구다. 신의가 있어야 부모가 자식을 훈육할 수 있고, 신의가 있어야 스승이 제자를 가르칠 수 있으며, 신의가 있어야 사장이 직원에게 지시를 할 수 있다. 신의가 있으면, 마치 물이 위에서 아래로 흐르듯이 모든 것이 막힘없이 잘 흘러간다. 신의가 없으면, 말과 행동이 다르면 말에 영(令)이 서지 않는다. 기강이 서지 않는다.

아이와의 약속을 지키는 것도 신의다. 아이에게는 선물 약속만큼 즐겁고 기대되는 것도 없다. 하지만 부모는 상대가 자신의 자식이라는 이유로 약속을 가벼이 여기고 쉽게 잊어버리기도 한다. 그러나 아이는 부모가 약속을 어겼다는 사실을 평생 기억한다. 부모의 경솔한 약속에 몇 번 실망을 경험한 아이는, 성인이 되면 자신도 아무렇지 않게 약속을 어기는 경향이 있다. 신뢰를 주지 못하는 사람, 믿을 수 없는 사람이 되어버린다. 그래서는 세상의 낙오자가 되기 십상이다.

과연 이것이 논리의 비약일까? 아니다. 결코 그렇지 않다. 신의는 본보기를 통해 후대에 대물림되기 때문이다. 사람은 배운 대로, 영향받은 대로 따라 하게 된다. 좋은 본보기가 중요한 이유가 여기에 있다. 멀리, 그리고 넓게 볼 수 있는 부모의 안목이 새삼 중요하게 느껴진다.

신용 없는 자에게 누가 중책을 맡길 것이며, 신용 없는 사람을 어떻게 고위직에 앉힐 것이며, 신뢰가 가지 않는 사람에게 어떻게 모든 것을 믿고 맡기겠는가? 고양이에게 생선을 맡길 어리석은 사람이 어디에 있겠는가?

신의는 성품의 중요 덕목 중 하나다. 성품결핍으로 인해 평생 밥

난 사람, 든 사람보다 된 사람

을 먹여줄 수도 있는 자리를 코앞에서 놓친 사람이 한둘이 아니다. 우리나라뿐만 아니라 미국의 경우도 마찬가지다. 인사청문회 과정에서 낙마한 내각 후보자가 스무 명이 넘는다. 대표적인 사례가 2004년 국토안보부 장관으로 지명됐던 버나드 케릭이다.

뉴저지의 빈민가에서 윤락녀의 아들로 태어난 그는 고등학교마저 중퇴한 밑바닥 인생의 전형이었다. 그럼에도 순경에서 출발해 뉴욕 경찰국장까지 올랐고, 2003년 9·11테러 당시 복구 활동을 진두지휘해 입지전적인 인물로 부상했다. 그런데 인사청문회를 앞두고 불법 이민자를 가정부로 고용한 게 드러나면서 나락으로 떨어지기 시작했다. 자진사퇴를 했지만 그를 놓고 탈세, 횡령, 백악관 허위정보 제출 등 각종 의혹이 줄줄이 제기됐다. 결국 기소돼 2010년 4년형을 선고받았다. 9·11테러 극복의 영웅에서 철창신세로 전락한 것이다.

호텔 직원이 경영자가 된 사연

버나드 케릭의 경우는 성품결핍이 얼마나 큰 결과를 가져오는지를 보여준 안타까운 사례다. 이제 당신에게 한번 물어보자. 솔직하게 대답해보라. 당신은 믿을 만한 사람인가? 약속을 잘 지키는 사람인가? 최근에 한 약속들은 모두 잘 지켰는가? 당신에게 누가 큰 일을 믿고 맡긴 적이 있는가? 당신이 고위직 후보가 된다면 염라대왕의 심판 같은 인사청문회를 가뿐하게 통과할 자신이 있는가? 당신은 C-타입 인간인가? 이 질문들에 "예"라고 대답할 수 있기를 바란다.

이번에는 좋은 성품의 사례를 하나 보자. 잘 알려진 이야기다.

폭우가 쏟아지던 어느 날 밤 노부부가 차를 몰고 가다 허름한 호텔에 들렀다. 호텔 직원은 남아 있는 객실이 없다며 양해를 구했다. 그러고는 인근 호텔까지 수소문하는 노력을 보였지만 성수기인 탓에 방을 구하지 못했다. 결국 자신이 숙소로 쓰는 방을 내주었다. 노부부는 다음 날 호텔을 나서면서 "덕분에 잘 잤다"며 방값의 세 배를 건넸으나 그는 극구 사양했다. 객실이 아니었기 때문이다.

그로부터 약 2년이 지난 어느 날 호텔 직원에게 뉴욕행 항공권과 초대장이 전달됐다. 자신의 방에서 자고 간 노부부로부터 온 것이었다. 그가 도착하자 노부부가 새로 지은 웅장한 호텔 현관에서 그를 맞이했다. 그리고 "당신을 위해 이 호텔을 지었다"며 경영권을 넘기겠다고 밝혔다. 호텔 직원은 그렇게 새로 지은 웅장한 호텔의 경영자가 됐다.

오픈 당시 세계 최대 규모의 호텔이라는 기록을 세웠던 미국 월도프 아스토리아 호텔의 초대 경영자가 된 조지 볼트의 유명한 일화다. 잔잔한 감동이 전해진다. 마음에서 우러나오는 서비스와 타인을 배려하는 볼트의 따뜻한 성품이 결국 자신의 인생을 '대박 인생'

난 사람, 든 사람보다 된 사람

으로 바꾸었다. 타인에게 준 배려와 감동이 부메랑이 되어 나의 행
복으로 돌아온 것이다.

팔꿈치 사회를 넘어

우리 사회가 조지 볼트의 사례처럼 배려와 서비스 정신으로 가득
하다면 지상 천국이 될 것이다. 그러나 안타깝게도 우리 사회는 치
열한 경쟁을 부추기는 피라미드 구조로 돼 있다. 강자만이 살아남
는다는 인식이 지배적이다. 부와 권력과 명예, 외모와 건강을 과시
하는 것도 그런 연유에서다. 이런 겉모양과는 다르게 속으로는 불
안과 두려움, 시기, 질투, 불만족에 시달리고 있다.

'팔꿈치 사회'라는 말이 있다. 1982년 독일에서는 '올해의 단어'로
선정될 정도로 널리 알려진 말이다. 옆 사람을 팔꿈치로 치며 앞만
보고 달려야 하는 경쟁 사회를 일컫는다. 고려대 강수돌 교수가《팔
꿈치 사회》라는 제목의 책을 내면서 우리에게도 알려졌다.

원래 경쟁(competition)이라는 말의 어원은 '함께 추구하는 것'이
다. 그런데 점차 치열해지면서 다른 사람을 내쳐야 나의 생존이 보
장된다고 믿게 됐다. 결국 '함께'라는 경쟁의 좋은 의미가 '너 죽고
나 살기', '너의 성공이 나의 실패', '너의 발전이 나의 퇴보'라는 의
미로 변질됐다. 뼛속까지 경쟁 심리로 물든 것이다. 경쟁에 대한 집

착은 승자나 패자를 모두 병들게 한다. 왕따와 학교폭력, 입시 중압감에 의한 자살, 어른들의 직따(직장 왕따)와 은따(은근한 따돌림), 사회의 각종 도덕적 해이도 이런 환경과 무관하지 않다.

설명서, 혹은 제품 사양을 뜻하는 '스펙(specification)'이 언제부턴가 취업 준비생 사이에서 학벌, 학점, 토익성적 등 취업에 필요한 점수와 조건들을 일컫는 말로 정착됐다. 다행히도 이런 스펙 중심 사회에 대한 우려의 목소리가 커지고 있다. "성품으로 돌아가야 한다"는 각계의 목소리가 그것이다. 됨됨이를 의미하는 성품이 가장 중요한 덕목으로 다시 부상하고 있는 것이다.

사람을 의미하는 한자 '人'은 막대기 두 개가 서로 기대어 있는 형상이다. 사람이 살아가는 원리는 경쟁이 아니라 협동이라는 의미다. 성품은 타인과 더불어 살아가는 데 필수적으로 요구되는 덕목이다. 인생을 좌우하며, 더 나아가 몸담고 있는 조직의 미래까지 좌우하기 때문이다. 자기중심적인 'Me 세대'가 아닌 공동체를 중시하는 'We 세대'의 가치가 새삼 주목받는 것도 같은 맥락에서 이해할수 있다.

인류의 진정한 생존방식인 협동이라는 성품의 덕목만이 '팔꿈치 사회'를 넘어서게 할 수 있다. 성품은 밥을 먹여준다. 성품이 밥 먹여주는 사회다. 나에게도 먹여주지만 협동하는 타인에게도 먹여준다. 그러나 잔인한 경쟁, 너 죽고 나 살기 식의 인정머리 없는 경쟁은 '콩밥'으로 이어질 가능성을 높인다.

난 사람, 든 사람보다 된 사람

성품 항목에
영재는 없다

몇 해 전, 설 명절 때의 일이다. 처가에 들렀는데 이런저런 이야기를 나누다 성품에 관한 이야기를 하게 됐다. 그때 고등학생인 처조카한테서 들은 이야기다. 조카가 중3 때 '4인방'으로 지내던 친구 중 한 명인 '서영(가명)'이가 주인공이다.

서영이는 중3 때 전교에서 늘 1, 2등을 할 정도로 똑똑했다. 특히 과학과 수학은 천재라고 불릴 정도로 탁월했다. 학교에서 주는 상이란 상은 전부 휩쓸다시피 했다. 얼굴도 예뻤고 집도 부자였다. 모든 걸 가진 아이였다. 그래서 서영이는 과학고등학교에 가는 걸 당연하게 여겼다. 그런데 뚜껑을 열어보니 불합격이었다. 그래서 서영이는 지금 일반고등학교에 다닌다고 했다.

이야기를 더 들어보니 서영이가 과학고등학교에 떨어진 데에는 이유가 있었다. 진학을 앞두고 있는 시점에서 과학고등학교 입학사정관이 조카가 다니는 학교에 찾아와 반 친구들에게 서영이에 대해서 이야기를 듣고 갔다는 것이었다. 결정적 원인은 서영이 본인에게 있었다. 이기심이 너무 많은 아이였던 것이다. 남에게 지기 싫어하는 성격이었고, 배려할 줄을 몰랐으며, 자기 물건에 누가 손을 대면 자지러질 정도였다. 아마 반 친구들로부터 이런 이야기를 들은 입학사정관이 서영이의 성품을 문제 삼아 탈락시켰으리라는 것이 조카의 결론이었다.

조카의 이야기를 들으며 충분히 그런 일이 있을 수 있겠다는 생각을 했다. 서영이의 경우처럼 공부를 아무리 잘한다고 한들 성품이 뒷받침되지 않으면 무슨 소용이 있겠는가. 혹시라도 잘못된 길로 들어선다면 머리가 좋기에 보통사람보다 사회에 훨씬 더 큰 해악을 끼칠 수도 있지 않겠는가? 영재와 수재는 그저 머리 좋은 아이들일 뿐이다. 아무리 실력이 날고 긴다고 해도 성품 항목에 추가될 수 없는 법이다.

스펙 위에 성품 있다

됨됨이를 뜻하는 성품은 어떤 스펙보다 우선순위에 놓인 최상의

난 사람, 든 사람보다 된 사람

가치다. 영재와 수재가 아니더라도, 탁월한 스펙을 갖추지 못했더라도, 성품이 좋은 사람은 교육을 통해서 능력을 키울 수 있다. 그러나 아무리 뛰어나고 출중한 능력을 갖춘 사람이라도 성품이 좋지 않으면 조직과 사회에 분란만 일으킬 뿐이다.

그럼에도 많은 부모가 자녀에게 공부만 강요한다. 성품은 뒷전이다. 실력만 좋으면, 점수만 잘 받으면, 좋은 대학에 들어가기만 하면 성공적인 인생이 보장될 것처럼 생각한다. 그러나 이것은 착각이다. 물론 공부 잘해서 좋은 대학에 들어가면 성공의 길이 열릴지는 모른다. 좋은 회사에 취직할 수도 있고, 멋지고 아름다운 배우자를 만날 가능성이 커지는 것도 사실이다.

그러나 인생은 이런 것들이 전부가 아니다. 아니, 전부가 돼서는 안 된다. 만약 공부 잘하고 좋은 대학 들어가고 돈 많이 벌고 결혼 잘하는 이런 것들이 인생의 전부라면 얼마나 허망하겠는가. 뭔가 부족하지 않은가? 이런 인생에 '진정한 행복'이라는 이름을 붙일 수 있겠는가? 서영이의 경우에서도 보지 않았는가, 행복은 성적순이 아니라는 것을. 다른 모든 걸 갖춘다고 해도 성품이 없으면 말짱 도루묵이다.

이 세상은 수십억 명의 인간이 서로 맞물려 돌아가는 거대한 기계와 같다. 사람마다 자기의 기능을 수행하는 고유한 자리가 있다. 엔진 부품들이 서로 맞물려 조화롭게 돌아갈 때 자동차가 달릴 수 있듯이, 사람들도 가정과 기업과 우정과 결혼 등 다양한 형태로 서로 맞물려 사회를 유기적으로 돌아가게 한다.

자동차가 잘 굴러가는 것은 오일이 있기 때문이다. 한 치의 오차도 없이 정확하게 맞물려 돌아가는 자동차 부품들도 오일이 없으면 단 몇 분 만에 결딴나고 만다. 사람들도 마찬가지다. 관계의 윤활유인 성품이 없으면 금세 난리가 날 것이다.

성품이 결핍되면 금실 좋던 부부도 돌이킬 수 없는 상처를 낼 것이고, 호흡이 잘 맞던 동업자들도 사소한 차이를 극복하지 못해 갈라설 것이다. 부모와 자녀, 이웃과 친구의 관계도 별것 아닌 문제로 금가고 깨질 것이다. 스승과 제자, 멘토와 멘티의 관계도 마찬가지다.

성품은 성격이 다른 사람들을 맞물려 돌아가게 하는 윤활유다. 사랑에 빠졌지만 성품이 결핍되면 결별이 코앞에 있는 셈이다. 성품 없는 사람들이 모인 공동체는 다툼을 피할 수 없고, 성품이 모자라는 사장이 이끄는 회사는 직원들의 불만을 피할 수 없다. 이처럼 모든 관계의 성공은 성품이 결정한다.

옳음은 최고를 넘는다

"기업은 사람이 하는 것이고, 사람이 기업을 움직인다. 기업의 성패를 좌우하는 것은 사람이다."

삼성을 설립한 호암(湖巖) 이병철 회장이 평소에 입버릇처럼 한 말이다. 훌륭한 인재를 놓치지 않기 위해서였을까? 이병철 회장은 아무리 바빠도 신입사원 면접 때는 꼭 참석했다고 한다. 학벌과 우수한 두뇌보다 중요한 것은 됨됨이라는 것, 내일의 사장감이 될 수 있는 사원의 자질은 영재와 수재를 넘어선 성실한 성품이라는 것이 그의 지론이었다.

1987년 호암 타계 후 삼성그룹 회장에 취임한 이건희 회장은 1992년 "마누라 빼고 다 바꾸라"는 내용의 신경영 선언 후 '삼성 헌법'을 선포했다. 이 회장은 직접 작성한 삼성 헌법에서 "1조 원의 순익을 내는 것보다 더 중요한 인간미"를 갖출 것을 호소하고 "법률보다 더 중요한 도덕심"을 배양할 것을 주문했다.

"나는 그렇게 생각한다. 인간미와 도덕성이 결여된 조직은 결코 일류기업이 될 수 없다. 인류에 도움이 되는 조직이라야 영원한 것이다." 비장함이 느껴지는 대목이다.

이들 부자(父子)는 왜 그토록 성품을 중요하게 생각했을까? 분명 성품에 모든 답이 있다고 생각했을 것이다. 그들에게 성품이란 건강한 인간관계를 만드는 만능열쇠였을 것이고, 주변 사람에 대한 배려를 통해 긴밀한 협력을 만들어내는 강력한 접착제였을 것이다. 나아가 미래의 비전과 전략을 창출해내는 무한한 잠재력이었을 것이며, 어떤 시련과 고난에도 흔들리지 않는 확고한 믿음이었을 것이다. 삼성이 지금의 글로벌 기업으로 성장할 수 있었던 것도 '성품의 사람들'이 있었기에 가능한 일 아니었겠는가?

어디 삼성뿐이겠는가? 현대, LG, SK, 한화, 두산과 같은 대기업들도 마찬가지일 것이다. 중견기업과 중소기업도 별반 다르지 않을 것이다. 그들이 찾는 사람은 '머리 좋은 사람'이 아니라 '좋은 사람'이다. 좋은 사람은 단순히 마음씨가 착한 것을 의미하지 않는다. 꿈이 있는 사람, 목표가 분명한 사람, 인간관계가 좋은 사람, 절제 능력이 있는 사람, 약속을 잘 지키는 사람, 자기계발에 충실한 사람이다. 그리고 지나온 세월의 경험을 통해 많은 것을 체득하고 내재화한 사람이다. 결국 좋은 사람은 '최고(best)'가 아닌 '옳은(right)' 사람이다.

옳은 사람은 어떤 사람을 말하는가? 성품을 추구하는 사람이다. 성품을 추구하는 사람은 자신의 인생을 행복하게 하고, 가정을 화목하게 하고, 회사와 조직의 발전에 기여하고, 사회에 선한 영향력을 미치는 사람이다. 또 현실과 자기 자신에 대해 정확하게 인식하며, 감정을 조절하고, 좋은 인간관계를 맺으며, 자신의 잠재력을 최대한 발휘하려고 노력하는 사람이다.

난 사람, 든 사람보다 된 사람

성품을 유언으로 남긴 영화배우

: 오드리 헵번(1929~1993) :

손이 두 개인 이유

아름다운 입술을 가지고 싶으면

친절한 말을 하라.

사랑스러운 눈을 갖고 싶으면

사람들에게서 좋은 점을 봐라.

날씬한 몸매를 갖고 싶으면

너의 음식을 배고픈 사람과 나누어라.

아름다운 머리카락을 갖고 싶으면 하루에 한 번

어린이가 손가락으로 너의 머리를 쓰다듬게 하라.

아름다운 자세를 갖고 싶으면

결코 너 혼자 걷고 있지 않음을 명심하라.

사람들은 상처로부터 복구되어야 하며,

낡은 것으로부터 새로워져야 하고,

병으로부터 회복되어야 하고,

무지함으로부터 교화되어야 하며,

고통으로부터 구원받고 또 구원받아야 한다.

결코 누구도 버려서는 안 된다.

기억하라…

만약 도움의 손이 필요하다면

너의 팔 끝에 있는 손을 이용하면 된다.

네가 더 나이가 들면 손이 두 개라는 걸 발견하게 된다.

한 손은 너 자신을 돕는 손이고

다른 한 손은 다른 사람을 돕는 손이다.

    – 오드리 헵번이 숨을 거두기 1년 전 크리스마스이브에 아들에게 준 글

난 사람, 든 사람보다 된 사람

성품으로
리드하는
액션 플랜 III

7. 역지사지하라.

다른 사람의 입장이 되어보고 상대방을 주어로 생각하라. 책이나 잡지를 선물로 보낼 때 읽기를 권하는 페이지에 포스트잇을 붙이는 섬세함이고, 곤궁한 사람을 도울 때 자존심을 다치지 않도록 하는 배려다. 실수를 드러나지 않게 품는 것이고, 상대방과 눈높이를 맞추는 것이고, 상대의 가려운 곳을 긁어주는 것이다.

8. 공을 다른 사람에게 돌려라.

재능이 칼이라면 겸손은 그 재능을 보호하는 칼집이다. 재능은 인물을 돋보이게 하지만 적을 만들기도 한다. 겸손은 적이 생기는 것을 방지한다. 교만이 인간관계의 뺄셈법칙이라면 겸손은 인간관계의 덧셈법칙이다. '공(功) 돌리기'는 겸손의 정수다.

9. 기꺼이 밑지고 살아라.

손해 봐도 괜찮다는 마음으로 살면 마음부자가 된다. 지갑을 먼저 여는 사람이고 베풀 때 받을 것을 계산하지 않는 사람이다. 이런 사람의 주변은 사람들로 북적인다. 되로 주고 말로 받는 것이다. 자신의 것만 챙기고 이익만을 탐하는 사람은 하나만 알고 둘은 모르는 사람이다. 외톨이가 되는 지름길이다.

4장

성품 리셋

| 열광하는 팬을 만드는 법 |

냄비에 닭고기가 가득 들어 있고, 차고에 차가 들어 있는 것
보다 호주머니에 도덕의 나침반이 들어 있는 것이 훨씬 중요
하다.

— 스티븐 코비

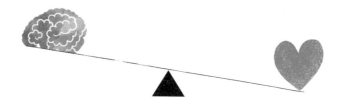

성품도
습관이다

앞에서 이야기했던 '라면 상무'와 '빵 회장', '땅콩 부사장'의 '진상' 성품은 하루아침에 생겨난 것이 아니다. 어떤 상황에서 우연히 마음속에 심어진 교만과 거만의 성품 씨앗이 오랜 세월을 거치면서 자라 흔들리지 않는 기둥이 되어버린 것이다.

'그날 그 시각'에 '대형 사고'가 터진 것은 예견된 일이었다. 본인들의 입장에서야 일시적인 감정 조절 실패로 하필이면 그날 그 상황에서 우연히 발생한 일이라고 억울함을 하소연할 수도 있을 것이다. 그러나 그날 사고는 명백히 예견된 사고였다.

'하인리히 법칙(Heinrich's law)'이라는 것이 있다. 대형 사고가 발생하기 전에 그와 관련된 수많은 경미한 사고와 징후들이 반드시

난 사람, 든 사람보다 된 사람

존재한다는 것을 밝힌 법칙이다. 1931년 허버트 윌리엄 하인리히가 펴낸《산업재해 예방: 과학적 접근》이라는 책에서 소개된 법칙이다.

미국의 보험회사 관리감독자였던 하인리히는 수천 건의 보험 고객 상담 내용을 분석한 결과 사고는 예측하지 못한 한순간에 갑자기 오는 것이 아니라 그전에 여러 번 경고성 징후를 보낸다는 것을 밝혀냈다. 일명 '1 : 29 : 300'의 법칙이다.

한 번의 돌이킬 수 없는 대형 사고는 29번의 사고가 누적된 결과이고, 29번의 누적된 사고는 300번의 경미한 사고가 누적된 결과라는 것이 하인리히 법칙의 핵심이다. 아주 점진적으로 표시 나지 않게 준비되었다가 어느 날 '꽝!' 하고 터진다는 얘기다.

이 이론은 '라면 상무'와 '빵 회장', '땅콩 부사장'의 경우에 적용해도 강한 설득력을 얻는다. '세월호'도 '연천 28사단 윤 일병 구타 사망' 사건도 마찬가지다.

그날의 대형 사고는 '해프닝'이 아니라 29번의 감정 조절 실패가 누적된 결과이고, 29번의 누적된 감정 조절 실패는 300번의 경미한 감정 조절 실패가 누적된 결과라고 할 수 있다. 대형 사고는 어느 날 갑자기 터지지 않는다. 수많은 징후가 있고 난 후에 '준비된' 상태로 터지는 것이다.

성품은 근육을 닮았다

'준비된' 상태라는 말은 무엇을 의미하는가? 300번이 넘는, 하인리히 법칙에 따르면 정확히 329번의 준비된 상태가 의미하는 것이 '습관'이 아니고 무엇이겠는가? 평소에도 그런 경우가 수시로 벌어졌을 것이라는 추정이 가능하다. 그러니까 그날의 사고는 우연히 벌어진 것이 아니라 습관적으로 나온 일상의 행위였던 셈이다.

이쯤에서 공식 하나가 만들어진다. '성품＝습관'. 어떤가? 공감이 가는가? 성품도 지속적인 노력을 통해 습관화할 수 있다는 것이 내가 말하고자 하는 이 공식의 핵심이다. 좋은 성품 요소들이 많은 환경에 계속해서 노출돼 닮으려고 노력하면 좋은 습관을 갖게 되고, 좋지 못한 성품 요소들이 많은 환경에 자주 노출되면 자연스럽게 나쁜 습관을 갖게 된다는 것을 의미한다.

좋은 환경은 칭찬과 격려와 배려와 절제 같은 밝은 성품의 요소들이 많은 환경이고, 나쁜 환경은 폭력과 욕설과 오만과 방종 같은 어두운 성품의 요소들이 많은 환경이다. 심금을 울리는 목소리로 휴대전화 판매원에서 일약 세계적인 스타가 된 폴 포츠는 주변 사람들에게 늘 칭찬과 격려를 받으며 꿈을 꾸었다. 이와 반대로 희대의 연쇄살인마 유영철의 일생은 주변인에 대한 배신감과 분노, 열등감과 불우한 가정환경에 대한 반감으로 점철된 것이었다. 주위의 환경에 따라 인생이 바뀌는 것이다.

난 사람, 든 사람보다 된 사람

성품은 근육을 닮았다. 노력한 만큼 길러진다. 복근 운동을 계속하면 식스 팩이 만들어지고, 웃는 연습을 많이 하면 좋은 인상을 갖게 되고, 열심히 공부하면 성적이 올라가는 것과 같은 이치. 많이 참을수록 인내의 근육이, 남의 말을 잘 들으려고 노력할수록 경청의 근육이, 남의 입장을 생각하려고 노력할수록 배려의 근육이 발달한다. 성품은 노력한 만큼 길러지고 길드는 것이다.

우리는 그동안 'S(straight line)형 인간', 즉 직선형 인간으로 살아왔다. 앞만 보고 달려왔다. 지금의 성품 문제는 앞만 보고 달려왔기 때문 아닐까. '우리' 아닌 '나'만 생각한 탓 아닐까. 이제 옆도 보고 뒤도 돌아볼 수 있는 C-타입 인간으로 성숙해질 필요가 있다.

성품과 경로 의존성

자동차에는 내비게이션이 달려 있다. 몇 시간씩 낯선 곳으로 장거리 운전을 할 때면 얼마나 고마운 존재인지 모른다. 고운 목소리의 여성이 길 안내를 얼마나 정확하게 잘 해주는지, 이것저것 생각할 것도 없이 알려주는 대로 따라가기만 하면 된다. 그렇게 내비게이션에 오랜 시간을 의존하다 보니 나는 완전히 '길치'가 되어버렸다. 아마 나만 그런 것은 아닐 것이다. 일종의 디지털 치매 현상이다. 우리 뇌가 내비게이션에 자연스럽게 길든 것이다. 이제 내비게이션은 없어서는 안 될 존재가 됐다.

한번 길들면 떼려야 뗄 수 없는 관계가 된다. 'A:B=C:D'처럼 자동차와 내비게이션의 관계는 인생과 성품의 관계와 같다. '익숙함과의 결별'은 힘든 것이다. 내비게이션이 사라진다면 얼마나 불편하겠는가? 성품도 마찬가지다. 성능 좋은 내비게이션이 목적지를 향한 길 안내를 정확하게 할 수 있듯이 성품이 좋아야 우리 인생도 행복이라는 목적지를 향해 힘차고 즐겁게 달릴 수 있다. 좋은 성품이 우리 마음에 깃들어야 하는 이유가 여기에 있다.

사회심리학에 보면 '경로 의존성(path dependence)'이라는 말이 있다. 과거의 선택이 관성 때문에 쉽게 변화되지 않는 현상을 가리키는 용어다. 법률과 제도, 관습과 문화, 그리고 과학적 지식과 기술에 이르기까지 어떤 시스템이든 한번 경로가 정해지면 그대로 따라가는 성향을 말한다. 설령 나중에 그 경로의 오류가 밝혀지더라도, 환경과 조건이 변경되더라도 바꾸기 불편하다는 이유로 기존 경로를 그냥 따라가게 된다.

경로 의존성을 설명할 때 고전적인 예로 자주 인용되는 것이 영문 타자기의 자판 배열이다. 좌측 상단에 QWERTY(쿼티)로 배열되어 있다. 쿼티는 타자기가 수동이었던 시대에 활자를 치는 기계의 팔이 뒤엉키지 않게 타이핑의 속도를 의도적으로 늦추도록 설계된 흔적이라고 한다. 그러나 기술이 진전되어 쿼티보다 효율적인 자판 배열이 개발되었지만 사람들은 오랫동안 익숙하고 친숙한 배열을 바꾸려고 하지 않았다. 쿼티가 그처럼 비효율적임에도 지금까지 이용되고 있는 이유다.

타자기 자판의 쿼티 배열처럼, 자동차의 내비게이션처럼 무엇이든 일단 몸에 길들면 바꾸기가 상당히 힘들다. 바꾸는 것이 불편하기 때문이다. 우리 마음에 길들고 몸에 익숙해진 성품은 더더군다나 바꾸기 힘들다. 그렇게 오랜 세월 우리 마음과 몸에 밀착된 성품과 행동양식을 바꾸기가 쉽다면 그것이 오히려 이상한 일이다.

모든 문제의 귀결은 성품이다

살다 보면 정말 별의별 사람이 다 있다. 그러나 성품으로 구분하면 크게 좋은 성품을 가진 사람과 나쁜 성품을 가진 사람으로 나뉜다. 좋은 성품을 가진 사람은 우리 사회에 감동의 진한 울림을 주고, 나쁜 성품을 가진 사람은 그 잔혹함과 어리석음에 혀를 차게 한다.

좋은 성품을 가진 사람은 앞서 말한 한준호 준위와 정옥성 경감처럼 남의 목숨을 살리기 위해 자신의 몸을 던지는 사람들이다. 88억 원을 익명으로 기부하는 등 평생을 아무도 모르게 남을 돕다가 이 사실이 알려진 다음에도 끝내 언론과의 접촉을 고사하고 회사 직원들에게 함구령까지 내렸던 한상구 삼아알미늄 명예회장 같은 기부천사도 있다. 테러의 아비규환 현장에서 빛이 된 시민 영웅들처럼 남의 아픔을 어루만져주는 박애주의자들도 있다.

　나쁜 성품을 가진 사람은 아침밥을 꼴찌로 먹었다는 이유로 초등학교 2학년에게 생마늘을 먹이고, 억지로 먹여 토했더니 토한 것까지 먹게 하고, 조금 잘못했다고 각목으로 때리고, 도서관에서 책을 읽다가 조금 늦었다는 이유로 3개월을 독방에 가둔 아동양육시설 원장과 그 직원들 같은 사람들이다.

　힘들여 만든 회사의 기술을 저 혼자 잘살겠다고 해외에 몰래 파는 사람들, 회사 돈을 야금야금 횡령한 사람들, 사회복지 공무원들에게 하루 수백 통의 공포에 가까운 전화를 해대는 사람들, 전관예우를 핑계로 사회의 계층 갈등을 부추기는 법조계 인사들, 갑의 우월한 지위를 이용해 약한 을에게 몹쓸 짓을 하는 사람들, 탈세범들, 테러범들, 방화범들, 성폭행범들, 살인자들, 사기꾼들, 불륜을 저지르는 사람들….

　정말 별의별 사람이 다 있다. '성품 박람회장'의 모양은 이처럼 가관이다. 성품은 자신의 참모습이다. 그래서 지금의 성품이 그다지 바람직하지 않다고 생각된다면, 남들로부터 손가락질받을 정도의 수준이라면, 자식에게 권장할 만한 것이 아니라면 바꿔야 한다. 한시라도 빨리, 어떤 일이 있어도 바꿔야 한다. 성품에 미래가 달려 있기 때문이다.

　성품은 수영장에서 물이 온몸을 감싸듯 우리 삶의 모든 면과 맞닿아 있다. 인간관계와 승진은 물론 결혼, 자식 교육, 의사소통, 가치

　　　　　　　　난 사람, 든 사람보다 된 사람

관, 신념 등 우리 삶의 방향을 결정하는 핸들이자 삶의 질을 결정하는 척도다. 성품은 또 성공과 실패, 고난과 좌절, 불안과 공포, 책임과 부당한 대우에 대해 어떻게 반응할 것인지를 결정짓는 내면의 체계화된 시나리오다. 모든 길이 로마로 통하듯 모든 문제는 성품으로 귀결된다.

"상대방의 고통에 찬 비명을 경청하고 공감해 이해의 폭을 넓혀야 우리 주변의 갈등과 대립을 해소할 수 있습니다. 스쳐 가는 순간의 감정 때문에 훨씬 큰 존재인 자신을 죽여서야 되겠습니까."

2013년 5월 한국을 찾은 세계적인 명상 수행자 틱낫한 스님의 말이다. 분노 조절, 감정 조절에 실패한 우리 사회에 던지는 그의 말이 잔잔한 울림으로 다가온다.

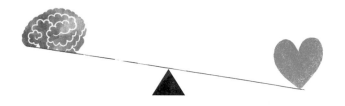

성품의 정석

수학에 《수학의 정석》이 있다면 우리 성품에도 따라야 할 정석이 있다. 이름하여 '성품의 정석'이다. 수학 문제를 풀려면 정해져 있는 일정한 방식으로 식을 전개해나가야 하는 것처럼(물론 자기만의 독특한 방식으로 문제를 푸는 사람도 있다) 사람의 성품에도 해야 할 것과 하지 말아야 할 것이 있다.

해야 할 것을 하고 지켜야 할 것을 지킬 때는 일이 순리대로 풀리고 형통하게 되며 행복의 미소를 짓게 된다. 반면에 하지 말아야 할 것을 하거나 지켜야 할 것을 지키지 못할 때는 일이 꼬이고 불편하고 고통스럽고 눈물로 지새우는 불면의 밤을 보내야 한다. 우리가 늘 경험하고 있는 일 아닌가.

난 사람, 든 사람보다 된 사람

성품은 그런 것이다. 수학이 잘못된 방식으로 식을 전개하면 '오답'으로 연결되듯이 성품도 잘못된 선택을 하면 '인생 오답'이 되는 것이다. 인생 오답의 괄호 속에는 후회, 눈물, 좌절, 절망, 불편함, 안타까움, 고통 같은 단어들이 들어가게 된다.

후회와 눈물의 삶을 살지 않기 위해 우리가 해야 할 일은 명확해진다. '인생 정답'을 쓰는 것이다. 인생 정답의 괄호 안에 희망, 행복, 사랑, 웃음, 여유 같은 단어들을 써넣어야 한다. 그러기 위해서는 힘들더라도 지혜, 경청, 순종, 진실, 충성, 감사, 인내 등 성품의 단어들을 묵묵히 지켜나가기만 하면 된다. 다행인 것은 수학에 정답이 있는 것처럼 성품에도 움직이지 않는 과녁이 있다는 사실이다. 그 움직이지 않는 과녁을 향해 한 발 한 발 앞으로 나아가기만 하면 되니 얼마나 편한 일인가.

그런데 우리가 알아야 할 사실은 과녁은 요지부동인데 성품은 움직인다는 점이다. 성품은 늘 진보하거나 퇴보한다. 더 좋아지거나 나빠지거나 둘 중 하나다.

잠시라도 방심하면 흐트러지고, 요령을 피우게 되고, 일탈을 꿈꾸게 된다. 성품에서 한결같음을 유지한다는 것은 그만큼 힘든 일이다. 조변석개(朝變夕改)라고 하지 않는가. 아침저녁으로 뜯어고치는 게 다반사이고 화장실 갈 때와 다녀왔을 때 다른 것이 사람의 마음 아니던가.

생물학에 '호메오스타시스(homeostasis)'라는 단어가 있다. 우리 말로는 항상성(恒常性)에 해당한다. 생체가 여러 가지 환경 변화에 대응하여 생명 현상이 제대로 일어날 수 있도록 일정한 상태를 유지하는 성질을 말한다. 심리학에서는 여러 가지 조건이 바뀌어도 친숙한 대상은 항상 같게 지각되는 현상이다.

우리 사회가 지금처럼 소란스럽고 유쾌하지 못한 것은 이 항상성 부족 때문이다. 항상성 부족은 순수함을 버리는 것이고, 때 묻음이고, 초심을 잃어버리는 것이고, 어려웠던 시절을 잊어버리는 것이다. 과거에 그렇게 절실하게 느꼈던 을의 심정을 잊어버린 채 갑의 역할에 충실하려고 모질게 변하는 것도 항상성 부족 때문이다.

특권의식에 매몰되고, 명품 사 나르기에 바쁘고, 패자를 생각하지 않고 축배의 잔을 들기에 급급한 것도 모두 이 항상성 부족이 원인이다.

다양한 모양으로 나타나는 이 항상성 부족은 '압축 고도성장'이라는 형용사가 늘 따라다니는 대한민국의 성취중독증이 만들어낸 부작용 중 하나다. 경제력은 좋아졌지만, 행복지수는 2013년 기준으로 OECD 36개국 중 27위로 꼴찌 수준이다. 정신건강이 더는 방치해서는 안 될 수준으로 악화됐다는 의미다. 계층 갈등과 빈부 격차가 주요 원인이다.

남과 비교하면 질투가 나고 불만이 생기며 불안해지는 게 사람의 심리다. '나'는 없고 '남의 시선'만 있는 것이다. 행복지수가 낮은 이유가 여기에 있다.

우리 사회는 편 가르는 사회다. 상중하로 평가하고 갑과 을로 나누고, 잘사는 집과 못사는 집, 강자와 약자, 내 편과 네 편으로 구분한다. 인정사정 볼 것도 없다. 이기는 놈, 살아남는 놈, 강한 놈은 무조건 내 편이다. 학교마저도 공부 잘하는 반, 공부 못하는 반으로 학생들을 분리한다.

세상이 이런 식이니 사람들도 모두 상이 되려고 하고 갑이 되려고 발버둥 친다. 상을 위한 월계관은 있는데 하를 위한 위로의 꽃다발은 없다. 승자독식의 사회다. 요즘 들어 '갑의 횡포, 을의 반란'이라는 표현이 나오기는 하지만 아직까지 대세는 그대로다. 갑은 말이 많고 을은 유구무언이다.

수평 아닌 수직 사회는 필연적으로 성품의 왜곡을 가져온다. 분노가 쌓이고 악감정이 생긴다. 언론에 비친 세상은 '악을 권하는 사회'로 성큼 들어선 느낌이다.

'라면 상무'와 '땅콩 부사장', '세월호'의 비극이 언제 어디서 또 터질지 모를 일이다. 지금 이 순간도 하인리히 법칙은 작동하고 있을 것이다. 대형 사고를 향한 작은 사고들의 진행 말이다. 늘 그렇듯 신문 보기가 두렵다.

소박한 삶을 꿈꾸는 사람들이 있다. 충북 단양에 있는 '산 위의 마을'도 그중 하나다. 천주교 박기호 신부가 1998년 동료 사제들과 더불어 설립한 '예수살이공동체'에서 2004년에 세운 신앙공동체다. 신부는 〈노동의 새벽〉을 쓴 박노해 시인의 여덟 살 위 친형이다. 마을은 소백산 자락 해발 490미터 고지에 있다. 산비탈 2만여 평에 공동체 식구들이 거주하는 대여섯 채 건물이 있다.

마을 거주자에게는 밭농사와 축우, 취사, 세탁, 교육 등 각자의 임무가 있다. 화장실은 재래식이다. 유기농을 위한 퇴비 생산에 필요해서다. 오줌도 비료로 재활용하는 유기농 마을이다. 마을 사람들에게는 TV도 없고 신용카드도 없다. 문명의 이기를 최대한 쓰지 말자는 '오프(off) 운동'을 진행하고 있어서다.

또 다른 사례 하나를 더 소개한다. 지리산 지킴이 시인, 오토바이 타고 다니는 시인으로 잘 알려진 이원규 시인 이야기다. 그는 도시의 아이들에게 방학 때의 유일한 정서적 보루였던 외갓집 문화를 되살리자고 주장한다. 농장의 과실나무를 도시인들에게 한 그루씩 분양하고, 농부는 '얼굴 없는 농부'가 아니라 당당한 농업선생이자 외삼촌 · 외숙모가 되고, 도시인들은 자기 나무가 잘 자라는지 직접 가꾸는 작은 농장주가 되자는 것.

그가 '지리산학교&지리산행복학교'를 만든 것도 농부를 사진 찍고 글 쓰는 농업선생으로 진일보시키기 위한 계획의 일단이다. 형식적인 도농 간의 자매결연이나 성급한 귀농 · 귀촌 이전에 '외갓집 만들기'를 주장하는 그의 일리 있는 주장에 고개가 끄덕여진다.

시인의 '외갓집'과 신부의 '산 위의 마을'은 우리에게 무엇을 말하고자 하는 것일까. 어떻게 살 것인지, 어떤 삶이 바람직한지, 어떻게 살아가는 것이 존재의 이유에 충실한 것인지를 생각해보라고 화두를 던지는 건 아닐까. 깨달아라, 느껴라, 인간답게 살라고 절규하고 있는 건 아닐까.

필경 그들은 우리에게 상중하를 버리고, 갑과 을을 버리고, 수직을 버리고, 편 가르기를 버리고, 남의 시선을 버리라고 요구하고 있는 것이다. 그래서 나를 찾고, 함께 걸으며, 같이 웃고 같이 아파하라는 것이다. 욕심과 경쟁심, 불안감, 시기하는 마음, 미워하는 마음을 내려놓으라는 것이다. 사랑과 정직과 배려로, 겸손과 섬김과 헌신으로, 인간성으로 사람됨으로 서로를 지켜주고 세워주고 행복하라는 것이다. '성품의 정석'을 따르라는 것이다.

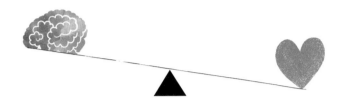

마음속에
증오가 있나요?

성품의 사람이 유독 통과하지 못하고 걸려 넘어지는 관문이 하나 있다. 증오라는 이름의 관문이다. 증오는 사무치게 미워하는 마음, 원한이다. 증오는 사이좋게 지내던 사람들이 어느 순간 적이 되어 독 묻힌 화살을 서로의 가슴을 향해 쏘는 것이다. 증오는 증오를 낳는다. 부수고 부서진다. 그래서 돌아올 수 없는 강을 건너게 된다.

증오는 분노보다 더 강렬한 감정이다. 분노는 순간적인 감정이지만 증오는 오래오래 지속된다. 분노는 시간이 지나면 약해지지만 증오는 참을수록 더욱 커진다. 증오는 상대에 대한 공격적인 충동이 오랜 기간 쌓인 복잡한 감정이며, 상대를 파괴하는 힘을 제공한다. 얼마나 사무쳤으면 자신의 이익과 희생을 감수하고서라도 복수

난 사람, 든 사람보다 된 사람

를 하겠는가.

드라마나 영화에서 복수극은 흔한 주제다. '용서받지 못할 자'들에게 피해자가 직접 복수를 하는 것이다. 증오심은 그 대상을 경멸하고 악당으로 규정한다. 그래서 그들에게는 동정과 연민이라는 인간의 포용력이 없어지고, 자신이 아무리 무자비한 행동을 하더라도 죄책감을 느끼지 않게 된다.

영화 〈악마를 보았다〉는 약혼녀가 잔인하게 살해당하자 주인공이 직접 나서서 복수한다는 내용이다. 〈돈 크라이 마미〉에서는 사랑하는 딸이 또래 불량학생들에게 강간당한 후 그 후유증으로 자살하는데, 가해자가 단지 미성년자라는 이유로 죄책감도 없이 풀려나는 걸 본 엄마가 홀로 단죄한다는 내용이다. 〈공정사회〉는 성폭행을 당한 열 살짜리 딸아이에 대한 경찰의 부실수사와 남편의 방해를 이겨내고 직접 범인을 찾아내 복수하는 엄마의 이야기를 담은 영화다.

오래전에 개봉됐던 〈에미〉도 비슷한 줄거리다. 대학입시를 준비하던 딸이 인신매매단에 납치돼 사창가로 넘겨지고, 천신만고 끝에 구출되지만, 끝내 딸은 충격에서 벗어나지 못하고 자살한다. 엄마가 악당들을 처절하게 응징한 다음 법의 심판을 기다린다는 내용의 복수극이다.

증오는 영화에서처럼 자신의 남은 인생을 전부 걸고서라도 복수할 만큼 무서운 것이다. 증오를 느끼는 대상의 기쁨은 나의 고통이 되고, 상대의 고통은 나의 기쁨이 된다. 인류 역사에서 일어난 많은 학살의 바탕에도 이런 증오감이 깔려 있다.

마음의 문 앞에 서 있는 트로이의 목마

증오의 결말은 비극이다. 〈로미오와 줄리엣〉의 비극도 두 가문의 증오에서 나왔고, 빼앗긴 아내를 되찾기 위해 벌어진 트로이 전쟁에서 증오의 결정체로 '트로이의 목마'가 등장했다. 선물로 가장한 거대한 목마 속에 몰래 숨어서 트로이 내부로 들어간 그리스 군대가 트로이를 함락시켰다는 유명한 작전에 나오는 거대한 상징물이다.

증오라는 이름의 트로이 목마는 당신 마음의 문 바로 앞에 서 있다. 이 선물을 받아들이는 순간 당신의 삶은 파멸로 치닫는다.

앞에서 언급한 영화에서처럼 증오와 원한이라는 감정을 갖는 것은 고통받는 사람의 입장에서는 당연하게 여겨진다. 그래서 복수도 당연한 것이 된다. 그러나 복수의 축제는 잠깐이다. 증오라는 감정이 마음속으로 들어오면 서서히 마음을 장악하기 시작한다. 조용히 진행되지만, 트로이의 목마처럼 치명적이다. 성품의 사람이 되기 위해서는 증오가 마음속으로 들어오는 것을 막아야 한다. 필사적으로 막아야 한다.

그러나 어느 순간 증오는 우리 마음속으로 들어오게 된다. 해결되지 않은 상처로 인한 분노와 적개심의 엄청난 파괴력이 마음의 문을 강제로 열어젖히기 때문이다. 마음속에 들어온 증오는 뿌리를 깊게 내리고 가지를 넓게 뻗어서 우리를 증오심의 늪에서 헤어나오지 못하게 한다. 뫼비우스의 띠처럼 아무리 벗어나려고 해도 같은 자리를 맴돌 뿐이다.

뫼비우스의 띠는 끊어져야만 한다. 배신과 억눌림, 거부당함, 버림받음, 학대 등으로 인해 축적된 증오심만큼 성품의 성장을 방해하는 것은 없기 때문이다. 증오가 성품 성장의 가장 큰 걸림돌이 되는 이유는 피해의식 때문이다. 피해의식이 심해지면 핑계와 합리화의 견고한 성을 쌓는다. 견고한 성 안에서는 세 가지 일이 진행된다. 첫째는 처량한 신세타령을 늘어놓느라 에너지를 소모하는 것이고, 둘째는 복수의 칼날을 가는 것이고, 셋째는 용서를 위한 몸부림을 치는 것이다.

용서로 뫼비우스 띠를 끊은 사람들

원래 사랑과 증오는 동전의 양면이다. 극과 극은 통하는 법. 열정적인 사랑의 감정이 존재한다면 이미 열정적인 증오 역시 존재하는 것이다. 그만큼 밀접하게 연결되어 있는 것이 사랑과 증오다. '애증'이라는 용어가 바로 그것이다. 사랑하는 사람을 미치도록 증오하는 것을 의미한다. 배신을 확실하게 인식하는 순간, 사랑이 순식간에 증오로 돌변하게 되는 것과 같은 이치다.

증오심에 휩싸인 피해자가 보고 싶은 장면은 자기에게 상처를 입힌 사람이 영화에서처럼 혹독한 대가를 치르는 것이다. 처절하게 부서지고 파멸하는 것을 보는 것이다. 혹시 지금 이런 증오심에 불타오르는 사람이 있는가? 복수의 칼을 갈고 있는 사람이 있는가? 힘들겠지만 일단 칼을 칼집에 다시 넣어야 한다. 그리고 용서의 카드를 꺼내 들어야 한다. 증오와 싸우는 최선의 방법은 분노의 칼을 빼 드는 것이 아니라 지혜를 활용하는 것이다.

마하트마 간디, 마틴 루서 킹, 넬슨 만델라 같은 사람들에게도 증오가 있었다. 그러나 그들은 지혜를 활용해서 증오를 넘어섰고 평화를 감싸 안았다. 그들은 세계사에 이름을 남긴 위인들이라서 용서할 수 있었다고? 당신 같은 평범한 사람에게는 용서가 잘 어울리지 않는다고? 천만의 말씀이다.

가족 셋을 살해한 청년을 양아들로 삼은 고정원 씨가 그 대표적인 예다. 그 청년은 바로 2003년 9월부터 2004년 7월까지 10개월 동안 스무 명의 목숨을 빼앗은 살인마 유영철(당시 서른네 살)이다. 고 씨는 유영철의 손에 노모와 아내, 4대 독자 등 온 가족을 잃었다. 그 찢어지는 아픔을 딛고 그를 양아들로 삼은 것이다. 유영철은 2005년 대법원에서 사형 확정판결을 받았으나 아직까지 사형은 집행되지 않고 있다.

1991년에는 '여의도 차량질주 사건'이 발생했다. 당시 애지중지

난 사람, 든 사람보다 된 사람

하던 손자를 잃고서도 손자를 죽인 살인자를 찾아가 용서했을 뿐
아니라 옥바라지에 구명운동을 하다 나중에 양자로 삼기까지 했던
서윤범 할머니도 있다. 며느리는 화병으로 죽었다. 범인 김용제(당
시 스물한 살)는 시력이 나쁘다는 이유로 직장에서 해고당한 것에 앙
심을 품고 자신이 근무했던 모 양말공장 사장의 승용차를 훔친 뒤
여의도광장으로 몰고 와 시민들을 향해 시속 100킬로미터로 돌진
했다. 두 명이 목숨을 잃었고 스물한 명이 중경상을 입었다. 1992년
대법원에서 사형 확정판결을 받았고 1997년 12월 30일 사형이 집
행됐다.

그들은 용서라는 이름으로 원수를 품었다. 그 끊어질 것 같지 않
던 뫼비우스의 띠를 용서의 이름으로 끊은 것이다.

성품 항목에 서열을 매긴다면

그들은 사랑하는 사람을 억울하게 잃고서도 살인자들을 용서했을
뿐만 아니라 양자로 삼기까지 했다. 어떻게 그럴 수 있었을까? 고정
원 씨는 당시 이렇게 말했다. "다른 사람들은 저를 미친 사람 취급할
지도 모릅니다. 원수의 아이까지 키우겠다고 하니…. 그러나 제 마
음속에 그런 마음이 생기는 것을 저도 어찌하지 못하겠습니다."

사람들은 그들의 행위에 '기적', '숭고함'이라는 단어를 붙인다. 용

서하기가 그만큼 쉽지 않음을 아는 것이다. 안타깝게도 우리 마음에는 삭제 버튼이 없다. 기억은 쉽게 지워지지 않는다. 그 지독한 상실감과 아픈 기억을 어떻게 지울 수 있고 잊을 수 있겠는가? 그들은 잊기 위해 용서한 게 아니라 기억하기 위해서 용서한 건 아닐까?

사실 참된 용서는 잊는 것이 아니라 고통스럽지만 오히려 과거를 직시함으로써 기억하는 것이다. 진정한 이해가 있어야만 긍휼의 마음이 생기고 용서를 할 수 있기 때문이다. 인간이라면 누구나 사랑받을 만한 가치가 있다는 것과 이 가해자도 사랑받을 만한 가치가 있는 사람이라는 데까지 사고가 확장될 때 비로소 진정한 이해가 된 것이다. 진정한 이해 없는 용서는 진정한 용서라고 보기 힘들다. '억지 잊기'일 가능성이 크다.

우리는 용서를 피해자가 가해자에게 주는 선물, 베푸는 혜택, 은혜로 보는 경향이 있다. '가해자의 유익'으로 보는 것이다. 우리가 쉽게 용서하지 못하는 이유도 여기에 있다. 피해자는 감정을 절도당한 사람이다. 이미 내 삶에서 중요한 것을 빼앗아 간 사람에게 더 준다는 게 말이 되는가? 지금 고통받는 사람은 나고, 적자를 본 사람도 나고, 받을 빚이 있는 사람도 난데 어떻게 더 준다는 말인가? 이런 논리가 형성되는 것이다.

용서는 남을 위한 선물이 아니다. 용서는 나 자신을 위한 것이다. 내가 나에게 주는 선물이다. 용서하지 않으면, 용서의 관문을 통과하지 못하면, 나는 상실의 늪과 증오의 늪에서 빠져나올 수 없다. 용

난 사람, 든 사람보다 된 사람

서하지 않으면 살이 빠지고 뼈가 녹는다. 용서하지 않으면 죽는다. 증오는 우리 영혼의 독이기 때문이다. 용서하지 않는 것은 자멸을 택하는 것과 같다. 그러니 용서의 혜택을 가장 많이 보는 사람이 용서하는 사람이 아니고 누구겠는가?

성품 항목 중에 서열을 매긴다면 아마 용서가 1위 자리에 있지 않을까? 그만큼 하기 힘든 것이기에. 그만큼 긍휼과 사랑의 마음이 있어야 하기에. 성경 말씀에는 '일곱 번씩 일흔 번까지라도 용서하라'고 한다. 눈 딱 감고 단 한 번 용서하기도 힘든 판에 어떻게 그게 쉽겠는가.

"아버지 저들을 사하여 주옵소서 자기들이 하는 것을 알지 못함이니이다."(누가복음 23:34)

십자가에 못 박혀 돌아가시면서 예수님이 하신 말씀이다. 거룩한 용서다.

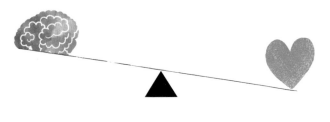

성품은
곡선이다

#1 새벽 3시. 10대 아이가 밤새도록 자기 방에 틀어박혀 게임을 하고 있다. 새벽에 잠을 깬 어머니가 아이 방에서 새어나온 불빛을 보고 화가 나서 문을 벌컥 열고 고함을 지르기 시작한다. 긴 설교로 이어진다. 아이는 말이 없다.

#2 아파트 단지 내 좁은 도로에서 차 두 대가 서로 마주친다. 누구도 후진할 생각을 하지 않는다. 버티기다. 어느 순간에 양쪽 차 뒤로 차들이 밀리기 시작한다.

#3 회사 내 부서장이 실적이 저조한 직원을 다그친다. 육두문자

난 사람, 든 사람보다 된 사람

까지 나온다. 엉망이 된 사무실 분위기. 다른 직원들은 모두들 고개를 숙이고 있다. 건물 옥상으로 올라간 그 직원은 쓴 담배 연기를 허공으로 내뿜는다. "아, ××!"

흔히 볼 수 있는 상황이다. 거의 막장 드라마 수준이다. 상황이 꼭 이렇게 전개돼야만 했을까? 조금 더 부드러웠더라면, 먼저 양보했더라면, 조금만 더 느긋했더라면 다른 상황으로 전개됐을 텐데 하는 아쉬움이 남는다. 왜 우리는 이렇게 화를 참지 못하고 양보하지 못하고 마음이 급할까? 마음 진단이 필요한 사람이 너무 많은 것 같다.

굳이 큰 힘 들이지 않아도 성품과 됨됨이를 알 수 있다. 그냥 보이기 때문이다. 표정에서, 눈빛에서, 분위기에서, 태도에서, 말투에서, 걸음걸이에서, 심지어 앉는 자세에서도 성품은 보인다. 신호가 바뀌고 2~3초도 지나지 않았는데 '빵' 하고 울리는 뒤차의 경적에서도, 영화표를 사기 위한 줄이 길어졌을 때 은근슬쩍 새치기하는 발걸음에서도, 남들 다 기다리는 적색 신호등을 무시하고 달리는 차량의 뒷모습에서도 우리는 성품을 읽을 수 있다. 성품이 사라진 자리에 조바심과 이기심만 흉측하게 남아 있다.

성품이 없으면 서로를 망쳐놓는 건 시간문제다. 감정이 순식간에 비등점까지 올라가고, 고성과 욕설이 터져 나올 것이다. 갈등은 커지고 정면 충돌을 향해 가속 페달을 밟을 것이다. 성품이 없으면 공동체에 엄청난 피해를 준다. 성품이 없으면 공멸이다.

미움도 벗어놓고 성냄도 벗어놓고

우리는 늘 급하다. 밥을 먹을 때도 급하고, 길을 걸을 때도 급하고, 대화할 때조차도 급하다. 마치 피난길에 나선 형상이다. 배수의 진을 친 군사처럼 필사적이다. 양보가 없고 경청도 없다. 왜 이렇게 급할까? 밀리면 끝이고 양보하면 뒤처진다는 생각 때문이다. 불안한 것이다. 경쟁자가 불쑥 나타나 내 것을 빼앗아 갈지도 모르니 두렵고, 내 입지와 상황이 언제 어떻게 변할지 모르니 걱정이 되는 것이다.

급한 건 직선의 삶이다. 빨라야 하고 실적을 내야 한다. 처절한 생존게임이다. 살아남으려면 경쟁자를 따돌려야 하고, 속여야 하고, 무자비해야 한다. 내 영역에 침을 발라놓아야 하고, 영역을 침범하면 인정사정 볼 것 없이 물어뜯어야 한다. 남의 것도 호시탐탐 노려야 한다. 어느 한쪽이 양보하지 않을 경우 양쪽이 모두 파국으로 치닫게 되는 치킨게임(chicken game) 양상을 띠기도 한다. 잠깐 한눈팔 시간도 없고 마음의 여유도 없다. 그러니 불안하고 급해질 수밖에.

곡선의 삶은 반대다. 느려도 괜찮고 조금 뒤처져도 괜찮다. 조금 손해 봐도 괜찮고 크게 손해 보면 '허, 참' 하며 툭툭 털고 일어난다. 인풋 대비 아웃풋이 적어도 그에게는 '있을 수 있는 일'이다. 이런들 어떠하리 저런들 어떠하리다. 꽃이 피면 꽃향기에 취할 수 있으니 행복하고, 꽃이 지면 한 잎 주워 찻잔에 띄울 수 있으니 행복하다.

난 사람, 든 사람보다 된 사람

늘 여유롭고 행복하고 감사하다.

직선의 삶이 시간을 다투는 '중요한 일'에 목숨을 건다면, 곡선의 삶은 해야만 하는 의미 있는 '소중한 일'에 목숨을 건다. 직선의 삶이 양이라면, 곡선의 삶은 질이다. 직선의 삶이 고액연봉이라면, 곡선의 삶은 인간관계다. 직선의 삶이 받는 것이라면 곡선의 삶은 주는 것이다. 직선의 삶이 '자신을 위해 일을 이용하는 것'이라면, 곡선의 삶은 '일을 위해 자신을 헌신하는 것'이다.

직선의 삶이 창이라면, 곡선의 삶은 방패다. 직선의 삶이 투쟁의 삶이자 전쟁의 삶이라면, 곡선의 삶은 협력의 삶이자 평화의 삶이다. 직선의 삶이 복수라면, 곡선의 삶은 용서다. 직선의 삶이 '베스트 원(best one)'을 외치며 레드 오션에서 코피 터지게 싸우는 삶이라면, 곡선의 삶은 '온리 원(only one)'을 외치며 블루 오션에서 자신만의 오솔길을 만들어가는 삶이다.

곡선의 삶을 잘 표현한 시가 있다. 고려 때의 승려 나옹선사(1320~1376)의 〈청산혜요아(靑山兮要我)〉다. 〈청산은 나를 보고〉로 더 잘 알려져 있다.

청산은 나를 보고 말없이 살라 하고
창공은 나를 보고 티 없이 살라 하네
사랑도 벗어놓고 미움도 벗어놓고
물같이 바람같이 살다가 가라 하네

청산은 나를 보고 말없이 살라 하고
창공은 나를 보고 티 없이 살라 하네
성냄도 벗어놓고 탐욕도 벗어놓고
물같이 바람같이 살다가 가라 하네

변명의 골짜기와 성장통

'철든다'는 말이 있다. 대체로 긍정적인 뜻으로 쓰이는 말이다. 그래서 우리는 어리석게 행동하는 사람, 상황에 맞지 않는 행동을 하는 사람에게 "철 좀 들어라"라고 말한다. 철든다는 건 현실이 내 맘 같지 않다는 것, 호락호락하지 않다는 사실을 깨닫는 것이다. 그리고 그 깨달음에 맞춰 꿈의 크기를 조절하는 것이다. 결국 철든다는 건 현실의 쓴맛을 알고, 스스로 알아서 꿈의 크기를 줄여가는 일이다. 현실과 타협하는 것이다. 우리는 꿈을 포기하고 꿈의 크기를 줄여가며 조금씩 어른이 되고 성장한다. 성장의 역설이다.

철드는 과정에서 우리는 자신을 괴롭히는 많은 문제와 직면한다. 자존심 때문에 먼저 사과하지 못할 때도 있고, 욕심 때문에 쉽게 나누지 못하기도 한다. 시기와 질투 때문에 관계가 불편해지고, 탐욕 때문에 배신하게 되고, 좌절의 경험 때문에 두려움을 갖게 된다. 철들면서도 동심을 잃지 않을 수 있다면 얼마나 좋을까. 싸이가 발칙

난 사람, 든 사람보다 된 사람

한 발상으로 〈강남 스타일〉과 〈젠틀맨〉을 히트시키며 글로벌 스타로 부상할 수 있었던 것도 동심을 잃지 않았기 때문 아닐까? 나의 억측인가?

'변명의 골짜기'라는 말도 있다. 미성숙 단계(청소년)에서 성숙 단계(성인)로 넘어가기 위해서는 스스로의 힘으로 골짜기를 힘껏 뛰어넘어야 한다. 뛰어넘는 데 성공하면 성숙의 단계로 들어가게 된다. 그러나 골짜기 앞에서 두려워 멈칫하다 결국 골짜기를 뛰어넘지 못하는 사람들이 있다. 그들은 골짜기에 이런저런 핑계를 쏟아놓는다. 그래서 골짜기 이름이 변명의 골짜기다.

모든 일에는 때가 있다. 뛰어넘어야 할 때 뛰어넘지 못하면 평생을 미성숙의 상태로 남게 된다. 스스로의 삶에 책임을 져야 하는 어른이 되어서도 힘들거나 고비를 만나게 되면 혼자서 방향을 잡지 못하고 우왕좌왕하는 것도 이런 이유에서다. 변명의 골짜기 앞에서 멈춰 섰기 때문, 성장통을 제대로 겪지 않은 채 어른이 되었기 때문이다.

곡선의 삶은 용기를 내어 골짜기를 뛰어넘은 삶이고, 성장통을 제대로 겪은 삶이다. 골짜기를 훌쩍 뛰어넘어 뒹굴면서 무릎이 까져본 사람만이, 성장통을 피하지 않고 정면으로 부딪쳐 인생이 무엇인지를 제대로 성찰해볼 수 있었던 사람만이 자아를 발견하게 된다. 그때 발견한 자신의 참모습은 칠흑 같은 어둠 속에서도 길을 인도하는 등대가 되고 북극성이 된다.

우군만 있고 안티는 없다

성품의 사람들은 인간미가 넘친다. 감사한 일이 있으면 동네방네 소문내고 다니고, 잘나가던 사람이 어려워져도 변함없이 잘 챙겨준다. 상대방이 관심을 두는 것이 무엇인지를 늘 염두에 두고 관찰하고 상대방의 말을 경청한다. 진심 어린 칭찬을 아끼지 않고, 어려움을 당한 사람에게 기꺼이 멘토가 되어주며, 언제나 상대방을 주어로 생각한다.

중요한 것은 이런 행위들이 하나같이 공을 들여야 가능하다는 점이다. 시간을 투입하고 끊임없는 관심을 가지며 한결같은 진심을 보일 수 있어야 한다. 상대방의 굳게 닫힌 마음의 빗장을 열 수 있는 건 사랑이고 관심이다. 곡선의 사고와 곡선의 성품이 없이는 불가능한 일이다. 실속을 차려야 하고, 이른 시일 안에 실적을 올려야 하며, 언제나 내가 주어가 돼야 하는 직선의 사고방식과 직선의 성품으로는 불가능한 일이다.

곡선의 성품은 어떤 사람도 내 사람으로 만드는 묘한 매력을 가지고 있다. 손해를 보는 것 같은데 결국은 이익을 보고, 뒤처진 것 같은데 뚜껑을 열어보면 앞서 있다. 비효율적인 것처럼 보이지만 무엇보다 효율적이고, 어리석은 것처럼 보이지만 누구보다 지혜로우며, 도태될 것 같은데 가장 오래 살아남는다.

곡선의 사고를 하는 사람들은 권력 여부에 따라 뜨거웠다가 차가

난 사람, 든 사람보다 된 사람

에게 합당한 자리보다 낮은 자리에 앉으려는 사람이고, 자기가 모르는 게 너무 많다는 사실을 알 뿐만 아니라 솔직하게 인정하는 사람이다. 자기의 성공을 행운이라고 말하고, 운이 좋아서 좋은 사람을 많이 만났기 때문이라고 말하는 사람이다.

자신을 낮추는 사람은 겸손한 사람이다. 겸손은 드러낼 수 있음에도 드러내지 않는 것이다. 겸손한 사람은 자신을 낮게 보는 사람이 아니다. 상대방을 주어로 생각하기에, 남을 먼저 생각하기에 자신을 덜 생각하는 사람이다. 남을 높인다고 내가 낮아지는 것은 아니다. 오히려 나도 덩달아 높아지게 마련이다.

'재능이 칼이라면, 겸손은 그 재능을 보호하는 칼집'이라는 말이 있다. 겸손이 칼집인 이유는 재능이 제 기능을 발휘할 수 있도록 남의 시기와 질투를 미리 막아주기 때문이다. 겸손의 자리에 교만이 앉는 순간 몰락의 길로 들어서게 된다.

배에는 '스크루'와 '키'라는 부품이 있다. 배가 움직이고 방향을 바꾸는 데 핵심 역할을 한다. 그런데 매달려 있는 위치는 배의 맨 뒤 가장 낮은 곳이다. 크기도 배의 길이에 비해 터무니없을 만큼 작다. 말하자면 작고 낮고 후미진 곳에 있으면서도 가장 중요한 역할을 해내는 것이다.

큰일을 하고 싶은가? 그렇다면 가장 낮은 곳에서, 가장 뒤쪽에서, 가장 작은 모습으로 있으면서 가장 핵심적인 역할을 묵묵히 해나가면 된다. 큰 자가 되려면, 존귀한 자가 되려면 겸손한 자세로 남을 잘 섬겨야 한다. 이것이 인생의 황금률이다. 지적 겸손과 함께 봉사와 헌신을 위한 육체적 겸손을 병행하면 영향력은 배가 된다.

사촌이 땅 사니 내 배도 부르다

　상대방을 감동시키고 싶다면 어떻게 하면 될까? 어렵지 않다. 순수하고 진정한 마음으로 사랑하면 된다. 사랑한다는 건 무엇인가? 타인의 성공이나 행복을 진심으로 축하해주는 것이다. 바쁜 가운데서도 시간을 함께하는 것이고, 나도 피곤하지만 상대의 피곤해진 발을 주물러주는 것이다. 충분히 화를 낼 수 있는 상황에서도 상대의 입장을 고려해 화를 내지 않는 것이고, 형편이 어려운 상황에서도 작지만 의미 있는 선물을 하는 것이다.

　또 사랑은 약자를 배려하는 것이고, 무거운 짐을 덜어주는 것이고, 낙심한 사람이 손 뻗을 때 기꺼이 손을 내어주는 것이고, 실수를 드러나지 않게 품어주는 것이며, 돕는 귀인이 되기 위해 자신을 끊임없이 성장시키는 것이다. 비록 내가 핵심적인 역할을 담당했다고 할지라도 공을 상대에게 돌리고, 가려운 곳을 긁어주고, 약속에 늦지 않고, 잘 들어주고, 잘 웃어주고 잘 웃기며, 의견을 존중하는 것 역시도 사랑이다.

　사랑의 모습은 이처럼 다양하다. 이런 삶을 살 수 있는 사람이라면 정말 고귀하고 거룩한 사람일 것이다. 상대를 감동시키는 건 결국 고결한 성품이다. 남을 돕는 사람, 상대방의 입장에 설 줄 아는 사람, 겸손한 사람, 긍휼의 마음을 가진 사람이다.

'인간'이라는 단어는 사람을 관계의 관점에서 바라본 것이다. 사람 사이의 관계는 사랑으로 채워져 있을 때만 온전해진다. 그런데도 우리는 사랑하는 법을 너무 모른다. 아니, 머리로는 아는데 가슴으로는 못 느낀다. 설령 느낀다고 한들 행동으로 옮기지 못한다. 오죽했으면 김수환 추기경마저 "머리에서 가슴까지 내려오는 데 70년의 세월이 걸렸다"고 했겠는가.

'사촌이 땅 사면 배가 아프다'는 속담도 이제는 '사촌이 땅 사니 내 배도 부르다'로 바뀌어야 한다. 타인의 성공을 순수하게 기뻐할 수 있어야 한다. 이런 마음 패러다임의 전환이 자기 자신의 행복의 지평을 넓히고 더 나아가 우리 모두가 행복해지는 길이다. 이럴 때 '앵그리 사회'는 '해피 사회', '하모니 사회'로 바뀌게 된다. '제일 나쁜 사람은 나뿐인 사람'이라는 말도 있지 않은가.

360도 리더

'360도 리더'라는 말이 있다. 전천후 리더다. 자신이 리드하고 있는 구성원들뿐만 아니라 상사와 동료들에게도 영향력을 발휘하는 리더를 의미한다. 360도 리더가 되기 위해서는 모범, 즉 솔선수범의 성품을 갖추어야 한다. 솔선수범은 내가 하기 싫은 것을 남에게도 시키지 않는 것이고, 내가 대접받고 싶은 대로 남을 대접하는 것이다. '리더를 향한 완벽에의 충동'이 있어야 가능한 일이다.

솔선수범의 삶을 사는 사람은 가치관과 행동이 일치한다. 머리와 입으로만 하는 사랑에는 향기가 없는 법이다. 그들의 사랑은 가슴으로 하는 사랑이다. 말로만 돕는 것이 아니라 주위에 힘들게 사는 사람이 없는지 조용하게 살펴보고, 도와줬다고 생색내지 않으며, 노점상에서 물건 살 때 가격을 깎지 않는다.

솔선수범은 나눔이요, 봉사요, 헌신이다. 자신의 삶을 오롯이 소명에 바치는 것이다. 아일랜드 극작가 겸 소설가인 조지 버나드 쇼 (1856~1950)는 그런 삶을 살았던 사람이다. 다음은 그가 한 말이다. 평생을 가슴에 새겨두고 음미해볼 만한 말이다.

"인생의 참된 기쁨은 힘 있는 존재로서 자신이 고귀하게 여기는 목적에 쓰이는 것입니다. 작은 일에 화내고 이기적이며, 불평하지 말고, 대자연에 힘이 되는 존재가 되세요. 세상이 자신을 행복하게 만들어주지 않는다고 투덜대지 마세요. 나는 내 삶이 공동체 전체에 속해 있다고 생각합니다. 내가 살아 있는 한 나의 특권은 내가 할 수 있는 것이면 무엇이든 하는 것입니다. 나는 내가 철저히 쓰이다 죽기를 원합니다. 더 열심히 일할수록 더 오래 사는 것이니까요. 나는 내 삶이 지닌 소명에 기뻐합니다. 내게 삶은 쉽게 꺼질 촛불이 아닙니다. 삶은 내가 들고 있는 찬란한 횃불입니다. 나는 이 불이 가능한 한 더 밝게 타오르길 바랍니다. 다음 세대에게 넘겨주기 전까지요."

우리나라에는 조지 버나드 쇼의 이 말을 실천으로 옮기며 산 사람들이 헤아릴 수도 없이 많다. 조선 농촌을 지킨 부호 왕재덕 (1858~1934) 여사도 그중 한 사람이다. '조선의 할머니 왕재덕 여사'라고 불린 그녀는 타고난 근면함과 뛰어난 사업 수완으로 남편이 남긴 땅을 일구고 재산을 모아 큰 부호가 되었다. 신천농민학교를 설립하는 등 농촌개발 사업을 필두로 독립운동과 육영사업, 종교단체 기부, 빈민 구제 등에 자신의 재산을 내놓는 일에 조금도 망설임이 없었다. 그녀의 장례는 사회장으로 2만여 군중이 모인 가운데 성대히 치러졌다. 그녀를 기리는 송덕비가 파주에 세워져 있다.

사랑의 문맹자와 사랑의 다섯 가지 언어

사람들이 왕재덕 여사의 죽음을 애도하며 눈물을 흘린 것은 그녀에게서 나라에 대한 사랑과 국민에 대한 진정한 사랑을 발견하고 감동했기 때문이다. 감동은 헌신과 배려와 책임감과 솔선수범에서 나온다. 재력과 능력만으로는 감동을 줄 수 없고 진정한 존경의 대상이 될 수도 없다. 상대의 마음에 울림을 주기 위해서는 좋은 성품이 필수적이다.

헌신과 배려와 책임감과 솔선수범 같은 성품의 뿌리는 같다. 사랑이다. 사랑 없는 헌신, 사랑 없는 배려를 상상할 수 없지 않은가. 우리는 늘 사랑 타령을 하면서도 사랑에 무지한 채 살아가고 있는 것 같다. 이런 마음을 꿰뚫어보았을까. 《올 어바웃 러브》를 쓴 벨 훅스 뉴욕시립대 교수는 현대인을 '사랑의 문맹자'라고 부른다. 서로의 말과 행동으로 상대에게 상처를 주고 상처 입은 채 살아가고 있다는 것이다.

가장 깊은 사랑을 나누어야 할 가족의 경우는 더더욱 심하다. 그렇게 모질게 상처를 주고받으면서도 서로 사랑한다고 생각한다. 사실은 사랑이 넘치는 게 아니라 사랑에 대한 갈망만 넘쳐나는데도 말이다. 사랑의 정의를 제대로 알고 사랑의 편협함을 극복해야 한다. 사랑의 핵심은 열린 마음과 솔직함이다. 그 열린 마음과 솔직함으로 상대에게 다가가 눈을 보며 경청하는 것, 이것이 사랑이다.

그렇다면 사랑은 어떻게 표현하는 것일까. 결혼생활 컨설턴트인 게리 채프먼은 저서 《5가지 사랑의 언어》에서 다섯 가지 사랑 표현 방법을 알려준다. 인정하는 말(talk), 함께하는 시간(time), 선물(presents), 봉사(service), 스킨십(touch)이다. 이 다섯 가지 사랑의 언어를 열린 마음과 솔직함으로, 순수하고 겸손한 마음으로 전달한

난 사람, 든 사람보다 된 사람

다면 감동하지 않을 사람이 누가 있을까? 이것이 인생의 황금률이
아니고 무엇이겠는가?

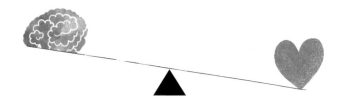

빨리 가기보다
바른길을 가라

25주년을 맞은 뉴욕 마라톤 대회가 개최된 1994년. 승리 지점까지 1.5킬로미터 정도를 남겨놓은 헤르만 실바. 실바는 40킬로미터가 넘는 거리를 멕시코에 있는 어머니의 얼굴과 환호하는 국민을 떠올리며 열심히 달려왔다. 관중의 함성이 결승선에 임박했음을 알려주었다. 실바 앞에는 이 상황을 전 세계에 전하는 카메라 차량이 있었다. 실바는 차 뒤꽁무니만 바라보며 열심히 달렸다.

그러나 어느 순간 환호가 '아~' 하는 우려의 소리로 바뀌었다. 실바는 뭔가 잘못됐다는 것을 깨달았다. 카메라 차량이 길을 터주느라 방향을 전환했는데도 그것을 알아차리지 못하고 그냥 차를 따라왔던 것이다. 코스를 벗어나 20여 미터를 더 뛴 실바가 다시 제 코스

난 사람, 든 사람보다 된 사람

로 돌아왔을 때는 2위로 달리던 경쟁자에게 50여 미터나 뒤처진 상황이었다. 필사적으로 달려 350미터 지점에서 경쟁자를 따라잡고 1위로 골인했다. 2시간 11분 21초. 2위와는 불과 2초 차이였다.

스포츠 역사상 최고의 비극이 될 뻔했던 사건이었다. 인생은 경주다. 앞을 보고 달린다. 그러나 열심히 달리는 것만으로는 부족하다. 바른 방향으로 달려야 한다. 자칫하면 실바처럼 정상궤도를 벗어날 수 있다. 정신 바짝 차려야 한다. 그리고 궤도를 벗어났다면, 그 사실을 깨닫는 순간 늦기 전에 빨리 제자리로 돌아와야 한다. 조금이라도 지체하면 정말 비극적인 인생이 될 수도 있다.

바른길을 가려면 다음의 세 가지 질문에 성실하고 진지하게 답해야 한다.

'나는 어떤 사람이 되고 싶은가?'
'나는 어떤 사람으로 기억되고 싶은가?'
'그렇다면 내가 지금 가고 있는 이 길이 과연 옳은 길인가?'

세 가지 중 마지막 질문에 대해 "바른길, 옳은 길로 제대로 가고 있다"고, 적어도 "제대로 가고 있는 것 같다"고 대답할 수 있으면 다행이다. 그렇다면 앞으로 더욱 매진해나가기만 하면 된다. 그러나 속도의 경쟁에 치중하다 보면 잘못된 방향으로 가고 있을 수도 있다. 만약 그런 사람이 있다면 어느 지점에서 코스를 벗어났는지, 돌아갈 수 있다면 어떻게 다시 제 코스로 돌아갈 것인지에 대해 고민해야 한다. 자신의 결승선을 재설정해야 한다.

정직은 신뢰를 낳는다

바른길은 무엇을 의미하는가? 정직이다. 진실이다. 손해를 보더라도 정도를 걷는 것이다. 우리가 배웠듯이 정직이 가장 좋은 정책이다. 정직해지려면 욕심을 버려야 한다. 과장이나 속임수로 다른 사람을 현혹해서는 안 된다. 있는 그대로를 정확하게 말하고 행동해야 한다. 약속했다면 어떤 희생을 각오하고서라도 성실하게 지켜야 한다. 그러면 신뢰를 얻는다.

중국의 이야기다. 얼마 전에 쥐고기를 양고기로 속여 팔아넘긴 일당이 경찰에 잡혔다. 풍문은 있었지만 '설마'가 사실로 드러난 것이다. 중국인들마저도 "중국 제품은 도대체 믿을 수가 없다"고 공공연히 말한다. '짝퉁의 나라'였던 중국 이미지는 이제 '불신의 나라' 이미지까지 덧입혀지고 있다. 중국은 지금 '부패와의 전쟁'을 치르느라 한바탕 홍역을 앓고 있다.

'신뢰의 위기'보다 무서운 것은 없다. 신뢰가 무너지면 정책이 먹혀들 리 없고, 주장이 먹혀들 리 없다. 신뢰를 잃으면 모든 것을 잃는 것과 같다. 기업이 신뢰를 잃으면 회복하는 데 아주 오랜 세월이 걸린다. 사람도 신뢰를 잃으면 '상종 못 할 사람'이 돼버린다. 국가 간의 관계도 마찬가지다. 신뢰는 '약방의 감초'가 아니라 필요와 충분조건이다.

반대로 신뢰를 얻으면 다 몰락한 상황에서도 재기의 기회가 주어진다. 먹거리는 기본이다. 반도체, 자동차, 철강 같은 제품도 그렇고 인간관계도 마찬가지다. "그 사람은 믿을 만한 사람"이라는 말보다 더 귀한 표현이 어디에 있겠는가. 신뢰야말로 최고의 상품이다.

신뢰는 그냥 주어지는 게 아니다. 신뢰를 얻으려면 '우보천리(牛步千里)'의 마음이 있어야 한다. 소걸음으로 천 리를 가려면 한결같은 우직함이 있어야 한다. 그렇지 않으면 불가능한 일이다. 그 우직함의 길에서 정직의 근육, 진실성의 근육을 키워야 신뢰라는 열매를 얻을 수 있다. 겉과 속이 다르지 않아야 하고, 말과 행동이 일치해야 하며, 사람들 앞에서 하는 말과 행동이 혼자 있을 때의 언행과 다르지 않아야 한다. 신뢰의 문은 그때에야 비로소 열린다.

신뢰, 정직에 답하다

'integrity(인테그리티)', 정직성과 진실성을 뜻하는 영어 단어다. 자신의 가치관이나 신념, 원칙에 따라 일관되게 행동하는 사람이 인테그리티를 갖춘 사람이다. 스티븐 카터 미 예일대 교수에 따르면 인테그리티는 3단계를 거쳐 완성된다.

1단계: 스스로 옳고 그름을 판단하는 것.

2단계: 개인적으로 손해를 보더라도 그 판단에 따라 행동하는 것.

3단계: 옳고 그름에 대한 자신의 판단에 따라 행동하고 있다는 것을 공개적으로 밝히는 것.

카터 교수의 이론에 따른다면 인테그리티를 갖춘 사람이 된다는 것은 결코 쉬운 일이 아니다. 100명 중에, 아니 1,000명 중에 몇이나 될까? 단언컨대 그렇게 많지는 않을 것 같다.

"사소한 거짓말이라고 생각할 수 있는 이런 거짓말에도 내가 질색을 하는 이유는, 이 사소한 거짓말이 습관화되면 그보다 더 크고 엄청난 부정직으로 발전한다고 믿기 때문이다. 나는 성실과 신용을 좌우명으로 삼고, 오로지 일하는 보람 하나로 평생을 살았다."

현대그룹 창업자 아산(峨山) 정주영 회장의 말이다. 가슴에 와 닿는 말이다. 정직한 소리, 진실한 소리는 그 크기가 아무리 작더라도 반드시 공명을 일으켜 파문이 널리 퍼져 나간다. 정직함과 진실함이 강한 이유는 상대를 감동시키고, 나아가 상대를 무장해제시키기 때문이다. 무장해제를 시킬 뿐 아니라 자발적인 반응도 이끌어낸다.

정직과 진실의 힘을 말해주는 사례를 들어보자. 앞에서 중국 먹거리를 이야기했으니 이번에는 우리 먹거리 이야기다. 중국이 '불신'

의 이야기였다면 우리의 이야기는 '신뢰'다.

억대 소득을 올리는 부농이 많아졌다. 전라남도의 경우 2005년도에 621가구였던 억대 부농이 2012년에는 3,400가구로 무려 다섯 배나 많아졌다고 한다. 농민과 어민, 축산 업계 종사자들은 안전한 먹거리를 만들겠다는 약속을 정직하게 지켰다. 논에서는 제초제가 사라지고 메뚜기가 돌아왔다. 닭들은 좁은 닭장이 아닌 넓은 운동장을 돌아다니고, 소와 돼지들은 동물복지형 축사에서 자란다. 바다 양식장에서는 염산을 비롯한 산성 화학물질이 추방됐다. 소비자들은 그들의 노력에 신뢰로 답했다.

이처럼 정직과 진실의 강함이 나타나는 곳이 어디 농업과 어업, 축산업뿐이겠는가.

선한 마음이 좋은 머리를 이긴다

기업들은 신뢰에 목숨을 건다. 어떻게든 신뢰지수를 높이려고 안간힘을 쓴다. 품질도 중요하지만 '품질 위에 신뢰'라는 사실을 아는 것이다. 사람들이 루이뷔통과 구찌, 버버리, 헤네시, 프라다, 샤넬, 롤렉스, 에르메스 같은 명품에 많은 돈을 쓰는 것도 신뢰가 있기 때문이다. 신뢰가 가지 않는 제품에 명품이라는 호칭을 붙일 수는 없는 일이다.

'순간의 선택이 10년을 좌우합니다', '막 사 입어도 1년 된 듯한 옷, 10년을 입어도 1년 된 듯한 옷'이라는 광고 카피, 혹시 기억나는가? 금성사(현 LG전자)의 하이테크 TV와 트래드클럽의 남성복 광고 카피다. 오랜 세월이 흘렀지만 지금도 우리 기억 속에 생생하다. 왜일까? 광고 카피가 명품이 갖춰야 할 조건을 잘 설명해주고 있기 때문 아닐까?

'신뢰성(reliability)'이라는 단어가 있다. 제품의 초기 성능을 나타내는 품질보다 한 단계 더 높은 개념이다. 오랜 시간이 지나도 처음의 품질과 성능을 유지하는 것을 의미한다. 이것이 확보돼야 소비자 뇌리에 깊이 새겨지고, 그럴 때 명품으로 인정받게 된다.

미국의 물류회사 페덱스에는 '1:10:100'의 법칙이 있다. 설계단계에서 신뢰성 문제를 해결하면 1의 비용이 들지만, 생산단계로 넘어간 뒤에 문제를 해결하려면 10의 비용이 필요하고, 고객의 단계까지 가서 문제를 해결하려면 100 이상의 비용이 든다는 것이다. 초기에 얼마나 신뢰를 구축하느냐가 관건이라는 얘기다.

개인에게도 이 신뢰성의 법칙이 똑같이 적용된다. 신뢰를 주는 사람은 변함없는 사람, 늘 한결같은 믿음을 주는 사람이다. 영화배우 안성기, 유엔 사무총장 반기문, 탤런트 김혜자 같은 사람들이 신뢰성의 법칙을 증명하는 사람들이다. 그들은 겸손과 배려를 바탕으로 한 자기 확신으로 한결같은 이미지를 고수한다.

바른길을 가는 사람은 정직과 진실을 목숨처럼 중요하게 생각한

　　　　　　　　　난 사람, 든 사람보다 된 사람

다. 비록 둘러갈지라도, 울퉁불퉁한 자갈길일지라도, 정직과 진실의 힘이 얼마나 큰지를 알기 때문이다. 그들은 '그 자신'이 된 사람들이고, 메아리로 울림이 된 사람들이며, 세상을 품은 사람들이다. 낙숫물이 댓돌을 뚫고, 선한 마음이 좋은 머리를 이기는 법이다.

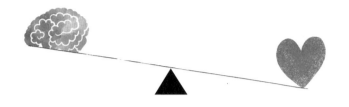

성품은 말보다
더 크게 말한다

입으로 하는 말이 힘이 셀까? 행동으로 보여주는 성품이 힘이 셀까?

역시 당신은 눈치가 빠르다. 지금까지 얘기한 것만으로도 이미 답을 알 수 있다. 당연히 행동으로 보여주는 성품이 힘이 더 세다. 성품은 말보다 더 크게 말한다.

'좋은 사람'으로 보였던 공직 후보자들이 인사청문회를 통해 '나쁜 시민'으로 전락하는 모습에서 성품이 얼마나 중요한지를 여실히 느끼게 된다. 위장전입 논란, 재산 관련 의혹, 병역 시비 등 각종 의혹을 해명하느라 진땀을 빼는 모습이 추하기만 하다. 그리고 그러한 모습을 반복적으로 바라봐야만 하는 국민의 가슴은 답답하기만

난 사람, 든 사람보다 된 사람

하다. 나쁜 시민들의 모습에서 당당함을 찾기란 불가능한 일이다. 당당한 모습은 철저한 자기관리와 살아온 이력에 부끄러움이 없을 때에만 가능하기 때문이다.

성품의 영향력이 말보다 훨씬 더 크다는 것을 우리는 주변에서 쉽게 찾아볼 수 있다. 드러내지 않고 어려운 사람을 돌보며, 한결같은 마음으로 헌신하는 모습을 보여줄 때 사람들은 감동한다. 힘들고 괴로운 일을 만났을 때에도 변함없이 밝은 모습을 보여주는 사람을 신뢰하게 된다. 쇼핑을 하고 계산대 앞에 섰을 때, 밝은 표정의 계산원과 화난 듯 시큰둥한 표정을 짓고 있는 사람 중 누구에게 더 좋은 느낌을 받게 될지는 묻지 않아도 알 수 있다. 밝고 긍정적인 태도와 행동이 훨씬 더 영향력이 있는 법이다. 이타적 인간인 C-타입은 우리 주변에서도 쉽게 찾아볼 수 있다.

리더의 탄생

리더가 되고 싶은 사람이라면 지금부터 집중할 필요가 있다. 너무나 쉬운 방법이어서 누구나 마음만 먹으면 다 이룰 수 있는 두 가지 방법을 알려줄 것이다. 첫째는 말을 많이 할 필요도 없고 목소리를 높일 필요도 없다는 것이다. 둘째는 지행합일(知行合一)의 모습, 즉 아는 것과 행동하는 것의 일치를 보여주면 된다는 것이다. 말을 많이 하는 사람은 실수할 가능성이 높아지고, 불필요하게 목소리를 높이는 사람은 고매한 인격의 소유자가 아닐 가능성이 높다. 반면 사람들은 아무리 사소한 일이라도 지행합일의 모습에서 감동을 받으며, 신뢰하고 존경하는 마음을 갖게 된다.

혹시 실망했는가? 멋진 말을 기대했는데 너무 뻔한 말이라서. 그러나 너무나 당연하게 들리는 이 두 가지 사실이야말로 리더가 되는 최고의 법칙이다. 믿지 못하겠다면 지금 이 세상에서 분야를 막론하고 존경받는 사람들의 얼굴을 떠올려보라. 긍정적이고 선한 영향력을 미치고 생을 마감한 사람들도 괜찮다. 국경없는의사회나 굿네이버스, 월드비전 같은 비정부기구(NGO)에서 영향력을 발휘하고 있는 사람들이어도 좋다. 십중팔구는 두 가지 조건을 모두 충족시키는 사람들일 것이다.

이제 우리 주변을 한번 둘러보자. 알고 있는 사람들 중에서 언뜻 떠오르는 존경할 만한 사람이 있는가? 한 명이라도 꼭 떠올릴 수 있기를 바란다. 그런 사람을 인생의 멘토로 삼으면 좋기 때문이다.

다행스럽게도 나의 주변에는 훌륭한 성품을 가진 사람들이 여러 명 있다. 그들을 만나면 늘 마음이 따뜻해지고 나 자신의 인격이 고양됨을 느낀다. 그들 중 기업을 운영하는 한 사람은 직원들에게 어떤 일이 있어도 화를 내지 않는다. 직원 숫자가 적지 않다 보니 마음에 들지 않는 일도 꽤 있을 것이다. 업무처리 능력이 떨어지는 직원도 있을 것이고, 관계에 서툴러 회사 분위기를 해치는 트러블 메이

커도 있을 것이며, 매출에 손실을 끼치는 직원도 있을 수 있다. 여하튼 그는 어떤 경우에도 화를 내지 않는다.

그가 바보여서일까? 작지 않은 규모의 회사를 운영하는데 그럴 리는 없다. 그가 화를 내지 않는 비결은 '성품의 사람'이 되기로 작정했기 때문이다. 화가 나면 일단 회사 밖으로 차를 몰고 나간다. 화가 풀릴 때까지 찻집에서 차를 마시기도 하도 공원을 산책하기도 한다. 그렇게 해서 화가 풀리면 아무 일 없었다는 듯이 회사로 돌아온다. 중요한 건 그다음이다. 그가 문제의 직원에게 일언반구도 하지 않았는데 그 직원이 자신의 잘못을 깨닫고, 혹은 인정하고 더 열심히 업무에 임한다는 사실이다.

지행합일의 삶

또 다른 한 사람은 아들과 딸 하나를 두고 있는데, 대학생인 자식들을 부를 때 '아드님', '따님'이라고 부른다. 궁금해서 왜 그렇게 부르는지 물어보았다. 그랬더니 늘 그렇게 부르는 것은 아니라고 손사래를 치면서도 사랑하고 섬기겠다는 아버지의 마음을 전달할 수 있는 좋은 방법이라고 설명한다. 그런 호칭을 듣고 자랐으니 어떻게 삐딱하게 나갈 수가 있겠는가.

자식들은 아르바이트도 하고 과외도 하면서 스스로 학비를 마련하고 있다. 그러면서도 구김살 하나 없이 표정이 밝다. 그 가족을 볼 때면 자식농사 하나는 정말 잘 지었구나 하는 생각이 든다.

결혼생활 25년 동안 단 한 번도 부부싸움을 하지 않았다고 한다. 부인의 입을 통해서도 그 이야기를 직접 들었으니 거짓말은 아닌 듯하다. 있을 수 있는 일이지만 흔치 않은 일임에는 틀림이 없다. 살다 보면 좋은 일만 있는 게 아닐 텐데 어떻게 그럴 수 있을까? 남편과 아내가 각자 서로에 대한 존경과 사랑의 마음이 있었기에 가능한 일일 것이다.

그가 한 번은 나에게 이렇게 말했다. "가끔 아내가 짜증을 부리려고 하면 내가 먼저 이렇게 말합니다. '내가 부족하니까 당신 마음이 많이 힘들구나. 여보, 내가 더 잘 해주지 못해서 미안해.' 이렇게 말하면 아내 입에서는 더는 소리가 나오지 않습니다." 얼마나 지혜로운 말인가. 나는 그가 경제적으로 그리 넉넉한 편은 아니라는 사실을 안다. 그렇지만 마음만은 빌 게이츠보다 더 부자라는 것도 확실하게 안다.

당신은 이 두 사례에 대해 어떤 느낌이 들었는가? 분명한 것은 이들이 지행합일의 삶을 살고자 노력하고 있다는 점이다. 지행합일이라고 하니까 너무 무겁고 실천하기 힘들다고 느낄 수도 있을 것이다. 그렇다고 도인이 되라는 게 아니다. 살아가면서 겪게 되는 여러 가지 순탄치만은 않은 상황에서 이들처럼 좀 더 지혜롭게, 나중에 뒤돌아보았을 때 후회하지 않도록 '어른스럽게' 처신하자는 이

난 사람, 든 사람보다 된 사람

야기다.

지행합일의 삶은 대충 살아가는 사람들에 비해 분명히 구별된 삶이다. 이런 성품의 삶을 살기 위해서는 두 가지 요소가 필요하다. 하나는 어떤 대가가 따르더라도, 어떤 불편이 있더라도 옳은 길을 가려는 각오다. 힘들고 고통스럽고 손해를 보더라도 옳기 때문에 그 길을 가는 것, 그것이 성품이다. 다른 하나는 옳고 그름의 절대 기준이다. 내 기분이나 감정 또는 경험이나 지식과는 별개의 기준이며, 선택의 평가 근거가 되는 영원불변의 표준이다. 영원불변의 표준은 언제 어디서나 방향을 잃지 않도록 길잡이 역할을 하는 하늘의 북극성과 같은 것이다.

관계의 윤활유

다른 사람들에게 영향력을 미치는 가장 효과적인 방법은 무엇일까? 다시 한 번 강조하지만 말은 최대한 줄이고 삶 가운데서 행동으로 보여주는 것이다. 남의 잘못을 탓하지 않고 묵묵히 나만의 숭고한 빛을 비추는 것이다. 불평하지 않고 늘 웃으며 감사한 마음을 갖는 것이다. 어려움을 당했을 때도 좌절하거나 낙담하는 모습을 보이지 않고 긍정적인 태도를 잃지 않는 것이다.

우리 삶은 모든 사람이 읽을 수 있는 편지가 돼야 한다. 이왕이면 감동의 편지가 되면 더 좋다. 사실 다른 사람들은 우리의 말을 듣는 것이 아니라 우리의 행동을 본다. 어떻게 사는지, 얼마나 꾸준한지, 역경을 어떻게 헤쳐나가는지, 얼마나 아름다운 스토리의 삶을 사는지를 지켜보는 것이다. 한마디로 압축하면 그들은 우리가 성품의 삶을 살고 있는지를 관찰한다. 중요한 것은, 우리가 위안을 삼을 수 있는 것은 참된 성품이 부당한 대우와 억울한 고통 속에서 드러난다는 것을 그들이 알고 있다는 사실이다.

자신이 성품의 삶을 살고 있는지 아닌지를 쉽게 알아보는 방법이 있다. 다른 사람들이 나를 끌어들이는지 밀어내는지를 보면 된다. 내가 나타나기를 기다리는지, 내가 나타나면 진심으로 기쁘게 맞아주는지, 나와 이야기하기 위해 사람들이 다가오는지, 나와 같이 있으면 기쁘고 즐거워하는지를 보면 된다. 남들이 같이 있고 싶어 하는 사람이라면 성품의 삶을 살고 있는 것이다.

반대로 우리 주변에는 빨리 떠나갔으면 하는 사람들이 있다. 항상 문제투성이고 낙심해 있으며 불평불만이 가득하고 안 좋은 일만 얘기한다. 그래서 같이 있으면 기운이 빠지고 세상을 어둡게 보게 된다. 이런 사람들은 성품의 삶을 살고 있는 것이 아니다. 행복할 수 없는 이유는 누구에게나 있다. 하지만 행복할 것인지 행복하지 않을 것인지는 우리의 선택에 달려 있다.

성품은 관계의 윤활유다. 삶에 문제가 없을 수는 없다. 수많은 사람이 어깨를 부딪히며 살아가기 때문에 갈등이 생기는 건 당연한 일이다. 중요한 건 갈등이 생겼을 때다. 성품이 있으면 무난하게 해결될 수 있는 일인데도 성품이 없으면 금세 결딴난다. 성품이 있는 곳에 상생이 있다. 성품이 고갈된 곳에는 갈등과 상처와 파국만 있을 뿐이다.

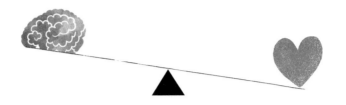

성품의 멘토는
천리마를 얻는 것보다 낫다

멘토(mentor)라는 용어는 프랑스 작가 프랑수아 드 페늘롱이 1699년 발간한 소설 《텔레마코스의 모험》에서 처음 등장했다. 이 책은 국왕 루이 14세의 손자인 부르고뉴 공작(당시 일곱 살)의 교육을 전담하게 된 페늘롱이 왕태자가 익혀야 할 덕목을 재미있게 습득할 수 있도록 이야기식으로 꾸민 책이다.

소설은 돌아오지 않는 아버지 율리시스를 찾아 여러 나라를 떠돌아다니던 텔레마코스가 스승인 멘토의 가르침에 따라 현명한 지도자로 성장해가는 과정을 그렸다. 행동하는 지식인이었던 페늘롱은 루이 14세를 비판하는 풍자적 내용으로 인해 가정교사의 지위를 박탈당했지만 시대의 멘토로서 손색이 없는 인물이었다.

우리 사회에 몇 해 전부터 멘토, 멘티(mentee), 멘토링이라는 단어들이 유행하고 있다. 멘토가 조언을 해주는 사람이라면 멘티는 조언을 받는 사람이다. 두 사람 간의 관계를 멘토와 멘티 관계라고 한다. 멘토는 멘티의 문제에 대해 도움이 될 만한 조언을 해줄 수 있는 사람을 말한다. 경험 많고 믿을 수 있는 조언자인 셈이다.

인생을 살다 보면 힘든 상황에 처할 때, 다른 사람의 도움이 절실히 필요할 때가 있다. 이때 길잡이 역할을 해줄 수 있는 사람이 바로 멘토다.

멘토는 우리가 인생이라는 항해에서 조난을 당했을 때 어려움을 극복하게 도와주고 안전한 곳으로 견인해주는 구조선이다. 경험과 연륜을 바탕으로 뼈가 되고 살이 되는 조언을 해주고, 사면초가의 상황에 직면했을 때 앞으로 헤쳐나갈 수 있는 희망과 용기를 주고 구체적인 방법까지 알려주는 해결사다.

문제의 한가운데 있으면, 혼란에 빠진 당사자는 대개 해결책을 찾지 못한다. 그러나 험한 세상과 부딪치며 몸으로 삶의 지혜를 체득한 멘토는 문제를 객관적으로 보면서 나아갈 방향을 알려주는 등대 역할을 한다.

멘토는 멘티가 방황할 때 붙들어주고, 좌절할 때 희망을 주며, 어려울 때 힘을 주고, 절망과 고통의 늪에 빠져 허우적거릴 때 구명 튜브를 던져주는 인생 코치이자 롤 모델이다.

멘토와 멘티가 반드시 지켜야 할 규율

난관을 만나 의기소침해질 때 혼자 끙끙대지 말고 멘토에게 도움을 구하는 게 좋다. 그러면 문제가 의외로 쉽게 풀릴 수도 있다. 그렇다면 훌륭한 멘토, 마음을 열어놓고 허심탄회하게 고민을 털어놓을 수 있는 멘토를 어떻게 하면 만들 수 있을까?

멘토라고 해서 꼭 사회적으로 이름이 잘 알려져 있거나 탁월한 식견을 가진 명망가일 필요는 없다. 물론 그런 사람들을 멘토로 삼을수 있다면 더 좋겠지만 누구나 다 그럴 수 있는 건 아니다. 설령 그런 사람들을 멘토로 두었다고 하더라도 바쁜 나머지 필요한 때에 제대로 멘토 역할을 해낼 수 없다면 '그림의 떡'일 수밖에 없다. 멘토링에는 타이밍이 중요하기 때문이다.

그러므로 가까이에 있는 사람 중에서 멘토를 찾는 것도 바람직한 방법이다. 멘토는 늘 가까이에서 같이 아파하고, 진심으로 조언해주고, 부족한 부분을 채워주고, 해결방안을 찾아내기 위해 자기 일처럼 밤새워 고민해주며, 멘티의 기쁜 일을 자기 일처럼 순수하게 기뻐해 줄 수 있는 성품을 가진 사람이어야 한다. 이런 멘토를 한 사람이라도 가지고 있는 사람은 천군만마를 얻은 것과 다를 바 없다.

이런 멘토는 만병통치약 같은 존재다. 아무리 힘든 상황에 처해 있더라도 그의 조언을 받으면 눈빛과 발걸음이 달라지는 것을 느낀다. 눈에서 빛이 나고 발걸음이 경쾌해진다. 교만한 마음은 겸손으로 바뀌고, 미워하는 마음이 눈 녹듯이 사라지며, 분노가 수면 아래로 가라앉고, 증오가 자취를 감춘다.

멘토와 멘티에게는 서로에게 반드시 지켜야 할 규율이 하나 있다. 멘토는 멘티가 원할 때면 반드시 시간을 내줘야 하고, 멘티는 멘토의 조언에 반드시 순종해야 한다는 것이다. 이것이 지켜지지 않으면 진정한 멘토와 멘티 관계라고 할 수 없다. 멘토와 멘티는 인격적인 교제가 있어야 하고 서로의 삶에 대해 책임지는 자세가 있어야한다.

인생이라는 게 혼자서는 감당하기 힘든 법이다. 혼자서는 멀리 갈수도 오래갈 수도 없다. 그러나 힘을 주고 격려해주는 멘토와 함께라면 이야기가 달라진다. 멘토와 함께라면 부정이 긍정으로 바뀐다. 중도 포기가 완주로 바뀌고 불가능이 가능으로 바뀐다.

훌륭한 성품을 가진 사람을 멘토로 삼아서 힘든 상황에 처할 때는 물론이고 평소에도 좋은 관계를 유지하며 인생의 길잡이로 삼아야한다.

인생을 바른길, 지혜로운 길로 이끌어줄 훌륭한 멘토를 가진다는건 천리마를 얻는 것보다, 천금을 얻는 것보다 더 축복된 일일지도 모른다.

어머니의 발을 닦은 청년

어느 회사의 최종 면접 자리에서 사장이 한 청년에게 의외의 질문을 던졌다.

"부모님을 목욕시켜드리거나 닦아드린 적이 있습니까?"

"한 번도 없습니다." 청년은 정직하게 대답했다.

면접 시간이 끝나고 청년이 자리에서 일어나 인사를 하자 사장이 이렇게 말했다.

"내일 이 시간에 다시 오세요. 하지만 한 가지 조건이 있습니다. 내일 여기 오기 전에 꼭 한 번 닦아드렸으면 좋겠네요. 할 수 있겠어요?"

청년은 꼭 그러겠다고 대답했다. 청년의 아버지는 그가 태어난 지 얼마 안 돼 돌아가셨고 어머니가 품을 팔아 그의 학비를 댔다. 집으로 돌아가는 길에 청년은 곰곰이 생각했다. '어머니는 종일 밖에서 일하시니까 틀림없이 발이 가장 더러울 거야. 그러니 발을 닦아드리는 게 좋겠다.' 집에 돌아온 어머니는 아들이 발을 씻겨드리겠다고 하자 의아하게 생각했다.

"내 발을 왜 닦아준다는 거니? 마음은 고맙지만 내가 닦으마!"

어머니는 한사코 발을 내밀지 않았다. 청년은 어쩔 수 없이 어머니를 닦아드려야 하는 이유를 말씀드렸다. 그러자 어머니의 태도가 금세 바뀌었다. 두말없이 문턱에 걸터앉아 세숫대야에 발을 담갔다. 청년은 오른손으로 조심스레 어머니의 발등을 잡았다. 태어나 처음으로 가까이서 살펴보는 어머니의 발이었다. 자신의 하얀 발과 다르게 느껴졌다. 앙상한 발등이 나무껍질처럼 보였다.

"어머니, 그동안 저를 키우시느라 고생 많으셨죠. 이제 제가 은혜를 갚을게요."

"아니다. 고생은 무슨…."

손에 발바닥이 닿았다. 그 순간 청년은 숨이 멎는 것 같았다. 말문이 막혔다. 어머니의 발바닥은 시멘트처럼 딱딱하게 굳어 있었다. 도저히 사람의 피부라고 할 수 없을 정도였다. 어머니는 굳은살 때문에 아들의 손이 발바닥에 닿았는지조차 느끼지 못하는 것 같았다.

청년의 손이 가늘게 떨렸다. 그는 고개를 더 숙였다. 그리고 울음을 참으려고 이를 악물었다. 새어나오는 울음을 간신히 삼키고 또 삼켰다. 하지만 어깨가 들썩이는 것은 어찌할 수 없었다. 한쪽 어깨에 어머니의 부드러운 손길이 느껴졌다. 청년은 어머니의 발을 끌어안고 목을 놓아 구슬피 울기 시작했다.

다음 날 청년은 다시 만난 회사 사장에게 말했다.

"어머니가 저 때문에 얼마나 고생하셨는지 이제야 알았습니다. 사장님은 학교에서 배우지 못했던 것을 깨닫게 해주셨어요. 정말 감사드립니다. 만약 사장님이 아니었다면, 저는 어머니의 발을 살펴보거나 만질 생각을 평생 하지 못했을 거예요. 이제 정말 어머니를 잘 모실 겁니다." 그리고 청년은 덧붙였다.

"어머니를 잘 모시고 싶다는 마음을 갖게 해주신 사장님도 모시고 싶습니다."

사장은 미소를 지으며 고개를 끄덕이더니 조용히 말했다.

"인사부로 가서 입사 수속을 밟도록 하게."

〈좋은 글〉에 있는 내용이다. 자식에 대한 어머니의 사랑과 헌신을 청년에게 깨닫게 해준 이 회사 사장 같은 사람이 진정한 성품의 멘토가 아닐까. 오늘의 나는 나의 노력보다는 다른 사람들의 사랑과 섬김과 수고로 만들어졌다는 사실을 깨닫게 해주는 멘토, 그리하여 겸손과 감사의 마음으로 살아야 한다는 삶의 이정표를 제시해주는 멘토, 이런 사람을 자신의 멘토로 삼는다는 건 복 중의 복이 아닐 수 없다.

멘토는 성품으로 말한다

멘토는 등대와 북극성 역할을 하는 사람이다. 때로는 직진 이정표가 되기도 하고 때로는 멈춤 이정표가 되기도 한다. 어디로 가야 할지, 지금 가는 길이 바른길인지, 속도가 너무 빠른지 느린지를 알려준다.

멘토는 늦은 때는 없다며 용기를 주고, 지금도 충분히 할 수 있다고 조언해주며, 툭툭 털고 일어나 앞으로 나아가게 한다. 끝내 참아

난 사람, 든 사람보다 된 사람

야만 이길 수 있다고 말하고, 해가 질 때까지 분을 품지 말라고, 분노에 치를 떨지 말고 두 손을 모아 기도하라고 권한다. 지치고 힘들어 숨을 몰아쉴 때면 고지가 바로 저기라고, 조금만 더 참고 견디면 결실을 맛볼 수 있다고 격려한다.

그는 또 사람은 천하보다 귀하고 사람은 죽어서 이름을 남기는 법이라며 향기 나는 삶을 살기를 권한다. 엎질러진 물 때문에 울 필요는 없다고 위로하고, 삼등은 괜찮지만 삼류 인생은 안 된다고 경고한다. 쏜 화살 모두가 과녁을 맞힐 수는 없는 법이라고, 모진 풍상을 견뎌낸 나무가 아름다운 무늬를 남긴다고, 희망의 끈을 놓는 것은 죄악이라고, 모든 것을 버려도 자신만은 버려서는 안 된다고 분발을 촉구한다.

사안의 이면을 볼 줄 아는 혜안을 가진 멘토는 손해 보는 것도 이익이라고, 한 번의 미소가 밥 한 그릇보다 더 귀할 수 있다고, 실패에는 성공의 향기가 난다고, 실패해도 전진한 만큼 성공한 것이라고, 새들은 바람이 강하게 부는 날 집을 짓는다고, 장미꽃에 가시가 있는 게 아니라 가시 많은 나무에 장미꽃이 핀 것이라고, 역경은 가면을 쓰고 찾아온 축복이라며 생각 패러다임의 전환을 요구한다.

굼벵이도 마음만 먹으면 산을 넘을 수 있다고, 진정한 자존심은 성공하는 것이라고, 만선의 기쁨을 누리기 위해서는 그물 깁는 시간이 필요하다고, 높이 나는 자가 멀리 보고 멀리 보는 자가 제대로 본다고, 마음속에 흔들리지 않는 꼿꼿한 대나무 한 그루를 키우라고, 이렇게 말해줄 수 있는 사람이 멘토다.

멘토는 이처럼 사람의 가슴을 따뜻하게 하고 희망차게 한다. 그리고 껍데기가 아닌 알맹이의 사람을 만들고, 희망의 사람과 믿음의 사람을 만든다. 길이 끝나는 곳에 새 길이 있음을 알려주는 사람, 내일의 달콤한 빵을 굽기 위해서는 오늘이라는 쓰디쓴 고통의 재료가 필요하다며 어깨를 토닥여주는 사람, 스스로 더 나은 사람이 되기 위해 노력하는 사람, 이런 사람을 멘토로 만들어야 한다.

멘토는 나를 살리고 세우며, 다시 일어서게 하고 회복시키며, 참된 나를 찾는 여정에 나서게 한다. 성품의 멘토는 멘티의 인생을 의미 있고 값지게 한다. 인내와 헌신의 앤 설리번 선생님을 둔 헬렌 켈러처럼, 사랑과 포용의 데티 힐 선생님을 둔 스티브 잡스처럼.

난 사람, 든 사람보다 된 사람

C-타입
인간4

성품의 삶으로 세상을 밝힌 목사
: 손양원(1902~1950) :

사랑의 원자탄

고(故) 손양원 목사는 사랑과 용서를 몸소 실천한 성자다. 경상남도 함안 출신인 손 목사는 1938년 평양신학교를 졸업한 뒤 이듬해 한센병 환자 복지시설인 여수 애양원의 교회에 부임해 환자들과 함께 생활했다. 환자들의 고름을 입으로 빨아내기도 하는 등 한센병 환자들을 내 몸처럼 사랑했다.

손 목사는 일제의 모진 박해와 고문에도 신사참배를 거부했다. 신사참배 강요에 맞서다 1942년 투옥됐으며, 온갖 회유와 위협을 뿌리치고 광주 형무소 · 경성 구금소 · 청주 구금소 등으로 옮겨지며 1945년 광복 때까지 옥고를 치렀다.

1948년 여순사건 때 두 아들을 잃고 실의에 빠졌던 손 목사는 아들들을 숨지게 한 공산당원을 양아들로 맞아 보살폈다. '원수를 사랑하라'라는 예수 그리스도의 가르침을 몸소 실천한 것이다. 그의 헌신적인 사랑은 그를 '사랑의 원자탄'으로 불리게 했다.

1950년 9월 한센병 환자들과 교회를 지키다 공산군에 체포돼 총살당했다. 48

세의 짧은 생은 그렇게 마감됐다. 손 목사가 양자로 삼았던 안재선 씨의 아들 안경선 씨도 목사가 되어 하나님의 사랑을 헌신적으로 실천하고 있다.

난 사람, 든 사람보다 된 사람

성품으로
리드하는
액션 플랜 IV

10. 무한 긍정으로 무장하라.

세상은 내 마음 같지 않다. 언제든 나를 공격할 준비가 돼 있다. 사람은 완벽하지 않기에 빈틈이 있고 콤플렉스와 열등감이 있기 마련인데, 비열하게도 이런 약점을 물고 늘어지는 것이다. 그럴 때 어떻게 할 것인가. 인정할 건 인정하고 쿨하게 웃으며 넘어가야 한다. 무한 긍정으로 무장하고 있을 때에야 가능한 일이다.

11. 용서하라.

누구에게나 용서하기 힘든 사람이 있기 마련이다. 그러나 용서해야 한다. 용서를 해야 내가 자유로울 수 있기 때문이다. 노모와 아내, 4대 독자 등 일가족을 살해한 연쇄살인범 유영철을 양자로 삼으며 거룩한 용서를 실천한 고정원 씨도 있지 않은가. 예수님도 '일곱 번을 일흔 번까지라도' 용서하라고 하시지 않았는가.

12. 용기를 가져라.

잉그리드 로요 케네트. 2013년 5월, 피가 뚝뚝 떨어지는 칼을 쥔 테러범 앞에서 당당한 모습으로 설득하며 시민들의 추가 희생을 막은 영국의 '아줌마 영웅'이다. 세상이 험해져서 정의감으로 나서면 이래저래 봉변당하기 십상이다. 그렇지만 용기를 가진 시민이 사회를 밝고 건강하게 한다는 것은 불변의 진리다.

......

5장

성품의 매력

| 행복의 날개를 달다 |

생각을 조심하세요, 언젠가 말이 되니까.

말을 조심하세요, 언젠가 행동이 되니까.

행동을 조심하세요. 언젠가 습관이 되니까.

습관을 조심하세요. 언젠가 성격이 되니까.

성격을 조심하세요. 언젠가 운명이 되니까.

- 마더 테레사

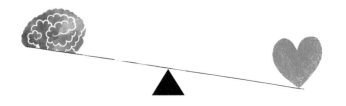

C-타입 인간의
시크릿 코드

사람이 꽃보다 아름답다고들 한다. 이유가 뭘까? 꽃이 움직이지 못하는 데 비해 사람은 움직일 수 있기 때문일까? 말을 할 수 있기 때문일까? 감정을 전달할 수 있기 때문일까? 도대체 무엇 때문에 꽃보다 사람이 아름답다고 하는 걸까?

여기서 말하는 아름다움은 당연히 외적인 아름다움을 이야기하는 것이 아니다. 사람을 끄는 그 무엇인가의 힘을 이야기하는 것이다. 그 무언가의 힘은 매력이다. 벌이 향기를 따라 꽃을 찾듯이 사람들은 도저히 거부할 수 없는 매력을 발산하는 사람 주위에 모이게 된다. 그렇게 끌어들이는 힘이 있기에 사람을 아름답다고밖에 표현할 수 없는 것이다.

그렇다면 우리는 어떨 때 사람에게서 매력을 느끼는가? 부정을 긍정으로, NO를 YES로 바꾸는 힘을 가지고 있을 때, 겸손한 태도와 아름다운 눈빛으로 기분 좋은 아우라를 발산할 때, 작은 일에도 관심을 가져주고 경청해줄 때, 지독한 아픔과 역경을 극복하고 앞으로 나아가는 모습을 보여줄 때, 먼저 다가와서 마음의 문을 열어줄 때, 상대를 편안하게 해주는 행동이 너무나 자연스러울 때 우리는 그 사람에게서 매력을 느끼게 된다.

바로 이러한 매력이 C-타입 인간의 시크릿 코드(secret code)다. 이 시크릿 코드가 있으면 주변에 사람들이 모인다. 나아가, 모인 사람들이 '열광하는 팬'이 된다.

가수 안치환이 노래한 〈사람이 꽃보다 아름다워〉는 사람이 꽃보다 왜 아름다운지를 가슴 저미게 절규한다.

강물 같은 노래를 품고 사는 사람은 알게 되지
내내 어두웠던 산들이 저녁이 되면 왜 강으로 스미어
꿈을 꾸다 밤이 깊을수록 말없이 서로를 쓰다듬으며
부둥켜안은 채 느긋하게 정들어 가는지를

지독한 외로움에 쩔쩔매본 사람은 알게 되지
그 슬픔에 굴하지 않고 비켜서지 않으며
어느 결에 반짝이는 꽃눈을 달고

우렁우렁 잎들을 키우는 사랑이야말로

짙푸른 숲이 되고 산이 되어 메아리로 남는다는 것을

누가 뭐래도 사람이 꽃보다 아름다워

이 모든 외로움 이겨낸 바로 그 사람

누가 뭐래도 그대는 꽃보다 아름다워

노래의 온기를 품고 사는

바로 그대 바로 당신 바로 우리 우린 참사랑

　노랫말은 강물 같은 노래를 품고 사는 사람, 지독한 외로움에 쩔쩔매본 사람, 그리고 그 모든 외로움을 이겨낸 사람이 꽃보다 아름답다고 말한다. 외로움에 치를 떠는 과정에서 자신의 존재 이유를 깨달을 수 있기에, 처절한 고독의 과정을 통해 혼자 서는 법을 배우고 자신에게 부여된 소명의 길을 걸어갈 수 있기에, 그 길에서 재능을 발휘하고 인격의 고매함을 추구하며 사람들을 품을 수 있기에 아름답다는 것이다.

몸을 낮춰 가슴을 울리다

자신이 걸어온 발자취를 통해 사람들에게 마음의 눈물을 흘리게

난 사람, 든 사람보다 된 사람

하는 사람들이 있다. 희생과 봉사, 헌신과 정성으로 가득한 인생을 살아가는 사람들이다. 그들은 자신의 인생길에서 남을 주인공으로 만드는 사람들, 자신의 이미지보다는 상대의 관심사에 집중하는 사람들, 내가 궁금한 것이 아니라 상대가 말하고 싶어 하는 것을 물어보는 사람들이다. 이들이 바로 꽃보다 아름다운 사람들이다.

의과대학을 졸업하고 한국에서 의사로 남부럽지 않게 살 수 있는 길을 버리고, 다시 신학대에 입학해 사제가 되었던 사람. 2001년부터 아프리카에서도 가장 오지로 불리는 수단의 남부 톤즈에서 병원과 학교를 설립하는 등 원주민을 위해 헌신하다 2010년 마흔여덟 살의 나이에 암으로 세상을 떠난 사람. 다큐멘터리 영화〈울지마 톤즈〉로 우리에게 잘 알려진 이태석 신부. 그는 많은 이들의 가슴을 울리며 그들의 가슴에 영원히 시들지 않을 한 송이 꽃으로 남았다.

인도에서 가난하고 병든 사람을 위해 평생을 헌신해 '마더 테레사'로 불린 테레사 수녀. "허리를 굽혀 섬기는 자는 위를 보지 않는다"며 자신의 몸을 가장 낮은 데로 낮추어 인류애에 대한 희망을 보여준 사람이다. 1979년 노벨 평화상을 받았다. 그녀의 장례는 국장으로 치러졌다.

프랑스령 적도아프리카(지금의 가봉공화국)의 랑바레네에 병원을 개설한 의사이자 선교사로서 인류애를 실천한 알베르트 슈바이처. '밀림의 성자'로 유명한 인도주의자인 그는 '생명에 대한 경외'라는 자신의 철학을 실천한 공로로 1952년 노벨 평화상을 받았다.

우리 주변에는 이들처럼 위대한 삶까지는 아니더라도 늘 남을 위해 수고하고 봉사하는 사람들이 많다. 헤아릴 수 없을 정도로 많은 자원봉사자의 삶이 그렇고, 힘들고 어렵게 살아가는 사람들을 위해 거금을 쾌척하는 익명 기부자들의 삶이 그렇다. 그들은 한 번 왔다 가는 인생을 '아름다운 소풍'으로 만드는 사람들이다.

소록도의 두 수녀

'문둥병'이라 불리던 한센병 환자를 격리수용하던 전남 고흥군 도양읍 소록도. 이곳에서 43년간 환자들을 돌보다가 2005년 11월 편지 한 장을 남기고 홀연히 떠난 푸른 눈의 두 수녀가 있다. 마리안 수녀와 마가레트 수녀. 남겨진 편지에는 "나이가 들어 제대로 일할 수 없어서 부담을 주기 전에 떠난다"고 적혀 있었다.

스무 살을 갓 넘긴 곱디고운 모습으로 먼 이국땅에 와서 40여 년을 손발이 문드러지고 피고름투성이 환자들을 위해 봉사하던 두 수녀. 고령으로 일하기 힘들어지자 짐이 되기 싫다며, 환송 모임마저 번거롭고 피해가 된다며, '사랑하는 친구 은인들에게'라는 제목의 편지 한 장 남기고는 이른 새벽 작별인사도 없이 조국인 오스트리아로 떠난 것이다.

오스트리아 간호학교를 나온 두 수녀는 소록도병원에서 간호사

난 사람, 든 사람보다 된 사람

를 원한다는 소식이 소속 수녀회에 전해지자 1962년과 66년 차례로 소록도에 왔다. 그들은 환자들이 말리는데도 약을 꼼꼼히 발라야 한다며 장갑도 끼지 않은 채 상처에 약을 발라주는 등 혼을 담아 정성껏 치료해주었다. 오후에는 죽도 쑤고 과자도 구워 들고 마을을 돌며 친구가 되어주었다.

또 외국 의료진을 초청해 장애교정 수술을 해주고 환자 자녀를 위한 영아원을 운영하는 등 보육과 자활정착 사업에 헌신했다. 정부는 이들의 선행을 뒤늦게 알고 1972년 국민포장, 1996년 국민훈장 모란장을 수여했다.

주님밖에는 누구에게도 얼굴을 알리지 않는 베풂이 참베풂임을 믿었던 두 사람은 상이나 인터뷰를 번번이 물리쳤다. 조국 오스트리아의 정부 훈장도 주한 오스트리아 대사가 섬까지 찾아와서야 전달할 수 있었다. 병원 측이 마련한 회갑잔치마저도 '기도 중'이라는 이유로 고사했다. 두 수녀는 본국 수녀회가 보내오는 생활비까지 환자들 우유와 간식비로, 그리고 성한 몸이 돼서 떠나는 사람들의 노잣돈으로 나눠주었다.

이렇게 40여 년간 숨은 봉사를 실천한 두 수녀는 편지에 "부족한 외국인으로서 큰 사랑과 존경을 받아 감사하며 저희의 부족함으로 마음 아프게 해드렸던 일에 대해 이 편지로 용서를 빈다"고 적었다. 두 수녀의 귀향길에는 소록도에 올 때 가져왔던 해진 가방 한 개씩만 들려 있었다. 돌아간 고향 오스트리아는 도리어 낯선 땅이 되었지만, 3평 남짓 방 한 칸에 살면서 방을 온통 한국의 장식품으로 꾸며놓고 오늘도 '소록도의 꿈'을 꾼다고 한다.

선해야 이긴다

두 수녀의 이야기는 가슴을 뭉클하게 한다. 그들이 남긴 사랑의 온기는 민들레 홀씨처럼 바람에 날려 추운 곳을 따뜻하게 하고 어두운 곳을 환하게 밝히고 있다. 그들은 자신들이 할 수 있는 모든 방법으로, 자신들의 손길이 미칠 수 있는 모든 사람에게 세상에서 가장 고귀한 사랑을 나누었다. 그들은 세상의 가장 후미진 곳, 가장 낮은 곳에서 자신들의 온 삶을 바쳤다. 고귀한 헌신이었다.

야구 용어 중에 '희생타'라는 게 있다. 희생타는 타율에는 인정이 안 되고 타점에는 기록된다. 이런 규칙은 희생을 팀에서 값지게 받아들인다는 의미를 담고 있다. 두 수녀의 헌신은 고귀한 희생이었고, 영혼이 담긴 진심이었으며, 매력의 완성이었다.

세상은 두 수녀처럼, 고귀한 삶을 산 또 다른 사람들처럼 상대방을 감동시키는 에너지를 발산하는 사람들로 인해 그 온기를 잃지 않고 있다. 상대방을 감동시키는 에너지는 돈이 많다거나 배경이 좋다거나 하는 일차원적인 조건으로는 생성되지 않는다. 오직 선한 기운을 통해서만 만들어진다. 이 선한 기운이 있어야만 세상 사람

274 난 사람, 든 사람보다 된 사람

들에게 존경받고 인정받을 수 있다.

사람들은 험한 세상을 살아가기 위해서는 약아야 하며, 약아야 이길 수 있다고 말한다. 그러나 꽃보다 아름다운 사람들은 그것이 착각임을 증명한다. 그들은 자신에게 몰입하는 삶을 통해, 세상을 향한 울림을 통해 '선해야 이긴다'고 웅변한다. 그들은 또 흔들림 없는 자기확신, 행복을 찾을 수 있는 진정한 용기를 가진 사람들이다. 마음의 짐을 덜어주기 위해 이타심으로 중무장한 사람들이며, 겸손과 배려와 격식 없음과 꾸밈없는 자연스러움으로 사랑을 키우는 사람들이다.

꽃보다 아름다운 사람들은 자신이 진정으로 원하는 길을 선택하고 묵묵히 그 길을 따라가는 사람들이다. 남의 시선에서 벗어나 온전히 자신을 바라보는 사람이며, 내려가는 것을 두려워하지 않고 롤러코스터 같은 삶을 즐기는 사람이다. 가장 고귀한 꿈은 가장 낮은 곳에서 실현된다는 것을 아는 사람, 남이 가지 않는 길을 걷는 사람, 그리고 그 길에서 자신의 '작은 차이'로 승부를 거는 사람, 이런 사람이 꽃보다 아름다운 사람이다.

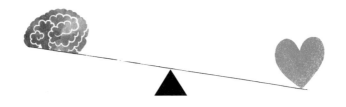

성품은
결함을 뛰어넘는다

세상을 살다 보면 어쩌면 저런 인생이 있을까 싶을 정도로 가혹한 인생도 만나게 된다. 특히 극한의 장애를 안고 태어난 사람의 경우는 더욱 그렇다. 안쓰러운 마음이 절로 생긴다. 그들의 인생에는 도무지 기쁨과 즐거움과 희망이 들어설 자리가 없을 것처럼 보인다. 그러나 이는 상식적인 사고의 한계다.

정작 그들은 절망이 아닌 희망의 삶을, 한계가 비전이 되는 삶을, 실패의 인생이 아닌 기회의 인생을 살고 있다. 나날이 새롭고 나날이 기쁨이 넘친다. 어떻게 그런 일이 가능할까. 분명 모양으로는 절망이고 한계이고 실패인데 무엇이 그들을 그렇게 긍정의 화신으로 만들었을까. 도대체 어떤 힘이 있어 평가절하된 삶을 거부하고 기

난 사람, 든 사람보다 된 사람

적의 주인공들이 될 수 있었던 것일까.

사지가 없는 장애를 안고 태어난 사람들이 있다. 저서《오체불만족》으로 유명한 일본인 오토다케 히로타다 씨도 그중 한 사람이다. 1976년생인 그는 팔다리가 없는 선천성 사지절단이라는 장애를 가지고 태어났다. 그의 어머니는 그가 탄생하는 순간부터 하늘이 준 생명을 감사하고 기뻐했다.

그리고 보통의 아이와 똑같이 키우려 했다. 길거리를 함께 산책하는 등 주위에도 장애라는 사실을 숨기지 않았다. 뺨과 어깨 사이에 연필을 끼워 글을 쓰게 하고, 지렛대 원리를 이용해 포크로 식사하게 하면서도 특별히 보호하진 않았다. 그리고 틈만 나면 책을 읽어주었다. 오토다케의 승리는 어머니의 승리였다. 그의 부모는 그가 태어났을 때 두 가지 교육방침을 정했다. 하나는 '강한 아이로 키우자'였고, 다른 하나는 '장애를 방패로 도망치는 아이는 절대로 만들지 말자'였다. 그는 부모의 교육방침대로 잘 성장했다.

그는 우여곡절 끝에 일반 초등학교에 입학했다. 1학년 때 담임을 맡은 다카기 선생님이 4학년 때까지 줄곧 담임을 맡으며 보살펴준 덕도 컸다. 그 역시 장애인이라고 오토다케를 특별히 배려하진 않았다. 청소도 같이 시켰고, 체육 시간에도 함께 운동하게 했다. 휠체어를 못 타게 했고, 반 아이들에게도 특별대우를 하지 않도록 지도했다. 헬렌 켈러 뒤에 설리번 선생님이 있었듯이 오토다케 뒤에는 다카기 선생님이 있었다. 다카기 선생님은 매일 지도내용을 꼼

꼼하게 기록했다. 4년간 10권의 일기를 썼다.

오토다케는 와세다 대학교에 다니던 1998년에 장애인의 삶을 담은 수필집《오체불만족》을 펴냈다. '장애는 불편한 것이지만 불행한 것은 아니다'라는 긍정의 메시지를 담은 그 책은 일본뿐 아니라 전 세계에서 베스트셀러가 됐다.

졸업 후 스포츠 칼럼 등 집필활동을 해오다 어릴 적 꿈이던 교사가 되기 위해 2007년 초등학교 교원면허를 취득했다. 2010년까지 도쿄 스기나미 구의 구립 초등학교에서 3년간 교직에 몸담았다. 2013년에는 4년 임기의 도쿄 도 교육위원에 선임됐다. 일본에서 교육위 제도가 생긴 1956년 이후 최연소 교육위원이다. 그는 오늘도 '지금 현재 이상의 존재'가 되기 위해 자신의 능력을 최대한 발휘하고 있다. 밝은 성격과 적극적인 자세로 힘차게 노를 저으며 인생의 높은 파도를 멋지게 넘고 있다.

팔다리가 없다? 절망도 없다!

닉 부이치치. 1982년 호주에서 태어난 그도 오토다케와 마찬가지로 처음부터 팔다리가 없었다. 여덟 살 이후 세 번이나 자살을 시도할 정도로 힘든 청소년기 시절을 보냈으나 부모의 전폭적인 지원과 사랑으로 삶의 의미와 존재의 이유를 깨달았다. 부모의 교육철학으

난 사람, 든 사람보다 된 사람

로 정상인이 다니는 중·고등학교에 다니며 학생회장을 지냈다.

그는 호주 로건 그리피스 대학교에서 회계와 경영을 전공했다. 스케이트보드를 타고 서핑을 즐기며, 드럼을 연주하고, 골프를 치고, 컴퓨터를 한다. 열아홉 살 때 첫 연설을 시작한 이래 학생과 교사, 청년, 사업가, 여성, 직장인 및 교회 성도 등 다양한 청중을 대상으로 연설하고 있다. 지금까지 30개국이 넘는 나라에서 희망 바이러스를 퍼뜨리고 있다. 현재 미국에서 'LIFE WITHOUT LIMBS(사지 없는 삶)'이라는 이름의 회사를 경영하고 있다.

그는 세상을 향해 이렇게 외친다.

"인생의 목적을 발견해야 합니다. 팔다리가 없다고요? 맞습니다. 그리고 절망도 없습니다. 인생은 믿음의 승부입니다. 있는 모습 그대로면 충분합니다. 일단 시작하세요. 두려워도 해야 합니다. 결코 자기연민에 빠지지 마세요. 외로움과 고립감에 빠지지 마세요. 내가 나를 사랑하지 않는 한 아무도 나를 사랑해주지 않습니다. 아픔을 딛고 당당히 일어나세요. 넘어져도 좋습니다. 다시 일어서면 되니까요.

마음을 활짝 열고 변화를 환영하세요. 당신을 위한 기회는 반드시 옵니다. 너무 늦기 전에 안전지대에서 걸어 나오세요. 무엇이든 가능합니다. 한계를 껴안으세요. 자신의 삶을 최고의 스토리로 만들어보세요. 앞으로 여러분의 삶에 어떤 사연이 펼쳐질지 모르지만 굉장히 멋지고 흥미진진한 이야기가 되리라는 것만큼은 백 퍼센트

확실합니다. 자신을 생긴 그대로 사랑하세요."

닉은 사람이 가진 한계는 그저 환상에 불과하다고 말한다. 그래서 절대로 좌절해서는 안 되며 비전을 포기해서도 안 된다고 강조한다. 장애는 그에게 더는 멍에가 아니다. 한계를 뛰어넘어 자유롭게 비상하는 날개가 됐다. 그의 삶은 시련과 좌절감에 빠진 이들에게 희망이 되고, 다시 일어서게 하며, 나아가 세상을 밝히는 빛이 되도록 한다. 그의 삶은 또 '더는 여기 머물러서는 안 된다'는 경고의 메시지이기도 하다.

상황은 10퍼센트, 반응은 90퍼센트

닉 부이치치와 오토다케 히로타다처럼 크고 작은 장애를 안고 태어나는 사람들은 헤아릴 수 없을 정도로 많다. 네 손가락 피아니스트 이희아 씨, 시각장애인이면서도 야구 중계를 하는 엔리케 올리우 씨(아메리칸리그의 탬파베이 레이스 팀의 스페인어 라디오 방송 야구해설가), 국내 최고 하모니시스트로 평가받는 시각장애인 전제덕 씨, 〈I Just Called To Say I Love You〉라는 노래로 유명한 미국의 시각장애인 가수 스티비 원더 등이 그들이다. 루게릭병을 앓으면서도 블랙홀 연구에 뛰어난 업적을 남긴 영국의 우주물리학자 스티븐 호킹, '한국의 스티븐 호킹'으로 불리는 이상묵 교수, 시각과 청각 중

복 장애인이었던 헬렌 켈러, 청각장애를 극복한 음악의 황제 베토벤 이름도 떠오른다.

불의의 사고로 전신에 50퍼센트가 넘는 3도 화상으로 수년간 죽음보다 더한 고통과 싸워 마침내 이겨낸 이지선 씨 등 이런저런 사고로 인해 후천적으로 치명적인 장애를 입는 사람들도 있다. 중요한 것은 장애가 저주가 되느냐 축복이 되느냐는 장애를 받아들이는 태도에 달려 있다는 점이다. 세상에 이름을 알린 유명한 사람들은 자신의 장애를 축복으로 받아들인 사람들이다. 그들은 역경을 재료 삼아 기적을 만들어가며 역경이 축복이라는 말을 삶으로 증명해 보인다. 그들의 삶은 장애인들에게는 꿈틀거리는 희망을 선물하며 비장애인들에게는 고난 중에 감사할 조건을 헤아리게 한다.

장애라는 걸림돌을 디딤돌로 바꾼 사람들은 현재의 상황이 자신의 삶에서 차지하는 비중이 10퍼센트에 불과하다고 생각한다. 나머지 90퍼센트가 상황에 대처하는 자신들의 반응에 달려 있다고 생각하는 것이다.

그들의 반응은 이렇다. 먼저 '나는 정말 축복받은 사람'이라고 자신의 상황을 인식한다. 그리고 마지막에 남아 있는 작은 것으로부터 다시 시작하겠다는 의지를 불태운다. 더 나은 인간이 되는 것을 목표로 삼고 더 큰 꿈을 꾸며 장벽을 넘어 나아가겠다는 희망을 꽃피운다. 여전히 숨을 쉬고 있다면 세상에서 해야 할 일이 남아 있다고 믿고, 누구에게나 세상에 보탬이 될 만한 구석이 있다고 생각한다. 삶의 즐거움을 마지막 한 방울까지 맛보기를 원하며, 앞을 비추는 한 줄기 빛을 따라 불굴의 의지로 나아간다. 그들은 이렇게 '반응하는 삶'을 통해 '인내는 쓰지만 열매는 달다'는 것을 만끽한다.

축복의 통로 된 몽당연필

물론 현실은 녹록하지 않다. 한평생을 살아가면서 좌절이라는 석벽과 절망이라는 철벽을 만나지 않는 사람이 얼마나 있겠는가. 누구나 힘든 순간을 만나기 마련이다. 그것이 인생이다. 중요한 것은 힘든 순간을 만난다는 사실이 아니라 다시 일어서는 힘을 가지고 있느냐 하는 것이다.

다시 일어서는 힘은 '희망은 절망의 끝에서 시작된다'는 마법의 문장을 믿는 데서 나온다. 이 문장을 믿는 사람은 방법을 찾고 해결책을 찾아내는 '결과형 인간'이 되고, 믿지 않는 사람은 안 되는 이유와 할 수 없는 이유를 찾는 '변명형 인간'이 된다. 태도가 삶의 방향을 결정짓는다. 변명형 인간이 결과형 인간으로 변하기 위해서는 '할 수 없다'는 생각나무에 정신적인 이별을 고하고 과감하게 베어버려야 한다.

'할 수 있다'는 믿음의 효력은 실로 대단하다. 이 믿음은 박사학위를 취득하거나, 기술을 개발하거나, 불후의 명작을 만들거나, 큰 부

난 사람, 든 사람보다 된 사람

를 이루거나, 장군이 되거나, 경주에서 승리자가 되는 일처럼 모든 목표에 없어서는 안 될 요소다. '할 수 있다'는 믿음의 핵심은 내면에 있는 소중한 자원을 최대한 드러내고 확장하는 데 있다.

2013년 5월 15일 스승의 날. 서울 인왕중학교 김경민 선생님의 제자들은 선생님의 가슴에 카네이션을 달아드리는 행사를 했다. '미담이'도 함께 카네이션을 달았다. 미담이는 지난 6년간 김 선생님의 옆을 지켜준 안내견이다. 영어를 가르치는 그는 초등학교 6학년 때 시력을 완전히 잃은 1급 시각장애인이다.

그는 2011년 봄 이 학교에 첫발을 디뎠다. 당시 학생들은 물론 동료 교사들의 걱정은 컸다. "시각장애인이 제대로 된 수업을 진행할 수 있겠느냐" 하는 우려였다. 김 선생님은 실력으로 주변의 걱정이 '기우'임을 증명했다.

닉 부이치치와 오토다케처럼 유명해진 사람은 아닐지라도 우리 주변에는 김경민 선생님처럼 자신의 한계를 뛰어넘고 있는 사람들로 가득하다. 그들은 아직도 감사해야 할 일들이 많음을 알고 무궁무진한 가능성이 있음을 깨닫는다. 이런 사람들은 거룩한 충동을 느낀다. 어둠을 탓하는 대신 어둠을 밝히는 한 자루의 촛불이 되겠다는 강렬한 열망이다. 그들은 긍정의 힘과 자신의 존재 이유에 대한 확고한 소명의식으로, 몽당연필같이 작고 볼품없던 자신의 삶을 만인들에게 희망을 주는 축복의 통로로 만든 사람들이다.

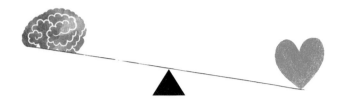

겨자씨와 누룩

성경에는 겨자씨와 누룩의 비유가 있다. 겨자씨와 누룩, 이 둘은 비록 처음에는 작고 보잘것없지만 시간이 지나면서 큰 변화를 가져오는 존재들이다. 처음에는 영향력이 미약하지만 결국 온 세상에 드러나게 된다.

겨자씨를 채소밭에 가져다 뿌리면 처음에는 표시도 나지 않는다. 워낙 작기 때문이다. 그러나 시간이 흐르면 어느새 새들도 깃들 수 있는 커다란 식물이 된다. 누룩은 술을 만드는 효소를 지닌 곰팡이를 곡류에 번식시켜 만든 발효제다. 적은 양으로도 가루 서 말을 부풀게 할 정도로 큰 변화를 일으킨다.

겨자씨와 누룩은 변화 촉진제들인 셈이다. 사람에 비교하면 큰 변

난 사람, 든 사람보다 된 사람

화를 불러오고 영향력을 미치는 존재들이다. 닉 부이치치와 오토다케 히로타다도 그들에 포함된다. 절망에 빠진 많은 사람에게 희망을 주고 긍정적인 변화를 이끌어내기 때문이다. 영향력이 있었기에 가능한 일이었다.

영향력은 사람들을 주변으로 끌어당기고, 귀 기울이게 하고, 공감하게 하며, 행동하게 한다. 이게 바로 리더십이다. 영향력이 리더십인 것이다. 사람들은 종종 오해한다. 높은 지위에 오르거나 조직의 책임자가 되면 영향력이 생긴다고 생각한다. 물론 지위가 영향력을 발휘할 수도 있다. 그러나 지위 그 자체로 인한 영향력은 진정한 영향력이 아니다. 위계(位階)이고 위력(威力)일 뿐이다.

진정한 영향력은 누군가에 의해서 주어지거나 지명되거나 위임받을 수 있는 것이 아니다. 진정한 영향력은 강제할 수 있는 것이 아니다. 획득되어야 하는 것이다. 영향력은 지위가 아니다. 지식과 정보도 아니다. 관리도 아니며 앞에 나서는 것도 아니다.

영향력은 그를 따르는 구성원들의 자발성에서 찾을 수 있다. 영향력이 있는 사람은 경청하게 하고 자신의 제안을 존중하게 한다. 사람들이 자발적으로 따른다. 진정한 영향력은 자신의 성품에서 출발하며, 사람들과의 좋은 관계, 지식과 정보와 확고한 비전, 과거의 성공 경험, 무엇인가를 할 수 있다는 가능성과 이끌어갈 수 있는 능력에서 나온다.

영향력이 없으면 따르지 않는다

KMK그룹 송창근 회장도 진정한 영향력을 발휘하는 사람 중 하나다. KMK그룹은 나이키와 컨버스, 헌트 등 세계 유수 브랜드의 신발을 연간 3천만 켤레 생산하는 기업이다. '미스터 신발왕'으로 불리는 송 회장은 'Human Touch Management' 창시자다. 인간중심경영을 뜻한다.

"사업에서 가장 중요한 것은 사람입니다. 종업원들은 회사에 인생을 걸었습니다. 종업원들은 회사의 가장 중요한 자산입니다. 종업원들이 없으면 회사도 없습니다. 종업원만 만족시켜서는 안 됩니다. 한 걸음 더 나아가 종업원의 어머니도 만족시켜야 합니다. 종업원 터치 경영을 넘어 가족 감동 경영을 해야 합니다. 종업원들의 마음을 어떻게 감동시킬 수 있을까요? 방법은 의외로 간단합니다. 늘 웃어주고, 칭찬하고 격려하며, 마음과 마음으로 통하며, 악수를 많이 하고, 힘든 부분이 있으면 온 힘을 다해 도와주는 겁니다."

KMK그룹 구성원들은 이런 마음을 가진 송 회장을 진심으로 존경한다. 인도네시아 상공회의소 회장이기도 한 송 회장은 매년 명절을 앞두고 고향으로 돌아가는 현지인 종업원들에게 인사하느라 꼬박 사흘 동안 인도네시아 공장을 돌며 직원 2만 명과 일일이 악수를 나눈다. 출근 시간이면 늘 회사 정문 앞에 서서 직원들을 웃으며 반갑게 맞이한다. 직원들의 어려움을 살피기 위해 살고 있는 집을 방

난 사람, 든 사람보다 된 사람

문한다.

송 회장의 이런 언행심사(言行心思)에 감동하지 않을 직원들이 어디에 있겠는가. 송 회장은 스스로 겨자씨가 되고 누룩이 되어 2만 종업원들의 마음에 감동을 주고 변화를 일으킨다. 영향력은 '강제력 없는 리더십'이다. 상대방의 자발적인 참여를 이끌어낸다. 리더가 영향력을 갖고 있지 않으면 구성원들은 그를 따르지 않는다.

사람의 마음에 변화를 줄 수 없다면 영향력이 없는 것이다. 영향력이 없으면 리더가 아니다. 리더십의 대가 존 맥스웰은 영향력의 중요성을 다음과 같이 심플하게 정의한다.

"자신이 리더라고 생각하는데 따라오는 사람이 없다면 그것은 산책일 뿐이다."

신뢰가 문제다

구성원들은 비전보다 리더를 먼저 받아들인다. 비전이 아무리 거창하고 훌륭하다고 하더라도 비전을 만든 사람을 받아들일 수 없으면 비전을 받아들이지 않는다. 먼저 리더를 받아들인 다음에 리더의 비전을 받아들이는 것이다.

그렇다면 구성원들에게 받아들여지는 리더에게는 어떤 특징이 있을까? 가장 크면서도 중요한 특징은 구성원들과 많은 신뢰를 쌓고 있다는 점이다. 비전이 얼마나 크고 좋은가 하는 것은 사실 구성원들에게는 큰 의미가 없다. 구성원들은 사람을 먼저 믿기 때문이다. 소비자들은 신발의 품질이 좋기 때문에, 냉장고의 성능이 좋기 때문에 제품을 구입하기보다는 제품을 판매하는 회사의 이미지와 광고하는 사람들의 신뢰도를 보고 제품을 구입하는 경향이 크다.

구성원들에게 받아들여진다는 것은 구성원들로부터 신뢰를 받는다는 의미다. 신뢰를 받는다는 것은 사람들의 마음을 얻는다는 것이고, 사람들의 마음을 얻는다는 것은 영향력이 있다는 의미다. 결국 '겨자씨와 누룩의 성품=영향력=신뢰받는 것'이라는 등식이 만들어진다.

그렇다면 자신의 신뢰 수준을 높이려면 어떻게 하면 될까? 먼저 사람들과 좋은 인간관계를 맺어야 한다. 정직하고 진실하고 신뢰할 수 있는 사람이 되기 위해 노력하고, 높은 기준을 설정해 솔선수범해야 한다. 그리고 능력을 갖춰야 한다. 다시 말해서 신뢰를 쌓으려면 관계, 성품, 능력 이 세 가지를 보여줘야 한다.

자신의 성품이 겨자씨와 누룩의 성품인지 아닌지는 사람들과 함께 여행을 떠나보면 알 수 있다. 긍정의 변화를 이끌어내는 겨자씨와 누룩의 성품이라면 여행 일정이 길면 길수록 분위기가 더 좋아질 것이다. 그러나 성품이 좋지 않다면 여행 일정이 길어질수록 다툼이 일어나고 관계가 깨지는 소리가 날 것이다. 믿을 수 없는 사람과 함께 시간을 보내고 싶어 하는 사람은 없기 때문이다.

존경의 꽃을 피우려면

신뢰의 성품은 자신의 고결함을 잃지 않고 일관성을 보여준다. 기분 좋을 때만 성품 좋은 사람이 되는 사람을 믿을 사람은 없을 것이다. 신뢰는 항상 진실하고 성실한 자세로 함께하는 동료들을 인간적으로 배려하는 과정에서 형성된다. 사람들은 신뢰할 수 있는 사람을 존경하기 마련이다.

신뢰는 아무리 절망적인 상황에서도 '반드시 밀물 때가 온다'는 믿음으로 흔들리지 않고 앞으로 나아가는 모습을 보일 때 생긴다. 높은 자리에 오른 상황에서도 어려웠던 시절을 생각하며 초심을 잃지 않는 한결같은 모습을 보일 때, 변명이나 핑계를 대는 대신 책임을 지는 자세를 보일 때, 아무도 알아주지 않으리라는 것을 알면서도 자기 일을 묵묵히 수행해나갈 때 신뢰의 이미지는 선명해진다.

신뢰가 없는 곳에는 존경의 꽃이 피어날 수 없는 법이다. 존경의 꽃은 합리적인 결정을 하고, 자신의 실수를 인정하며, 자신의 이익보다 구성원과 조직 전체의 이익을 먼저 생각할 때 꽃망울을 터뜨린다. 그리고 자신에게 엄격하고 남에게는 너그러우며, 상대의 실수를 따뜻하게 품어주며, 격식을 버리고 실질을 숭상하며, 진실한 마음으로 통할 때 비로소 꽃으로 피어난다.

신뢰의 성품으로 무장하고, 존경의 꽃을 피우며, 영향력을 발휘하는 사람들이 바로 '변화의 촉진제' 같은 사람들이다. 주변을 밝고 건강하게 변화시키는 겨자씨와 누룩의 성품을 가진 사람을 마다할 사람은 없을 것이다. 겨자씨와 누룩의 성품을 가진 사람은 행복을 부르는 사람이요, 사랑을 부르는 사람이다.

겨자씨와 누룩의 성품. 이 변화의 촉진제는 사람을 변화하게 하고 성장하게 한다. 그 변화와 성장을 통해 또 다른 변화 촉진제를 만들어낸다. 재생산의 법칙, 곱셈의 법칙이다. 결국 이 세상을 밝게 하고, 희망적이고 발전적으로 만드는 사람들은 겨자씨와 누룩의 성품을 가진 사람들이다.

성품은 위기일수록
빛을 발한다

인생이라는 게 늘 평온하다면 얼마나 좋을까. 그러나 잔인하게도, 인생은 우리를 늘 위기의 소용돌이 속으로 몰아넣는다. 승승장구하던 기업이 갑자기 부도를 만나고, 잘 다니던 직장에서 갑자기 해고 통보를 받는다. 잘 가고 있는 차량을 역주행하는 차량이 덮치고, 평소 건강관리에 그렇게 신경을 썼는데도 말기 암 판정을 받는다. 화목한 가정이 자식의 실종으로 풍비박산 나고, 그렇게 믿었던 사람에게서 치명적인 배신을 당한다.

이런 예기치 못한 상황을 만나면 당황하게 되고 황망한 마음에 이성을 잃기도 한다. 성품은 이런 위기의 상황에서 중요한 역할을 한다. 중심을 잡고 요동치는 마음을 누그러뜨린다. 그리고 기왕에 벌어진 일을 한탄하기보다는 어떻게 대응해나갈지에 집중한다. 그리고 최대한 이른 시간 안에 해결책을 발견해낸다.

위기 상황에서 빛나는 성품을 발휘한 사람들 중에서 가장 먼저 떠오르는 사람은 어니스트 새클턴(1874~1922)이다. 영국의 탐험가인 그는 1901~1914년 사이 3회에 걸쳐 남극을 탐험하며 자남극(磁南極, 지구자기장에서의 남극점)을 발견한 사람이다.

1914년 8월 1일. 그는 '인내'라는 뜻의 범선 '인듀어런스(endurance)'를 타고 세 번째 남극 대륙 탐험을 위한 장정을 떠난다. 최종 합류 대원의 숫자는 27명. 그들 중 누구도 남극 대륙에 발을 들여놓지 못했다. 비록 원정에는 실패했지만 새클턴과 대원들은 무엇에도 견줄 수 없는 인내와 용기, 충성, 리더십을 역사의 페이지에 기록했다.

원정은 새클턴을 지상에서 가장 위대한 탐험가, 리더십을 상징하는 아이콘으로 만들었다. 비록 대륙 횡단에는 실패했지만 남극 빙벽에서 634일, 장장 1년 7개월이라는 긴 세월을 견뎌내고 전 대원의 무사 귀환을 이끌었기 때문이다. 새클턴은 극한의 고난 속에서도 지칠 줄 모르고 대원들을 격려했으며, 대원들의 말에 귀를 기울였고, 같이 의논하고 농담하고 노래를 부르며 희망의 불씨를 끊임없이 지폈다.

새클턴은 절망적인 상황에서 리더에게 꼭 필요한 자질을 갖추고 있었다. 낙천적이면서도 침착한 성격, 빠르면서도 정확한 판단력과 결단력은 대원들에게 신뢰를 주기에 충분했다.

난 사람, 든 사람보다 된 사람

대원들에게는 새클턴이 항상 자신의 야심보다 그들의 안위를 먼저 챙겨줄 것이라는 믿음이 있었다. 사람들은 이 세 번째 탐험을 '위대한 실패', '위대한 항해'라고 부르면서 지금도 그의 정신을 추모한다.

이 시대의 진정한 영웅들

우리나라 사람들 중에도 살신성인을 통해 국민의 심금을 울린 사례가 적지 않다. 우리나라의 건국이념이자 교육이념인 홍익인간, 크고 넓게 뻗친 기운이라는 뜻의 호연지기가 몸에 배어 있기 때문이리라.

2013년 3월 1일. 경찰용 흰색 점퍼를 입은 사나이가 팔을 휘저으며 정신없이 바다로 달려들어 간다. 앞서 물에 뛰어든 남자를 붙잡으려다 몸의 중심을 잃고 엎어졌다 다시 벌떡 일어난다. 남자의 몸은 잡힐 듯 말 듯 더 깊은 곳으로 사라져간다. 점퍼의 흰 빛이 점차 작아지더니 급기야 화면에서 사라진다. 밤바다는 다시 검게 변한다.

순찰차 블랙박스에 찍힌 동영상이다. 인천 강화경찰서 소속 정옥성 경감은 자살을 시도하는 사람을 구하기 위해 바다로 달려들어갔다가 순찰차 블랙박스에 마지막 모습을 남기고 안타깝게도 고인이 됐다.

2010년 3월 29일. 천안함이 피폭으로 두 동강 나 침몰한 지 5일째 되던 날. 해군 특수전여단(UDT) 소속 한준호 준위가 실종자를 구조하기 위해 수심 45미터의 바다로 뛰어들었다. 세계 최고의 유속에 갯벌로 우유처럼 뿌옇게 흐려져 있어 20센티미터 앞도 볼 수 없는 상황. 위험을 무릅쓰고 구조작업에 임했던 그는 잠수병 증세로 치료 중 순국했다.

2001년 1월 26일. 일본에서 아르바이트로 학비를 벌며 열심히 유학생활을 하던 평범한 대학생 이수현 씨. 아르바이트를 마치고 집으로 돌아가던 그는 도쿄 신오쿠보 전철역 지하철 선로에 쓰러진 취객을 보고, 즉시 선로로 뛰어들었다. 그의 머릿속에는 오로지 그 취객을 구해야 하겠다는 생각뿐이었다. 이수현 씨와 근처에 있던 카메라맨 세키네 시로 씨는 취객을 구하려고 선로 밑으로 뛰어내렸지만 빠른 속도로 달려오는 열차를 피하지 못했다. 결국 취객과 두 사람은 현장에서 목숨을 잃었다.

정옥성, 한준호, 이수현. 누군가는 그들을 바보라고 말할지 모르지만 그들은 국민의 마음을 울린 이 시대의 진정한 영웅들이다. 위기의 순간에 숭고한 희생정신을 보여준 그들은 '네 이웃을 네 몸과 같이 사랑하라'는 성경의 계명을 온몸으로 실천한 고결한 성품의 사람들이다.

난 사람, 든 사람보다 된 사람

인류 정신의 진화

　지난 2011년 3월 11일 오후 2시 46분, 일본 동북부 해상에서 리히터 규모 9.0의 강진이 발생했다. 지진이 방출한 에너지의 파괴력은 히로시마 원자폭탄의 6만 배에 달했다. 곧이어 지진해일(쓰나미)이 예상되는 긴박한 상황이었다.

　미야기 현 남부의 어촌마을 미나미산리쿠에는 무선방송을 통해 한 여성의 다급한 목소리가 울려 퍼졌다.

　"높이 6미터의 큰 쓰나미가 예상됩니다. 바닷물 빠지는 모양이 심상치 않습니다. 즉시 고지대로 대피하세요. 해안 근처에는 절대로 다가가지 마세요."

　목소리의 주인공은 조야쿠바(우리의 읍사무소에 해당) 위기관리과 직원인 엔도 미키 씨였다. 당시 스물네 살, 결혼 8개월 차 새댁이었다. 뒤따를 위기를 직감한 미키가 방송실로 뛰어들어 무선 마이크를 잡은 것이다. 미키의 다급한 목소리가 마을 전역에 울려 퍼졌다. 미키의 방송이 30분가량 이어졌을까, 멀리서 벌떡 일어선 바다가 눈에 들어왔다. 옥상에 대피해 있던 30여 명의 직원이 날카로운 비명을 질렀다. "쓰나미가 왔다!"

　일촉즉발의 순간이었다. 그래도 미키는 마이크를 손에서 놓지 않았다. 목소리는 커졌고 호흡은 가빠졌다. "높이 10미터 이상의 큰 쓰나미가 몰려오고 있습니다. 빨리빨리 고지대로 피하세요. 빨리 피하세요."

　결국 그녀는 실종됐다. 그녀의 살신성인 정신은 지금까지도 메아리로 남아 사람들의 마음을 울리고 있다.

　일본에는 '마음으로는 울면서 얼굴로는 웃는다' 라는 말이 있다. 아무리 괴롭고 힘들어도 될 수 있으면 상대방 기분이 상하지 않도록 배려하는 것이다. 미야기를 비롯하여 이와테, 후쿠시마 등 일본 동북부를 강타한 대지진과 쓰나미, 그리고 원자력 발전소 폭발과 방사능 공포 속에서 보여준 일본 국민의 침착성과 차분함은 세계인들에게 진한 울림을 주기에 충분했다.

　사신(死神) 같은 시꺼먼 파도에 사랑하는 자식을, 부모를, 이웃을, 정든 집을 잃은 그들이다. 방사능의 위협에 정든 집을 버리고 피난을 떠날 수밖에 없었던 그들이다. 감당할 수 없을 만큼 엄청난 재난에 맞닥뜨렸음에도 그들의 흔들림은 크지 않았다. 1995년 고베대지진 때도 그랬다. 그들도 사람이다. 왜 화가 나지 않았고 분노가 일지 않았겠는가. 그러나 그들은 달랐다.

　주먹밥 한 개로 세끼를 때우고, 종이박스를 깔고 모포 한 장으로 잠을 청하면서도 흐트러지지 않았다. 생필품을 사기 위해 긴 줄을 서며 두세 시간씩 기다리는 일에도 짜증을 내지 않았다. 눈에 띌 만한 새치기도, 사재기도, 소란도, 약탈도 없었다. 〈파이낸셜타임스〉는 일본 국민의 이런 행동에 대해 '인류 정신의 진화' 라고 평가했다.

난 사람, 든 사람보다 된 사람

어둠을 밝히는 촛불이 되어

성품은 이처럼 위기 상황에서 빛을 발한다. 남들이 두려워서 피하
거나 방관할 때 성품의 사람은 자발적으로 앞으로 나선다. 남들이
길을 잃고 헤맬 때 성품의 사람은 방향을 잡고 그 길로 이끈다. 남들
이 자기 이익만을 생각할 때 공동체와 조직의 이익을 먼저 생각하
고, 남들이 자신의 생명을 지키느라 급급할 때 자신의 목숨을 초개
같이 내놓는다.

풍전등화 같은 국가적 위기상황 속에서 자신의 목숨을 초개처럼
내던진 사람을 꼽으라면 이순신 장군을 빼놓을 수 없다. 알다시피
임진왜란 때 일본군을 물리치는 데 큰 공을 세운 명장으로 옥포대
첩, 사천포해전, 당포해전, 당항포해전, 한산도대첩, 명량대첩, 노
량해전 등에서 승리했다.

이순신 장군은 병사들을 가족처럼 사랑했고, 병사들은 장군을 어
버이처럼 따랐다. 이순신은 조정의 모함과 임금의 홀대에도 거북선
발명과 군대 양성 등을 통해 왜적의 침입을 막아냈다. 또 간신들의
꼬임에 넘어간 임금의 잘못된 출전 명령으로 수군이 몰살당할 뻔
했지만, 왜적의 간계라며 왕명을 어겨 군사들을 살려냈다. 수군을
없애라는 조정의 압박에 굴하지 않고 단 12척의 매로 왜선 133척
을 해협으로 유인해 격파한 명량대첩을 비롯하여 23전 23승을 거
두었다.

"나의 죽음을 적에게 알리지 마라."

1598년 노량해전에서 왜군의 총탄에 맞아 죽어가면서도 우리 군사의 사기가 떨어지고 적의 사기가 오를 것을 염려해서 한 말이다. 나중에 이 사실을 알게 된 군사들은 장군을 더욱 존경하게 되었다.

사람의 성품은 평상시에는 제대로 드러나지 않는다. 그러나 위기 상황이 되면 적나라하게 드러난다. 성품의 사람은 위기상황을 만나면 행동을 통해 자신의 진정한 가치를 드러낸다. 그들은 어떤 상황에서도 희망을 잃지 않으며, 어둠을 밝히는 촛불이 된다. 그들은 존재 그 자체가 사람이 꽃보다 아름다운 이유가 된다.

난 사람, 든 사람보다 된 사람

죽어도 성품 좋은 사람이
돼야 하는 이유

'친구를 만드는 것보다 적을 만들지 않는 것이 더 중요하다.'

'똑똑한 사람보다는 편안한 사람이 인생을 성공으로 이끈다.'

'자비는 신의 마음과 가장 가까이 있다.'

'굳은 신념은 인간의 가치를 결정한다.'

'나눔의 미학이 진정한 선행이다.'

성품의 중요성은 아무리 강조해도 지나치지 않는다. 우리는 죽어도 성품 좋은 사람이 되어야 한다. 왜? 진정한 행복을 누릴 수 있는 유일한 방법이기 때문이다. 성품이 좋으면 좋은 관계를 만들 수 있고, 좋은 관계를 유지할 수 있다. 또 좋은 성품은 적을 만들지 않으며, 좋은 사람들을 주변에 모이게 하고, 승진에도 긍정적인 영향을 미친다. 친밀감을 느끼게 하고, 통한다는 느낌을 주며, 자신을 매력적인 존재로 만든다.

다른 사람의 눈으로 세상을 보니 다툼이 있을 수 없다. 내가 궁금한 것이 아니라 상대가 말하고 싶은 것을 물으니 소통의 달인이 된다. 따스한 시선과 부드러운 미소가 있는 대화를 하니 영혼이 담긴 진심임을 느끼게 하고, 머리를 쉼 없이 끄덕여주니 상대방의 자존심이 최대한 세워진다. 경청으로 최고의 충고를 하고 원하는 것을 내어주니 후한 사람이 된다. 말이 공손하고 적절하게 침묵하니 부드럽고 온화한 사람이 된다.

성품 좋은 사람이 되면 '나'는 그 사람에게 친구가 되고, 귀인이 되고, 우군이 되며, 동반자가 된다. 비즈니스 파트너가 되고, 고민을 털어놓을 수 있는 멘토가 되며, 따를 수 있는 리더가 된다.

이 정도 성품이라면, 이 정도 인간관계라면, 이 정도로 존경받을 수 있고 대접받을 수 있다면 꽤 괜찮은 인생이라고 말할 수 있지 않을까. 성품 좋은 사람은 사람의 마음을 사로잡는 사람, 사람을 끌어들이는 백만 불짜리 매력을 가진 사람이다.

유대인 수용소를 탈출하다

손님이 주문한 음식에서 파리가 나왔을 때 "손님, 이것은 파리가

난 사람, 든 사람보다 된 사람

아니고 검정콩입니다" 하면서 얼른 파리를 집어 자기 입속에 넣을 줄 아는 사람, 친구의 권유로 술을 마시러 가다가 술집 앞에 거의 이르렀지만 '해야 할 일'이 생각나면 거듭되는 유혹을 단호하게 뿌리치고 발걸음을 돌릴 줄 아는 사람, 불가능한 상황에서도 한 줄기 빛을 찾기 위해 끊임없이 노력하는 사람이 성품의 사람이다.

파리를 입속에 집어넣은 사람은 그 음식점의 사장이 되었고, 친구의 유혹을 뿌리치고 발걸음을 돌린 클리블랜드(1837~1908)는 미국의 제22대 대통령이 되었으며, 불가능해 보이는 상황에서도 희망의 끈을 놓지 않은 스타니슬랍스키 레히는 유대인 수용소에서 탈출할 방법을 기어코 찾아내 자유의 몸이 되었다.

성품의 사람은 자신의 성품으로 인생을 개척해나가는 사람들이다. 스타니슬랍스키는 탈출에 대한 희망을 버린 채 죽어가는 다른 수많은 수용자와는 달랐다. '이 끔찍한 장소에서 어떻게 탈출할 수 있을까?' 그는 이 질문을 끊임없이 되풀이하면서 해답을 얻게 되리라는 기대를 버리지 않았다. 시쳇더미 속에 몸을 숨기는 기상천외한 방법을 찾아낼 수 있었던 것도 그 때문이었다.

길은 없는 것이 아니라 찾아내지 못할 뿐이다. 강력하게 원하면 길은 스스로 우리 앞에 모습을 드러낸다. 끝내 성공한 사람에게는 실패도 성공의 과정일 뿐이다. 실패를 성공의 일부로 만드느냐 실패의 늪에 머물 것이냐는 실패한 후의 태도에 따라 달라진다. 낙담한 채로 한숨만 쉬고 있을 것이냐 재도전을 감행할 것이냐에 따라

길이 갈린다. 스타니슬랍스키의 탈출은 '불가능하니까 포기한다'
가 아니라 '반드시 길이 있을 것이다'라는 불굴의 정신이 얼마나 중
요한지를 보여주는 좋은 사례다.

　좋은 성품은 이처럼 중요하다. 실패하는 관계의 90퍼센트는 성품
의 결핍에서 오고, 정직과 신뢰를 잃으면 더 잃을 것이 없으며, 열
명의 친구가 주는 이익보다 한 명의 적이 미치는 해악이 클 수 있다.
나쁜 습관의 해악은 처음에는 눈에 잘 띄지 않지만 그대로 두면 너
무 강해져서 끊을 수 없게 된다. 성품의 사람은 상대방으로 하여금
늘 중요한 사람이라는 느낌이 들게 하고, 다른 사람의 명예를 가로
채지 않으며, 나눔에서도 후에 있을 이익을 계산하지 않는다.

회복탄력성, 시련을 성공으로 바꾸는 힘

　하와이 북서쪽에는 '카우아이'라는 이름의 섬이 있다. 1950년대
에는 관광지로 개발되지 않은 상태여서 경제적으로 매우 어려운 상
황이었다. 주민의 상당수가 실업자였다. 도박과 마약과 알코올에
중독된 자들이 수두룩했다. 청소년들의 비행은 일상이었고, 미혼
모도 넘쳐났다. 이런 상황을 고려해서 이 섬을 대상으로 어떤 요인
들이 사회부적응자를 만들어내는가에 대한 조사가 이루어졌다.

　대상자는 1955년도에 태어난 833명의 신생아였다. 그중에서도

난 사람, 든 사람보다 된 사람

가정환경 등 상황이 매우 좋지 않은 고위험군 201명은 따로 뽑아내서 관찰했다. 이 연구는 1990년까지 35년간 계속됐다. 신생아에서 어른이 될 때까지 추적조사를 한 것이다.

20년의 세월이 흐른 어느 날, 이 조사에서 주도적인 역할을 담당했던 에이미 워너의 눈에 이상한 아이 하나가 눈에 띄었다. '예상'을 벗어나 있었기 때문이었다. 분명히 그의 출생 당시 상황은 최악이었다. 엄마 나이 열여섯, 아빠 나이 열아홉이었다. 그들은 아이가 태어난 후 결혼했다. 얼마 후 아빠는 군대에 갔고, 엄마 혼자서 아이를 키우다가 아이를 버리고 섬을 떠났다. 아이는 할아버지 손에서 자랐다. 군 제대 후 집으로 돌아온 아빠는 할아버지와 거의 매일 싸우다시피 했다.

그런데 놀랍게도 이 아이가 유복한 집에서 태어난 아이보다 더 훌륭하게 성장했던 것이다. 리더십도 있고, 유머러스하고, 인기도 좋고, SAT(미국 대학 입학시험) 점수도 굉장히 높고, 학교에서 학생회장도 맡고, 캘리포니아 대학교에 장학금을 받고 입학하기까지 했다. 조사해보니 이런 아이들이 무려 71명이나 됐다. 201명 중 71명, 즉 3분의 1이 넘는 숫자가 잘 자라지 못할 것이라는 예상을 뒤엎고 훌륭하게 성장한 것이다.

그래서 연구방향을 바꾸었다. '무엇이 사회부적응자를 만드는가'에서 '무엇이 역경을 딛고 일어서게 하는가'로 바꾼 것이다. 그래서 발견해낸 개념이 '회복탄력성(resilience)'이다. 회복탄력성은 제자리로 되돌아오는 힘, 즉 역경과 어려움을 도약의 발판으로 삼는 긍정적인 힘, 시련을 행운으로 바꾸는 힘을 말한다.

인생은 크고 작은 시련으로 가득 차 있다. 매일매일이 크고 작은 시련의 연속이다. 사업이 그렇고, 인간관계가 그렇고, 공부가 그렇다. 이때 사람은 두 가지 부류로 나뉜다. 시련 앞에서 무너지는 사람, 시련을 딛고 오히려 더 높이 도약하는 사람.《회복탄력성》을 쓴 김주환 연세대 교수는 회복탄력성이 낮은 사람을 바닥에 떨어지면 '탁' 하고 떨어지는 나무공 같은 사람으로, 회복탄력성이 높은 사람을 바닥에 떨어지는 순간 '탕' 소리를 내며 더 높이 튀어 오르는 찰고무로 만든 공 같은 사람으로 비유했다.

맹자, 천강대임을 말하다

유대인 수용소를 탈출한 스타니슬랍스키, 4전5기 신화를 쓴 홍수환 전 프로복서, 이순신 장군, 에이브러햄 링컨, 토머스 에디슨 같은 사람들이 회복탄력성이 높은 사람들이다. 그들의 입에서는 '역경 때문에'라는 말은 나오지 않는다. 대신 '역경이 있었음에도', '역경 덕분에', '역경이 있었기에'라는 표현들이 나온다. 그들의 머릿속은 긍정의 언어로 가득 차 있다.

그들은 역경을 만나면 더 높이 뛰어오른다. 그들에게 역경은 더

난 사람, 든 사람보다 된 사람

높은 도약을 위한 재료일 뿐이다. 개구리가 도약을 위해 뒤로 움츠리는 것처럼, 야구선수가 공을 칠 때 반동을 주기 위해 배트를 백스윙하는 것처럼, 다이빙선수가 입수를 위해 스프링보드를 튀기며 올라가는 것처럼. 성품의 사람들이 회복탄력성이 높은 사람들이라는 것은 두말할 나위가 없다.

일찍이 맹자도 회복탄력성을 강조했다. '맹자판 회복탄력성'이다. 맹자는 하늘이 어떤 사람을 선택하여 큰 사명을 내릴 때는 반드시 역경과 시련을 주어 시험한다고 했다. '천강대임(天降大任)'이다. 맹자는 시련을 네 가지로 말한다.

하늘이 큰 사명을 주려 할 때는

먼저 마음과 뜻을 흔들어 고통스럽게 하고(苦心志),

뼈와 근육을 힘들게 하며(勞骨筋),

몸과 살을 굶주리게 하며(餓體膚),

신세를 궁핍하게 한다(空乏身).

이는 타고난 작고 못난 성품을 인내로써 담금질하여 사명을 능히 담당할 수 있도록 역량을 키워주기 위함이다.

성품의 사람들은 부정적이고 단정적인 말을 들어도 의기소침해지지 않는다. 자존감이 높기 때문이다. 불의를 보면 분개하는 마음이 불같이 일어나고, 강력하게 원하면 이루어진다는 '피그말리온 효과(pygmalion effect)'를 믿으며, 어떠한 상황에서도 희망의 그림을 그릴 줄 안다.

기원전 218년 카르타고의 장군 한니발이 로마 정벌을 위해 알프스를 넘은 것도 그런 이유에서다. 월왕 구천이 기거하는 곳에 쓸개를 달아놓고 식사를 할 때마다 반드시 그 맛을 보며 치욕을 되새겼다는 와신상담(臥薪嘗膽), 울면서 마속을 벤다는 뜻으로 대의를 위해서라면 공정함을 지키기 위해 사사로운 정을 버린다는 읍참마속(泣斬馬謖)은 성품의 사람에서 유래한 고사성어다.

고결한 성품이 있었기에 한니발은 알프스를 넘어 로마를 정벌하는 위업을 달성했고, 구천이 오왕 부차에게 골수에 사무친 원한을 풀 수 있었으며, 제갈량이 사랑하는 친구의 아우 마속을 벨 수 있었으리라. 죽어도 성품 좋은 사람이 돼야 하는 이유가 여기에 있다.

난 사람, 든 사람보다 된 사람

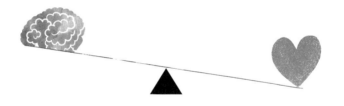

성품의 사람이
세상을 이긴다

앞서도 언급했듯이 한국은 속도전의 사회다. 차를 운전해도 빨리 달려야 직성이 풀린다. 신호가 바뀌었는데 앞차가 조금이라도 늦게 출발하면 그 사이를 참지 못하고 경적을 울려댄다. 식사를 할 때도 10분이면 밥 한 그릇을 뚝딱 해치우고, 산책을 나선 발걸음도 거의 경보 수준이다. 그리 급하지 않은 상황에서도 '속도'는 여전하다. 빠름이 일상이 되어버린 것이다. 마음에 그만큼 여유가 없어서일 게다.

각박해지는 만큼 인정머리도 없어진다. 인정머리는 인정을 속되게 이르는 말이다. 인정은 남을 대하는 따듯한 마음이요, 긍휼의 마음이요, 사랑의 마음이다. 여기서 '인정＝사랑'이라는 공식이 탄생한다. 여유가 없어지는 만큼, 각박해지는 만큼 사랑이 없어지는 것이다.

다행인 것은 우리 주변에 인정의 마음, 사랑의 마음으로 살아가는 사람들이 적지 않다는 사실이다. 이 각박한 세상에서 따뜻함을 느낄 수 있는 것도 그들이 내뿜는 향기가 있기 때문이다. 인간다움이 있기에 살아갈 이유를 찾는다. 미담이 많은 사회는 건강한 사회다.

죽어가던 회사가 누군가의 노력으로 살아난 것도 미담이고, 절망의 늪에서 허우적대는 사람에게 희망의 빛을 던지는 것도 미담이다. 하루하루 한계선상의 삶을 살아가는 사람에게는 조그만 도움의 손길이 희망이 되고 눈물이 된다. 사람의 마음에 감동을 주고 여운을 남기는 이야기라면 어느 것이나 미담이다. 그리고 미담 속에는 살아 꿈틀거리는 성품이 있다.

시험관 아기의 탄생

'아내의 얼굴을 보면 남편이 어떤 남자인지 알 수 있다. 남편이 아내에게 해주었거나 해주지 않은 것이 아내의 얼굴에 그대로 묻어나기 때문이다.'

어느 책에선가 읽은 글인데 성품과 관련해서 내가 좋아하는 표현 중 하나다. 성품은 나 자신이 아닌 다른 사람들의 필요에 초점을 두

난 사람, 든 사람보다 된 사람

는 것이라는 의미가 담겨 있어서다. 혹시 아내나 남편이 지금 옆에 있다면 슬쩍 얼굴을 살펴보라. 행복한 얼굴이 보이는가, 아니면 고단한 얼굴이 보이는가? 부디 행복한 얼굴이기를 소망해본다. 배우자의 얼굴에 나타난 표정은 나 자신의 성품을 보여주는 것이기 때문이다.

불임부부의 얼굴에 행복을 선사하기 위해 헌신한 사람이 있다. 불임부부를 웃게 한 '시험관 아기'의 아버지 로버트 에드워즈(1925~2013) 전 영국 케임브리지 대학교 명예교수가 그 주인공이다.

1978년 7월 25일 영국 올드햄의 한 종합병원에서 최초의 시험관 아기가 태어났다. 산모 레슬리 브라운(당시 서른 살)과 남편 존 브라운(당시 서른여덟 살)은 기쁨의 눈물을 흘렸다. 임신 시도 9년 만에 얻은 소중한 아기였기 때문이다. 여성의 몸 안에서 정자와 난자가 만나는 게 아니라 시험관에서 수정시킨 배아를 자궁에 이식하는, 당시로써는 획기적인 방법이었다.

시험관 아기 루이스 브라운의 탄생은 가톨릭계를 중심으로 격렬한 윤리 논란을 불러일으켰다. 체외수정이 인간 생명의 인위적 생산이라는 이유에서였다. 에드워즈는 "인생에서 가장 소중한 것은 자식을 낳는 것"이라며 소신을 굽히지 않았다. 그러고는 1980년에 올드햄 병원 산부인과 수술 전문의였던 패트릭 스텝토(1913~1988)와 함께 케임브리지 대학교에 세계 최초의 불임클리닉을 설립했다. 에드워즈는 2010년 불임치료 연구로 노벨 생리의학상을 받았다.

유럽불임학회(ESHRE)에 따르면 2012년 7월에 세계 500만 번째 시험관 아기가 태어났다. 우리나라에서는 1985년 첫 시험관 아기를 시작으로 연 1만 명 이상이 체외수정으로 태어나는 것으로 알려져 있다. 한 사람의 불굴의 의지와 헌신이 수많은 사람의 인생을 바꾸고 인류의 역사를 바꾸었다. 우리 주변에는 늘 기적이 일어나고 있다. 하루하루가 놀라운 기적이다. 그리고 그 기적의 출발점에는 늘 좋은 성품이 깃들어 있다.

공유된 신념은 문제를 넘는다

세상은 문제투성이다. 문제에서 한시도 벗어날 수 없다. 우리는 살아가면서 평생 수없이 많은 문제 상황에 직면하게 된다. 대표적인 것이 생로병사와 연관된 건강 문제, 경제 문제, 관계 문제, 신념 문제, 종교 문제, 이념 문제 같은 것들이다. 이 중에는 우리가 어찌할 수 있는 문제가 있고 어찌할 수 없는 문제도 있다. 국가 차원에서는 외교관계, 인종 갈등, 지역주의 등을 들 수 있다.

중요한 것은 개인 차원이든 국가 차원이든 간에 문제에 직면했을 때 어떤 태도를 보이느냐에 따라 이후의 방향이 달라진다는 것이다. 긍정적인 태도로 문제를 바라보면 문제 속에서 해결책을 찾으려고 노력하게 된다. 반대로 부정적인 태도로 문제를 바라보면 핑

겟거리와 안 되는 이유를 찾게 된다.

긍정적인 태도로 문제를 해결한 대표적인 사례가 1970년대 새마을운동이다. 우리나라를 두고 '한강의 기적'으로 부르게 한 원동력이다. 새마을운동의 정신적 지주는 근면·자조·협동을 내세운 새마을정신이었다. 새마을운동을 추진하는 과정에서 정부가 고수한 원칙이 하나 있었다. '정부는 스스로 돕는 마을을 돕는다'는 것이었다.

새마을운동의 큰 방향은 박정희 대통령이 제시했지만 현장에서 몸소 실천한 사람은 새마을 정신으로 무장한 새마을 지도자들이었다. 무보수인데도 그들이 헌신적으로 쏟은 열정에 대한 보상은 정부의 표창과 사회적인 인정밖에는 없었다. 물론 그들의 숭고한 헌신에 대한 최고의 보상은 변화된 자기 마을의 모습이었을 것이다.

대한민국에 새마을운동이 있다면, 베네수엘라에는 청소년 음악학교인 '엘 시스테마(EL SISTEMA)'가 있다. 엘 시스테마는 1975년 한 허름한 차고에서 11명의 학생으로 시작됐다. '음악이 사회를 변화시킨다'는 신념을 가진 호세 안토니오 아브레우 박사와 그의 신념에 공감한 몇몇 어른에 의해서였다. 지금까지 엘 시스테마를 거쳐 간 학생은 40만 명이 넘는다.

음악학교 설립 당시의 베네수엘라는 가난하고 세계 최고 수준의 범죄율을 자랑하는 나라였다. 아이들에게는 갱단이나 마약, 포르노가 넘치는 거리 이외에는 선택권이 별로 없던 시절이었다. 이제 그 아이들이 엘 시스테마에 다닌다. 엘 시스테마는 전국에 180여개의 센터를 두고 있고, 계속해서 성장해나가고 있다. 세월이 흐른 지금 베네수엘라는 음악 강국이 됐다.

새마을운동과 엘 시스테마에는 공통점이 하나 있다. '공유된 신념'이다. 새마을운동에는 가난에서 벗어나기 위한 마을 주민들의 하나 되고 결의에 찬 마음이 있었고, 지휘자 겸 경제학자 아브레우가 창립한 엘 시스테마에는 청소년의 변화를 통해 조국의 미래를 바꾸겠다는 사람들의 확고한 신념이 있었다. 세상의 문제들은 이처럼 긍정적이고 확고한 신념을 가진 사람들에 의해서 개선되고 해결된다. 좋은 성품이 세상을 이기는 것이다.

난 사람, 든 사람보다 된 사람

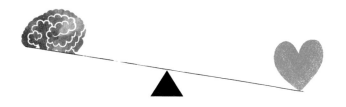

성품이야말로
진정한 경쟁력이다

어느새 이 책의 막바지에 이르렀다. 지금까지 우리는 성품의 다양한 면들을 살펴보았다.

성품이 말보다 크게 말한다는 사실도 알았고, 일 잘하는 사람보다 성품 좋은 사람이 성공한다는 사실도 깨닫게 됐다. 성품 항목에 영재 수재가 없다는 것, 천재의 몰락은 성품결핍이 결정적 요인이라는 사실도 알게 됐다.

그리고 성품이 결함을 뛰어넘는다는 것과 위기 상황에서 더욱 빛을 발한다는 사실도 알게 됐다. 운동을 통해 근육을 키우듯이 성품도 훈련을 통해 좋은 쪽으로 변화되고 강화될 수 있다는 희망도 가지게 됐다. 모든 인간관계에서 성품이 촉매제, 촉진제 역할을 하는 약방의 감초라는 것도 알게 됐다.

사람들의 입에서 당신을 두고 이런 말들이 나올 수 있어야 한다.

"야, 저 사람 멋있다."

"알고 보니 괜찮은 사람이네."

"사람이 보면 볼수록 진국이군."

"작은 물에서 놀기는 아까운 사람이야."

이런 말들은 그 사람의 성품이 좋다는 것을 의미한다. 성실하고, 진실하며, 거짓이 없고, 겸손하고, 배려하며, 자기의 이익보다 공동체 이익을 먼저 생각할 줄 알고, 할 말 안 할 말 잘 구별해서 말하고, 입이 무겁고, 포용력과 통찰력이 있으며, 긍정적이며 선한 기운이 느껴진다는 것이다.

이 정도의 평판을 들을 수 있다면 그는 성품의 사람임이 틀림없다. 세상과 소통하는 힘을 가지고 있는 사람이며, 세상을 감동시킬 수 있는 선한 에너지를 뿜어내는 사람이다. 세상과 소통할 수 있고, 세상을 감동시킬 수 있다면 세상 사람들에게 존경받고 인정받는 리더의 자질을 갖춘 셈이다.

존경받는 리더의 자질을 갖추고 있다는 말은 성품의 사람이라는 말과 동의어다. 성품이 좋지 않은 사람이 존경받는 리더가 될 수는 없기 때문이다. 성품의 사람은 '능력으로 성공한 사람'이 아니라 '인격으로 성공한 사람'을 추구한다.

난 사람, 든 사람보다 된 사람

성품은 실천이다

우리는 인격으로 성공한 사람이 돼야 한다. 인격으로 성공한 사람이 되기 위해서는 의도가 좋아야 할 뿐만 아니라 과정도 선해야 한다. 좋은 의도와 선한 과정에는 교감이 있고, 소통이 있다. 교감이라는 창과 소통이라는 방패가 있다면, 세상을 살아가는 데 이루지 못할 일이 무엇이 있고 두려울 일이 뭐가 있겠는가.

우리는 많이 안다. 책도 읽고, 텔레비전도 보고, 신문도 읽고, 또 경청의 과정을 통해서 많은 것을 알게 된다. 정보도 많다. 인격이 중요하다는 것과 성품의 중요성도 안다. 해야 할 일과 해서는 안 될 일도 안다. 형편이 어려운 사람을 도와줘야 한다는 사실도 알고, 뒷말을 해서는 안 된다는 사실도 알고, 정직과 진실성의 중요성도 안다. 가치를 더하면 삶이 변한다는 사실도 알고 있다.

중요한 것은 실천의 유무다. 실천이 뒤따르지 않는 앎과 지식과 정보는 아무런 의미가 없다. 앎은 고속도로를 달리는 자동차 속도인데 실천은 비포장도로를 달리는 자전거 속도인 경우가 많다. 위로를 삼자면 비록 속도의 차이는 있지만 그래도 지행합일의 삶이라는 점이다.

어쩌면 이마저도 나은 편인지 모른다. 앎은 전진인데 실천은 후진인 경우도 적지 않기 때문이다. 세상의 모든 소란스러움은 이 앎과 실천의 역방향성에서 기인한다. 실천이 없으면 아무리 가슴을 울리는 말일지라도 '공자 왈 맹자 왈'에 지나지 않는다. 삶 속으로 녹아들어 행동으로 나타나지 않는 앎은 오히려 알지 못함보다 나쁘다. 팥소 빠진 호빵이요, 젊음 없는 영생이다.

내일의 영향력 있는 사람이 되기 위해서는 오늘 실천해야 한다. 작은 실천이 모여 큰 결실을 본다. 로마는 하루아침에 만들어지지 않았고, 하루아침에 계발되는 리더십도 없다. 성품의 사람은 실천하는 사람이다.

인성교육에 달렸다

사람들은 투자수익이 떨어지는 것은 비극이라고 여기지만, 먹을 것이 없어 굶주리고 질병에 시달리는 사람들의 고통에는 무감각하다. 노숙자의 죽음이 더는 뉴스가 되지 않는다. 대형 사건과 사고들을 많이 겪은 탓이다.

남의 고통은 나와 상관없는 일로 여긴다. 대형 사고나 사건이 고통으로 느껴지지 않고 그저 뉴스로 보이고, 안타까운 장면이 안타깝게 느껴지지 않고 정보로 인식된다. 이쯤 되면 '인간성 상실'이라고 이름 붙이기에 부족하지 않다. 가치관의 위기를 맞고 있는 것이다.

라면 상무, 빵 회장, 땅콩 부사장, 남양유업 폭언 강매 사건은 갑과 을의 문제이기도 하지만 개인적인 성품과 인격의 문제라고 보는 것

난 사람, 든 사람보다 된 사람

이 더 맞다. 갑의 자리에 있다고 다 그렇게 '완장 심리'가 발동하는 것은 아니기 때문이다. 유명 헤어디자이너 박 씨는 자신의 비서를 수차례 성폭행했다. 피해 여성의 고소 취하로 법적 처벌은 면했지만 경영 일선에서 물러나야 했다. 윤창중 전 청와대 대변인의 '나쁜 손'도 있었다. 층간소음으로 다투다 살인이 일어나기도 하고, 집 주인이 세입자의 집에 불을 지르기도 했다.

"입은 터져서 아직도 계속 말이 나와요", "늙으면 죽어야 해요", "마약 먹여서 결혼한 것 아니에요?" 등 갑의 그릇된 문화에 동참한 '막말 법관'도 구설에 올랐다. 막말 법관을 막기 위해 법정에 암행판사까지 등장하는 시대가 됐다. 손님인 것처럼 가장해 가게의 문제점을 모니터링하는 '미스터리 쇼퍼(mistery shopper)'처럼 사전 예고 없이 동료 판사가 법정에 들어서는 것이다.

어쩌다 우리 사회가 이 지경이 됐을까? 남녀노소, 배운 사람 못 배운 사람, 지위 고하를 막론하고 전방위적으로 사건 사고가 터져 나온다. 국가인권위원회에 접수된 성희롱과 성추행 진정 사건의 61퍼센트가 권력형이라고 한다. 업무상 상하관계에서 일어난 것이다. 중요한 건, 이를 범죄라고 생각하지 않고 '운이 나빠서 걸렸다'고 생각한다는 점이다.

성품결핍 사회, 인간성 상실의 시대다. 인성교육의 중요성에 대한 인식이 확산되고 있다. 때마침 정부도 학교 교육에서 인성을 최우선 순위에 두겠다고 하니 여간 다행한 일이 아닐 수 없다.

아! 성품이여!

"나는 이제 나의 아이들에게 '엄마를 유방암으로 잃을까 봐 두려워하지 말라'고 말할 수 있고, 여성으로서 더 강해짐을 느낀다."

세계적 영화배우 안젤리나 졸리의 말이다. 좋은 일을 많이 해 남편 브래드 피트와 함께 '할리우드의 착한 커플'로 불리는 졸리는 최근 〈뉴욕타임스〉에 기고한 '나의 의학적 선택'이라는 글에서 양쪽 유방절제술을 받게 된 배경과 수술 절차 등을 자세히 설명했다. 졸리는 여성으로서 치부일 수도 있는 자신의 수술을 비밀로 하지 않은 이유를 "모든 여성에게 도움이 됐으면 하기 때문"이라고 밝혔다.

멀쩡한 유방을 절제했느니 어쩼느니 하는 논란이 일기도 했지만, 성품의 사람은 이처럼 당당하다. 당당함은 용기다. 용기는 자신감과 믿음, 그리고 결단력에서 나온다. 사람은 인격적으로 완벽하지 않다. 그렇지만 고매해지기 위해 노력할 수 있다. 아니, 노력해야만 한다. 중요한 건 성장하는 것이고 변화하는 것이다. 어제보다 한 걸음 더 나아간 오늘이어야 한다.

그렇다고 너무 앞만 보고 달려서는 안 된다. 목표달성, 성과주의, 효율성, 경제성에 치여서는 빨리 지치고 슬럼프에 빠지기 쉽다. 옆도 살피고 가끔씩 뒤도 돌아보아야 한다. 목표달성과 성과주의 같은 단어들이 능력이라면, 옆과 뒤를 볼 수 있는 여유는 성품이다. 살아가는 데는 능력과 성품, 이 두 가지가 모두 필요하다. 그러나 둘 중 하나를 선택해야 한다면 성품이어야 한다. 성품이 안 돼서 무너지는 능력자들을 우리는 수도 없이 봐오지 않았는가.

바야흐로 성품의 시대다. 물론 과거에도 성품이 중요했다. 그러나 지금과 같은 정보화 시대에는 더욱 그렇다. 전광석화 같은 정보 공유 속도는 사람으로 하여금 작은 하자만 있어도 몰락의 길을 걷도록 한다. 수신제가치국평천하라고 했다. 큰일을 하려면 먼저 자신의 몸과 마음을 바르게 해야 한다.

성품은 이제 이 시대의 새로운 생존 패러다임이 됐다. 성품 없는 성공은 이제 점점 더 설 자리를 잃어가고 있다. 성품결핍은 몰락의 첫 번째 이유가 되기에 이르렀다. 성품의 사람은 흥하고 성품결핍의 사람은 망한다. 불변의 법칙이다. 흥하고 싶다면, 행복해지고 싶다면, 부단한 노력을 통해 스스로를 '성품 왕'의 자리로 승진시키면 된다. 성품이야말로 진정한 경쟁력이다.

아, 성품이여!

성품으로 회사를 일군 기업가

: 송창근 KMK 회장(1960~) :

신뢰의 나무

"신뢰의 나무(Trust Tree)가 있습니다. 줄기는 능력이고, 과실은 결과입니다. 땅 위의 이 부분을 저는 역량이라고 부릅니다. 땅 아래도 있습니다. 나무는 어떤 토양에 심었느냐가 중요합니다. 토양을 저는 인테그리티라고 부릅니다. 진실성을 뜻하는 단어입니다. 자신의 가치관이나 신념, 원칙에 따라 일관되게 행동하는 사람이 인테그리티를 갖춘 사람입니다. 뿌리는 의지력과 열정입니다. 땅 아래의 이 부분을 저는 성품이라고 부릅니다. 사람을 채용할 때 저는 땅 위의 역량과 땅 아래의 성품, 이 두 가지를 모두 봅니다. 땅 위 역량에 40퍼센트의 비중을, 땅 아래 성품에 60퍼센트의 비중을 둡니다. 성품이 더 중요하다는 이야기입니다. 저의 경험상 이런 기준으로 사람을 뽑으면 크게 후회할 일은 없었습니다."

난 사람, 든 사람보다 된 사람

성품으로
리드하는
액션 플랜 V

13. 선한 기운을 발산하라.

선한 기운, 선한 에너지는 상대방을 감동시키는 힘이자 세상과 소통하는 에너지다. 선한 기운은 재능과 재력과 직위를 넘어선다. 100만 불짜리 매력이다. 선한 기운 없이 진정한 리더로 인정받는다는 것은 불가능한 일이다. 약아야 이길 수 있다는 것은 착각이다. 선해야 이긴다. 울림이 있고 감동이 있기 때문이다.

14. 웃어라.

웃으면 복이 온다. 웃는 얼굴을 보면 행복해진다. 웃는 얼굴을 보면 일상의 근심 걱정들이 저절로 사라지는 느낌을 받는다. 아픔과 슬픔이 하도 많아 침울해지기 쉬운 세월이다. 웃음은 어려움을 이겨내게 하는 효과 만점의 즉석 처방전이다. 활짝 웃는 사람에게는 밝고 맑은 기운이 넘쳐 주변에 사람들이 모인다.

15. 사려 깊은 말을 하라.

사람이 어떤 언어를 사용하는가 하는 문제는 매우 중요하다. 언어에는 힘이 있기 때문이다. 사용하는 언어가 겸손한 사람을 만들기도 하고 교만한 사람을 만들기도 한다. 고상한 사람을 만들기도 하고 비속한 사람을 만들기도 한다. 사려 깊은 말, 도움이 되는 말, 칭찬과 격려의 말, 위로의 말을 해야 하는 이유다.

부록

| 1. 삶을 풍요롭게 하는 45가지 성품 덕목 |
| 2. 동물과 곤충에게서 배우는 성품 |

:

언제 어디서나 누군가에게 도움을 줄 수 있을지 생각하면서 주위를 둘러봐야 합니다. 모든 사람은 자신만의 방식으로 스스로의 가치를 실현할 수 있어야 합니다. 당신 자신이 아닌 다른 사람을 위해서 시간을 할애하십시오. 꼭 기억해야 합니다. 당신은 이 세상에 혼자 사는 것이 아닙니다. 당신의 형제들도 함께 살아가고 있습니다.

- 알베르트 슈바이처

1. 삶을 풍요롭게 하는
45가지 성품 덕목

- 감사 Thankfulness / 불평 Complaint

도움을 준 사람에게 정성껏 고마움을 표현함으로써 마음을 따뜻하게 해 주는 힘

- 결단력 Determination / 소심함 Timidity

판단하기 힘든 상황에서 결정적인 판단을 내릴 수 있는 능력

- 겸손 Humility / 교만 Arrogance

나의 성취가 다른 사람들이 도와준 결과임을 인정하고 자기를 내세우지 않는 태도

- 경청 Attentiveness / 산만 Distraction

온 마음을 집중해 귀 기울여 들음으로써 상대방에게 존중감을 느끼게 하는 힘

난 사람, 든 사람보다 된 사람

- 공경 Honor / 경시 Disrespect

  윗사람이나 지도자의 위치에 있는 사람들의 권위를 공손히 받들어 모심

- 관용 Tolerance / 편협 Intolerance

  저마다의 차이를 인정하고 남의 잘못을 너그럽게 받아들이거나 용서함

- 근면 Diligence / 나태함 Slothfulness

  임무 완수를 위해 성실하고 부지런히 일하며 힘씀

- 긍정 Affirmation / 부정 Denial

  상황이 힘들더라도 더 좋은 결과를 만들어내기 위해 희망을 가지고 노력하는 마음

- 기쁨 Joyfulness / 우울 Depression

  어려운 상황을 극복한 후 욕구가 충족되었을 때의 즐거운 마음이나 느낌

- 담대함 Boldness / 두려움 Fearfulness

  말하거나 행동해야 할 일이 진실하고 정당한 것임을 확신하고 두둑한 배짱으로 두려움 없이 밀고 나가는 마음

- 만족 Contentment / 탐심 Covetousness

  자기의 삶을 있는 그대로 받아들이고 욕심을 부리지 않으며 감사함

- 믿음 Faith / 의심 Doubt

  어려움이 닥쳐도 좌절하지 않고 의심이나 두려움 없이 믿는 마음

- 배려 Solicitude / 냉담 Callousness
다른 사람의 형편과 처지를 살펴서 도와주거나 보살피려는 마음

- 분별력 Discernment / 근시안적 Myopic
앞뒤를 살펴서 옳고 그름을 전체적으로 깊이 있게 이해하고 판단하는 능력

- 설득 Persuasion / 강요 Compulsion
상대편이 이쪽 편의 이야기를 따르도록 순리적 · 논리적 · 감성적으로 깨우쳐주는 것

- 성실 Sincerity / 가식 Affectation
일치된 말과 행동으로 정성스럽고 진실되게 일을 처리함

- 솔선 Initiative / 게으름 Idleness
앞장서서 남보다 먼저 행함으로써 다른 사람의 모범이 됨

- 순종 Obedience / 고집 Willfulness
권위자들의 현명한 가르침이나 지시를 기꺼이 성실히 수행함

- 신용 Credibility / 불신 Disbelief
약속한 것을 희생을 감수하고서라도 성실하게 지킴으로써 믿음을 주는 것

- 신중함 Discretion / 경솔 Imprudence
말과 행동을 함에 후회하지 않도록 조심스럽게 함

난 사람, 든 사람보다 된 사람

- **양선 Benevolence** / 위선 Hypocrisy

  대가를 바라지 않고 드러나지 않게 어려운 이웃을 도움

- **열정 Enthusiasm** / 무심 Apathy

  어떤 일에 열렬한 애정과 강한 집념으로 열중하는 마음

- **온유 Meekness** / 강퍅 Harshness

  온화한 마음과 부드러운 태도로 양보하며 이웃을 섬김

- **용기 Bravery** / 비겁 Cowardice

  겁내지 않고 씩씩하고 용감하게 어려운 일을 감당하는 기개

- **용서 Forgiveness** / 증오 Retaliatory

  지은 죄나 잘못한 일에 대해 조건 없는 사랑으로 벌하지 아니하고 덮어줌

- **융통성 Flexibility** / 고지식 Priggery

  그때그때의 사정과 형편에 따라 적절하게 일을 처리함

- **이타심 Altruism** / 이기심 Egoism

  자기의 이익보다는 다른 사람의 이익을 더 꾀함

- **인내 Patience** / 조바심 Restlessness

  시련과 역경을 만났을 때 참고 견디며 최선을 다해 이기는 힘

- **일관성 Consistency** / 변덕 Caprice

  확고한 가치관을 바탕으로 처음부터 끝까지 변하지 않고 한결같음을 유지하는 태도

- **자비 Compassion** / 무자비함 Mercilessness

  어려움에 처하거나 고통당하는 사람을 가엾게 여겨 필요를 채워주고 상처를 감싸주는 마음

- **자립심 Self-help** / 의존 Dependence

  다른 사람에게 기대거나 의존하지 않고 스스로의 힘과 노력으로 헤쳐나가려는 의지

- **절제 Self-control** / 방종 Self-indulgence

  쓸데없는 일에 에너지를 낭비하지 않고 자원을 적절하게 사용함

- **정의 Justice** / 부패 Corruption

  양심과 진리에 따라 공정하게 판단하고 행동함

- **존중 Respect** / 무시 Neglect

  상대방의 말과 생각과 행동의 가치를 인정하고 높여줌

- **중용 Moderation** / 편향 Bias

  어느 한쪽으로 치우치지 않게 모든 일을 균형 있게 판단하고 처신함

- **지혜 Wisdom** / 미련함 Foolishness

  사물의 이치를 깨우치고, 옳고 그름을 분별해 적용하는 힘

- **진실 Truthfulness** / 기만 Deception

  과장이나 속임수 없이 있는 그대로를 정확하게 말하고 행동하게 하는 힘

난 사람, 든 사람보다 된 사람

- 창의 Creativity / 모방 Imitation

  새로운 것을 생각해서 개발하거나 기존의 것을 연구하여 더욱 발전시키는 것

- 책임 Responsibility / 무책임 Irresponsibility

  자기에게 맡겨진 임무나 의무를 중히 여기는 마음

- 충성 Loyalty / 배신 Betrayal

  진정에서 우러나오는 정성으로 기꺼이 섬기며 헌신하는 힘

- 친절 Kindness / 불친절 Unfriendliness

  상대방을 대하는 태도가 매우 정겹고 상냥함

- 환대 Hospitality / 푸대접 Inhospitality

  마음을 열고 반갑게 맞아 정성껏 후하게 대접함

- 헌신 Devotion / 무성의 Unfaithfulness

  몸과 마음을 바쳐 있는 힘을 다해 봉사하고 섬김

- 협동 Cooperation / 불화 Discord

  서로 마음과 힘을 하나로 합해 공동의 선을 추구함

- 후함 Generosity / 인색함 Stinginess

  마음 씀씀이나 태도가 너그러우며 아끼지 않고 나눔

2. 동물과 곤충에게서
배우는 성품

- 강아지: 기쁨
- 개미: 성실, 순종
- 거미: 인내, 창의성
- 거북이: 포용
- 거위: 충성
- 고슴도치: 감사
- 공작: 설득
- 까마귀: 감사
- 꿩: 경계심
- 기린: 긍정
- 나비: 인내
- 낙타: 끈기, 순종

- 너구리: 창의성
- 늑대: 존중
- 다람쥐: 배려
- 달팽이: 정직
- 닭: 경계심
- 돼지: 감사
- 독수리: 책임감
- 말: 온유, 충성
- 백로: 덕성
- 백조: 솔선
- 뱀: 지혜
- 벌: 성실

난 사람, 든 사람보다 된 사람

- 비둘기: 순결, 평화
- 비버: 근면
- 사슴: 경청
- 사자: 책임감, 용맹
- 산양: 환대
- 살쾡이: 분별력
- 수달: 기쁨
- 악어새: 철저함
- 양: 용서
- 오소리: 결단력, 기쁨
- 여우: 신중함, 교활
- 연어: 절제, 의지력
- 원앙: 경청
- 족제비: 담대함
- 진돗개: 충성심
- 참새: 자유
- 캥거루: 배려
- 코알라: 검약
- 코끼리: 지혜, 순종
- 토끼: 민감성
- 표범: 창의성
- 학: 고고함
- 황소: 우직함, 믿음직함
- 황제펭귄: 베풂, 자선
- 흑곰: 절제